高职体育与健康教程

本书编委会◎编

中国书籍出版社
China Book Press

图书在版编目（CIP）数据

高职体育与健康教程 /《高职体育与健康教程》编委会编. -- 北京：中国书籍出版社，2016.9

ISBN 978-7-5068-5799-4

Ⅰ.①高… Ⅱ.①高… Ⅲ.①体育－高等职业教育－教材②健康教育－高等职业教育－教材 Ⅳ.①G807.4 ②G647.9

中国版本图书馆 CIP 数据核字(2016)第 211097 号

高职体育与健康教程

本书编委会 编

责任编辑 禚 悦

责任印制 孙马飞 马 芝

封面设计 管佩霖

出版发行 中国书籍出版社

地　　址 北京市丰台区三路居路 97 号（邮编：100073）

电　　话 （010）52257143（总编室）　（010）52257153（发行部）

电子邮箱 eo@chinabp.com.cn

经　　销 全国新华书店

印　　刷 青岛环海瑞源印刷科技有限公司

开　　本 787 mm × 1092 mm 1 / 16

字　　数 188 千字

印　　张 14

版　　次 2016 年 9 月第 1 版　2022 年 8 月第 2 次印刷

书　　号 ISBN 978-7-5068-5799-4

定　　价 32.00 元

本书编委会

策　划　张同光

主　编　侯　歆　李　潇　宋书华

副主编　刘　霆　张　荟　张　剑

编　委　方　静　张　岩　林玉凯　李　花
李　琳　袁　峰　白晓君

目 录

CONTENTS

基础知识篇

运动保健篇

体育实践篇

实践拓展篇

基础知识篇

第一章　体能与职业体能

学习目标：

1. 了解体能、职业体能的概念和分类；
2. 掌握坐姿类、站姿类和变姿类职业体能类型及改善方法；
3. 了解大学生常用体能测试项目和标准。

第一节　体能、职业体能的概念与分类

一、体能及其分类

（一）体能的定义

体能是指人体各器官系统的机能在体育活动中表现出来的能力，包括力量、速度、灵敏、耐力和柔韧等基本的身体素质以及人体的基本活动能力（如走、跑、跳、投掷、攀登、爬越、悬垂和支撑等）。体能也称为体适能，主要通过体育锻炼获得。保持良好的体能可以使我们的身体更健康，精力更旺盛，生活更有质量。

（二）体能的分类

体能可以分为：

1. 与健康有关的体能（称之为基本体能）；
2. 与动作（劳动）技能有关的体能（称之为职业体能，包括运动员体能）。

二、职业体能及其分类

（一）职业体能的概念

职业体能是指与职业（劳动）有关的身体素质和心理素质以及在不良劳动环境条件下的耐受力和适应能力。

（二）职业体能的分类

结合各职业岗位劳动（工作）时的主要身体姿态对职业体能进行相对的分类，共分为五大类：

1. 静态坐姿类主要是会计、文秘、行政办事员、IT 行业等。

2. 静态站姿类主要是营业员、酒店前厅接待等。

3. 流动变姿类主要是营销（推销）员、导游、记者等。

4. 工场操作姿态类主要是机械、生产线操作工等。

5. 特殊岗位姿态类主要是警察、空中乘务员、野外作业人员等。

第二节　坐姿类职业体能特征与改善方法

一、坐姿类职业生理负荷特点

财务工作人员（会计与出纳）、文秘及大部分办公室白领大都以脑力劳动为主。“伏案”是其主要的工作方式。这类人员在每个工作日的 8 小时劳动中，坐的时间长达 6 小时以上。

坐位姿势是一种静态姿势。在这种姿势下完成单一工作，极易引起疲劳，因而使工作效率降低，容易出现差错。而长期以单一姿势工作，更容易引起机体许多功能和结构发生改变，进而导致疾病，即职业病。

那么，坐姿工作的生理负荷有哪些特点呢?

（一）血液循环

血液遍布全身，它负责向全身输送氧和营养物质，以保证生命活动的正常进行。血液循环的动力器官是心脏，而心脏位于胸腔中，因此，由心脏向心脏下方的部位输送营养物质和氧气时，因为受地心引力的影响会比较顺利，但心脏以下部位的血液要回到心脏就必须克服地心引力的影响，相对来说比较困难，因此就会造成心脏部位以下的静脉回心血流受阻。所以，长期久坐的人的下肢，特别是足背会发生浮肿，还会因血液淤积导致静脉曲张而增加患痔疮的风险。同时，位于心脏以上的部位，特别是大脑的血液供应，要在克服地心引力的影响下泵入大脑，如果心脏功能不良，则脑供血不畅，就会出现头昏眼花、磕睡，以致工作效率降低、失误率增加。

久坐时，心脏工作量的需求减少，致使心脏功能日益减退，心肌渐趋衰弱，血液循环减慢，导致血液在血管中淤积，同时也为心肌梗塞、高血压、冠心病等心血管疾病埋下了隐患。世界卫生组织曾明确指出，久坐是促发冠心病的重要因素。医学专家调查发现，司机的冠心病发病率比售票员高 30%。坐姿时，心脏功能（心率、搏出量、每分钟输出量）都处于相对较低的水平。各种活动状态下的心率、搏出量、每分钟输出量见图 1–1。

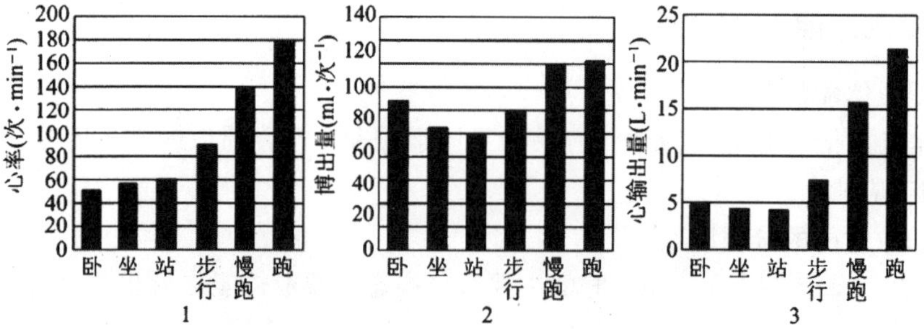

图 1–1　各种活动状态下的心率、搏出量、每分钟输出量

（二）肺通气功能

长时间坐位伏案，胸廓得不到充分扩张，就会影响肺的通气功能。取坐姿伏案劳动(工作）的人，应加强扩胸动作的练习，以利于肺的充分扩张，加强通气和换气功能，使血氧饱和度始终保持在 96%~98%之间。

（三）骨骼、肌肉

骨骼、肌肉是维持各种姿势的基础。坐姿是一种静态姿势，维持坐姿时，肌肉中的肌纤维长时间处于一定的静力性工作状态。虽然依靠中枢神经系统的调节使肌纤维的紧张活动可以交替进行，但这种调节交替是相对少而缓漫的。在坐姿工作时，肌纤维的紧张性收缩也限制了肌肉的血液供应，以致肌肉获取氧和营养物质相对较少，而肌肉的代谢废物也较不易排出。久而久之，就会引起肌肉僵硬、酸疼，甚至发生肌肉萎缩，引起腰酸背疼。坐姿工作 2 小时以上即可产生肌肉疲劳感，使工作效率下降。所以，医学专家指出，每坐姿工作两小时，应起来走动 10 分钟。

（四）眼

长时间面对电脑工作，眨眼次数明显减少（由日常的每分钟 22 次左右，锐减到每分钟 4~5 次），眼睛特别容易干涩。盯着电脑屏幕，其闪烁会使眼睛不断进行调节，睫状肌易疲劳。此外，电脑屏也是个强发光体，同时电脑页面内容繁多，因此，长时间用电脑视觉负担会加重，导致眼睛发胀。

眼睛长期超负荷工作，会导致视力下降，易患干眼病，进而诱发眼部炎症（如角膜炎），同时还会导致身心疲劳。

二、坐姿类职业体能的锻炼方法

（一）肌肉力量耐力素质的体能锻炼

力量耐力是在工作中长时间保持肌肉紧张，而不降低其工作效率的运动能力。

人体各种活动都是在身体各部位肌肉牵动着关节和骨骼并克服各种阻力的情况下实现的。因此，肌肉张力是维持身体各种姿势的基础。坐姿时腰背部肌肉是主要的受力肌。锻炼坐姿时机体各部位的主要受力肌群，可以增强肌肉弹性，改善组织血液循环，增强新陈代谢，防止或降低组织疲劳。

针对坐姿类岗位对身体素质的要求，应主要发展以下部位肌肉群的力量耐力：

1. 腰背部肌群力量耐力练习

(1) 体后屈伸。

目的：主要发展伸展躯干和伸髓的肌肉力量。

要领：俯卧在垫子或长凳上。以髓部支撑，脚固定，两臂前举连续做上体后屈伸动作或者保持上体屈伸 6~8 秒（图 1–2）。

1　　2

图 1–2　体后屈伸

(2) 俯卧两头起。

目的：主要发展伸展躯干和伸髋的肌肉力量。

要领：俯卧在垫子或长凳上，两臂前伸，两腿并拢伸直。两臂和两腿同时向上抬起，腹部与坐垫成背弓，然后还原，连续练习（图 1–3 ），15~20 次为一组。

1 2

图 1–3 俯卧两头起

(3) 仰卧过顶举。

目的：主要发展斜方肌力量。

要领：仰卧在地板或垫子上，两腿并拢伸直。双手重叠握住哑铃把的一端。开始时将哑铃提起，两臂伸直，重量承受在胸部上端，然后慢慢从头顶上下放，直至两臂能舒适伸张到头顶的后下方，然后开始举回成原来的姿势（图 1–4）。

1 2

图 1–4 仰卧过顶举

(4) 哑铃单臂划船运动。

目的：主要发展背阔肌上、中部以及斜方肌、三角肌的力量。

要领：两脚前后开立，身体前弯，一只手支撑于椅面上，另一只手提起哑铃。吸气用力，持哑铃手侧上提至胸部高度，呼气放下。连续 8~12 次之后，再换另一只手练习（图 1–5）。

1 2

图 1–5 哑铃单臂划船运动

(5) 高翻。

目的：主要发展背阔肌、斜方肌、骶棘肌的力量。

要领：两脚开立，约与肩宽，双手正握杠铃，握距同肩宽，挺胸别腰，将杠铃提起至大腿中下部迅速发力，翻举至胸部。还原后，再反复进行（图 1–6 ）。

1　　2　　3

图 1–6　高翻

（6）持铃耸肩。

目的：主要发展斜方肌的力量。

要领：身体直立，正握杠铃，然后以肩部斜方肌的收缩力使两肩脚向上耸起（肩峰几乎触及耳朵），直至不能再高时为止。还原后，反复进行练习（图 1–7 ）。

1　　2

图 1–7　持铃耸肩

（7）俯立划船。

目的：主要发展背阔肌上、中部以及斜方肌、三角肌的力量。

要领：上体前屈近 90 度，抬头，正握杠铃。然后两臂从垂直姿势开始，屈臂将杠铃拉近小腹后还原，再重新开始（图 1–8）。上拉时应注意肘靠近体侧，上体固定，不屈腕。

1　　2　　3　　4　　5

图 1–8　俯立划船

(8) 直腿硬拉。

目的：主要发展骸棘肌、背阔肌、斜方肌、臀大肌以及股二头肌、半腱肌、半膜肌、大收肌等伸展躯干和伸髋的肌肉力量。

要领：两腿伸直站立，上体前屈，两手正握杠铃，握距约同肩宽，两臂伸直，然后伸髋，展体将杠铃拉起至身体挺直（图 1–9）。还原后重新开始，每组练习 2~5 次。上拉时应注意腰肌群要收紧，杠铃靠近腿部。

1　　2

图 1–9　直腿硬拉

2. 颈肩部肌群力量耐力练习

(1) 屈伸探肩。

目的：主要发展胸锁乳突肌、斜方肌肉的力量。

要领：坐立均可，上背挺直，双手叉腰，眼睛正视前方。头缓缓地向左偏，努力接近左肩，保持 6~8 秒，还原；以相同的姿势换方向做，还原（图 1–10）。

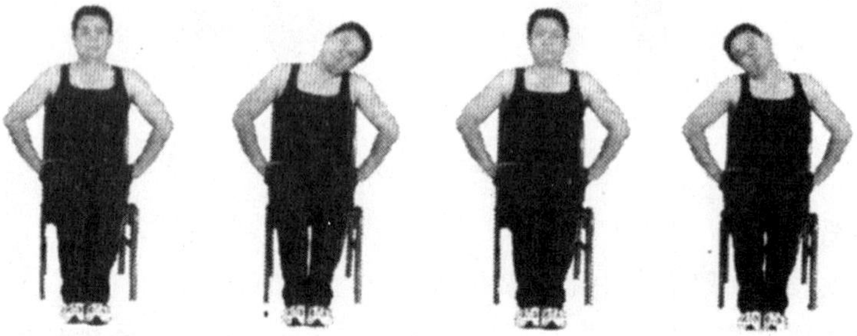

1　　2　　3　　4

图 1–10　屈伸探肩

(2) 摸耳屈伸。

目的：主要发展胸锁乳突肌、斜方肌肉的力量。

要领：坐立均可，两手自然放于体侧，眼睛正视前方。右手叉腰，同时将左手侧上举，越过头顶去摸右耳，同时头向左侧倾斜，还原；再用右手以同样的姿势去摸左耳，还原（图 1–11）。

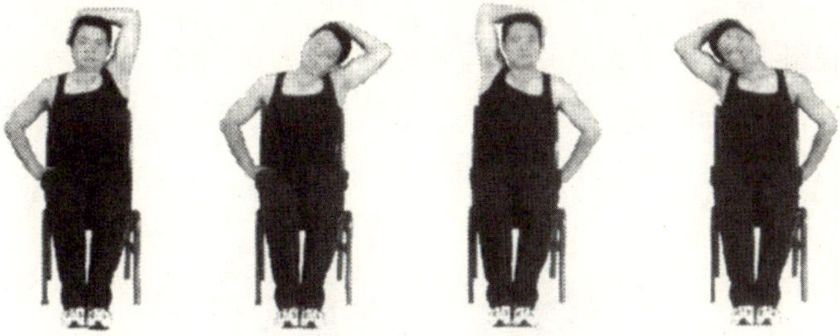

1　　2　　3　　4

图 1-11　摸耳屈伸

(3) 手侧压颈屈伸。

目的：主要发展胸锁乳突肌、斜方肌肉的力量。

要领：坐立均可，上背挺直，眼睛正视前方。左手按头左侧，右手叉在右侧腰间。左手用力把头向右侧推压，而颈部则用力顶住，不让其轻易被压倒，但会逐渐被压倒。然后，颈部用力把头向上向左抬起，而左手则用力压住头部，不让其轻易抬起，但逐渐做到完全竖直。练完一侧，换练另一侧（图 1-12）。

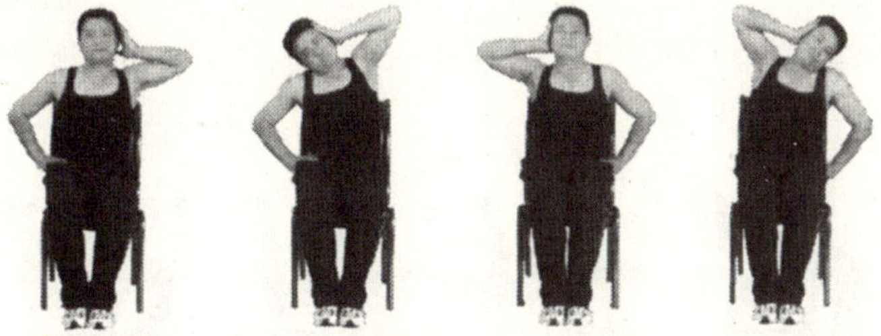

1　　2　　3　　4

图 1-12　手侧压颈屈伸

(4) 双手正压颈屈伸。

目的：主要发展斜方肌的力量。

要领：坐立均可，上背挺直，眼睛正视前方，双手十指交叉，按在脑后。双手用力压头部，使其向前下屈，颈部则用力顶住，不让其轻易下压，但会逐渐被压到颈部触及锁骨柄。然后，颈部用力把头向上抬起，而两手则用力压住头部，不让其轻易抬起，但会逐渐抬到原位（图 1-13）。

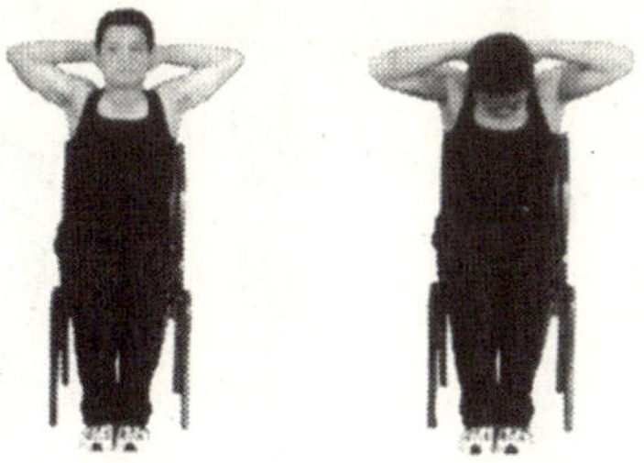

1　　2

图 1-13　双手正压颈屈伸

(5) 耸肩。

目的：主要发展斜方肌的力量。

要领：坐立均可，上背挺直，双手叉腰，眼睛正视前方。双肩缓缓往上耸，尽力去碰耳朵，保持6~8秒，然后放下（图1–14）。

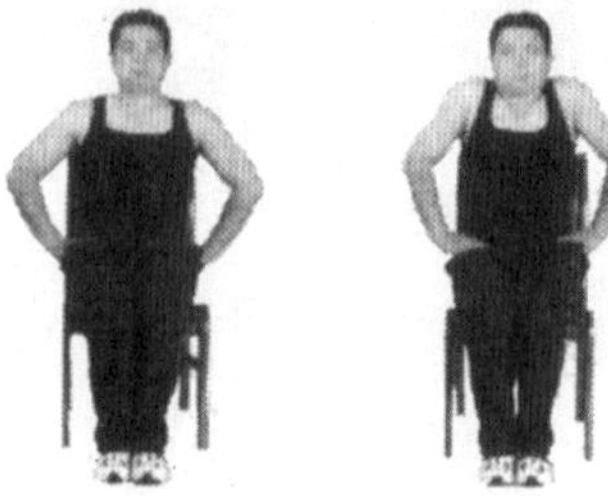

1　　2

图1–14　耸肩

(6) 肩绕环。

目的：主要发展斜方肌的力量。

要领：坐立均可，上背挺直，双手叉腰，眼睛正视前方。双肩经前向后展，做以肩关节为中心的绕环动作（图1–15）。

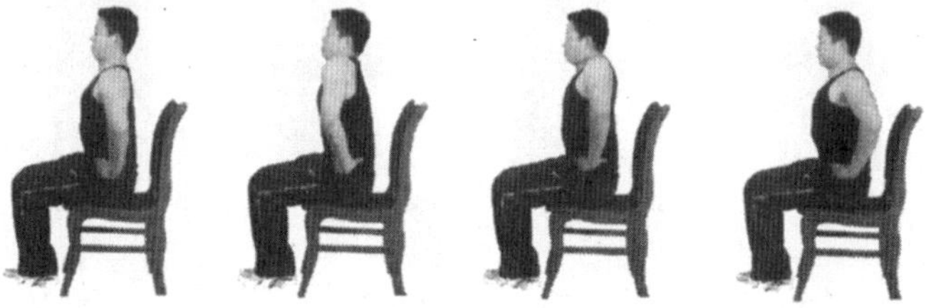

1　　2　　3　　4

图1–15　肩绕环

3. 腕部肌群肌肉力量耐力训练

(1) 屈伸腕动态练习。

目的：主要发展前臂伸肌和屈肌的力量。

要领：立正站好，一手持哑铃，掌心朝上。另一手微托持哑铃，手肘关节靠于腰部，手紧握哑铃以2秒钟一次的频率做屈伸腕运动（图1–16）。

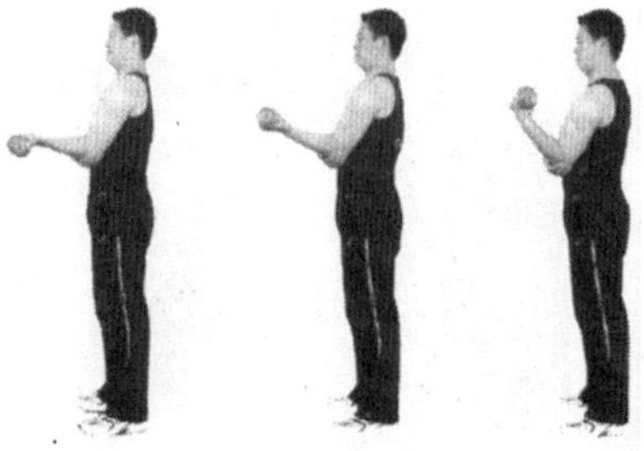

1　　2　　3

图1–16　屈伸腕动态练习

(2) 屈伸腕静态练习。

目的：主要发展前臂伸肌和屈肌的力量。

要领：立正站好，一手持哑铃，手掌朝上。另一手微托持哑铃，手肘关节靠于腰部，手紧握哑铃充分屈腕静止 15 秒，休息 5 秒，再充分伸腕静止 15 秒（图 1–17）。

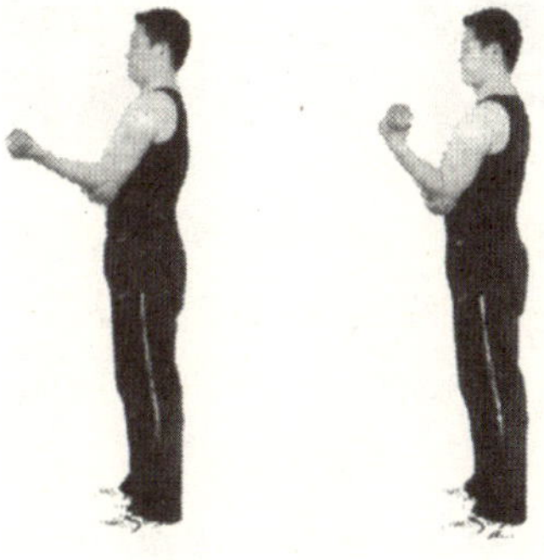

1　　2

图 1–17　屈伸腕静态练习

(3) “8”字绕环。

目的：主要发展肪挠肌的力量。

要领：立正站好，一手持哑铃（男生可以双手持哑铃），掌心朝上。持哑铃手做“8 字”绕环运动（图 1–18）。

1　　2　　3　　4　　5

图 1–18　“8”字绕环

（二）柔韧性素质的体能改善

柔韧性是指身体某个关节或关节组活动范围的幅度以及肌肉、肌腿、韧带等软组织跨过关节的弹性与伸展能力。良好的柔韧性，能使人的动作舒展，帮助肌肉轻松高效地活动，并有助于减少某些运动损伤。柔韧性的练习对于长久静坐的人尤为重要。

1. 腰背、胸部柔韧性的练习方法

(1) 坐位拉背。

目的：拉伸背部。

要领：坐在椅子上，双膝微屈，躯干贴在大腿上部，双手抱腿，肘关节在膝关节的下面。呼气，上体前倾，双臂从大腿上向前拉背，双脚保持与地面接触，保持 6~8 秒(图 1–19)。

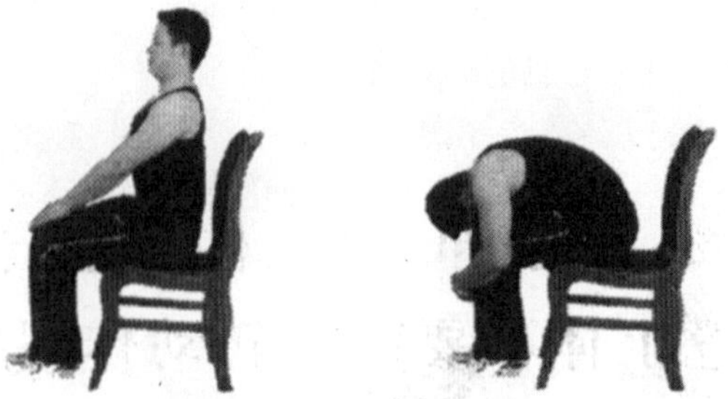

1　　2

图 1–19　坐位拉背

(2) 坐椅胸拉伸。

目的：拉伸胸部。

要领：坐在椅子上，双手头后交叉，椅背高度在胸中部。吸气，双臂后移，躯干上部后仰，拉伸胸部。动作缓慢进行，保持 6~8 秒（图 1–20）。

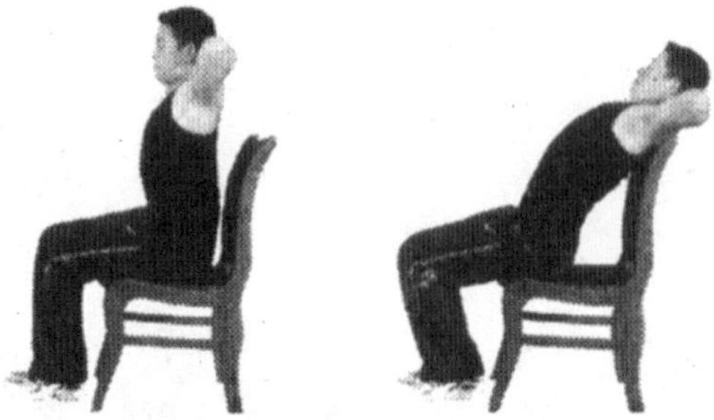

1　　2

图 1–20　坐椅胸拉伸

(3) 仰卧团身。

目的：拉伸腰部。

要领：在垫上仰卧，屈膝，双脚滑向臀部。双手扶在膝关节下部。呼气，双手将双膝拉向胸部和肩部，并提起髋部离开垫子，重复练习。动作幅度尽量大，动作保持 6~8 秒（图 1–21）。

图 2–21　仰卧团身

(4) 俯腰。

目的：拉伸腰部和躯干两侧。

要领：并步站立，两腿挺膝夹紧，两手十指交叉，手心向上，伸直上举。上体及腰前俯，两手心尽量向下贴紧地面，两膝挺直，髋关节屈紧，腰背部充分伸展。两手直臂分别握住同侧踝关节，使胸部贴紧双腿，充分伸展腰背部。持续一定时间后再放松起立。还可以在双手触地时向左右侧转腰，用两手心触及两脚外侧的地面，增大腰部伸展时左右转动的柔韧性（图 1–22）。

1　2　3　4

图 1–22　俯腰

（5）体侧屈。

目的：拉伸腰部和躯干两侧。

要领：并步站立，上身挺直。右手叉腰，左手伸直，上体尽量向左侧倾斜，保持 6~8 秒；还原，换方向做。注意上体不要有扭转动作（图 1–23）。

1　2　3　4

图 1–23　体侧屈

2. 颈肩部柔韧性练习方法

（1）扭转望月。

目的：伸展侧颈部。

要领：坐立均可，上背挺直，双手叉腰，眼睛正视前方。头缓缓地向左后旋转，目光注视前上方，尽最大努力保持 6~8 秒，还原，然后以相同的姿势换方向做，再还原（图 1–24）。

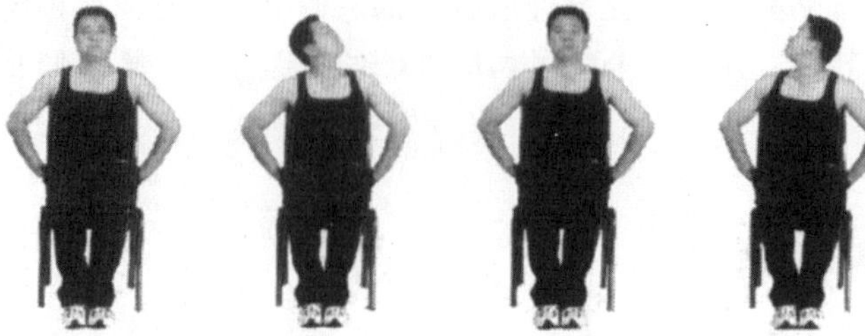

1　　2　　3　　4

图 1-24　扭转望月

(2) 低头沉思。

目的：伸展颈后部。

要领：坐立均可，上背挺直，双手叉腰，眼睛正视前方。缓慢低头，下巴尽量靠近胸骨，抻拉颈部肌肉，保持 30 秒；还原，向后屈伸，保持 30 秒（图 1-25）。

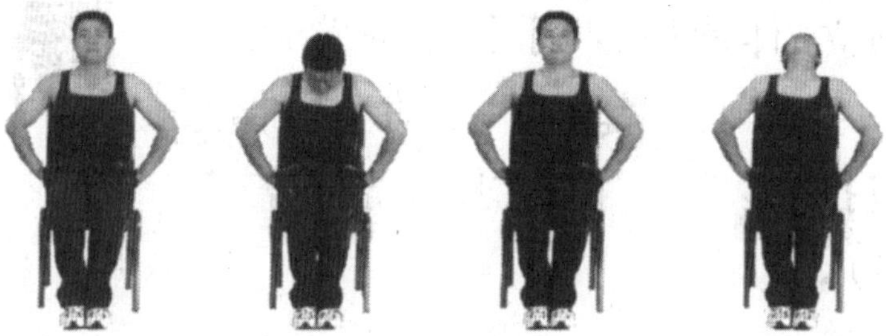

1　　2　　3　　4

图 1-25　低头沉思

(3) “米字形”弯曲。

目的：伸展全颈部。

要领：坐立均可，头部依次向前弯→复位→向左弯→复位→向后弯→复位→向右弯→复位；然后依次做左前弯→复位→左后弯→复位→右后弯→复位→右前弯→复位（图 1-26）。

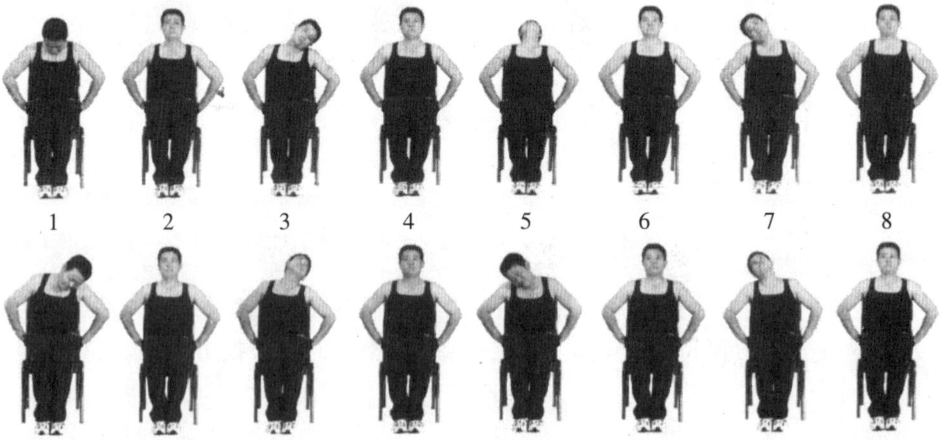

1　2　3　4　5　6　7　8

9　10　11　12　13　14　15　16

图 1-26　“米字形”弯曲

(4) 肩膀上提。

目的：拉伸肩部。

要领：坐在椅子上，两脚稍分开，屈肘。两手中指分别放松按于肩膀上，肩部用力往上提，上体充分舒展，在个人关节活动最大范围处静止 20~30 秒；还原，放松（图 1–27）。

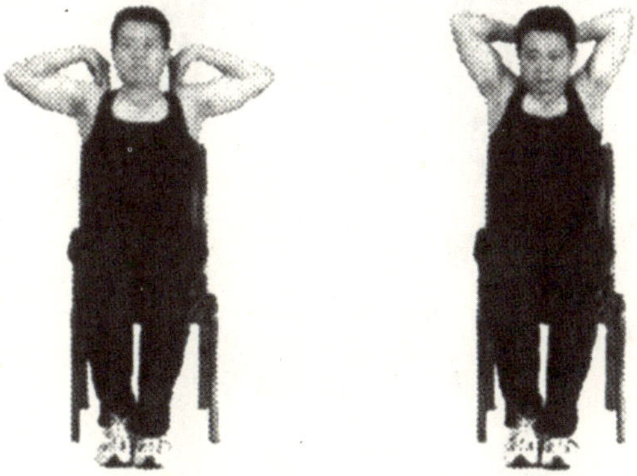

1　　　　2

图 1–27　肩膀上提

(5) 正压肩。

目的：拉伸背部和肩部。

要领：分腿站立，体前屈，两手扶于椅背，挺胸低头（或抬头），身体上半部上下振动。同伴可帮助压肩，把肩拉开。练习时要求手臂伸直，肩放松（图 1–28）。

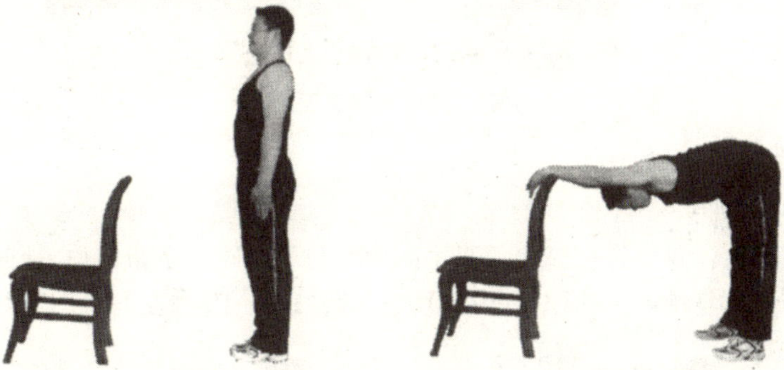

1　　　　2

图 1–28　正压肩

3. 臂部和腕部柔韧性的练习方法

(1) 背后拉毛巾。

目的：拉伸臂部。

要领：坐立均可，一臂肘关节在头侧，另一臂肘关节在腰背部。吸气，双手握一条毛巾逐渐互相靠近。换臂重复练习。动作幅度尽量大，每次保持 10 秒左右（图 1–29）。

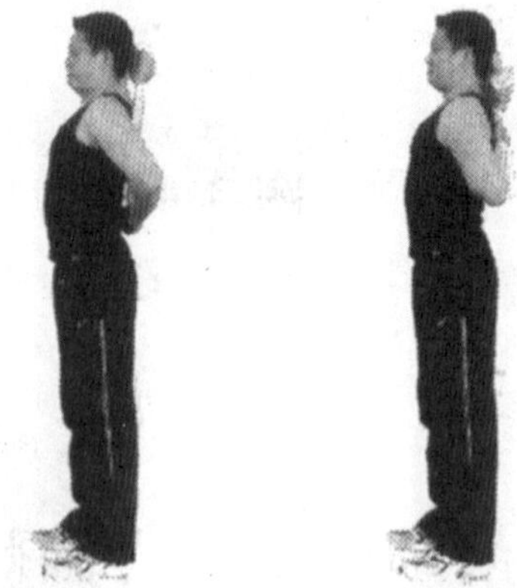

1　　2

图 1–29　背后拉毛巾

(2) 跪撑正压腕。

目的：拉伸腕部。

要领：双膝着地，双臂直臂撑地，双手间距约与肩同宽，手指向前。呼气，身体重心前移。恢复开始姿势重复练习。动作幅度尽量大，每次保持 10 秒左右（图 1–30）。

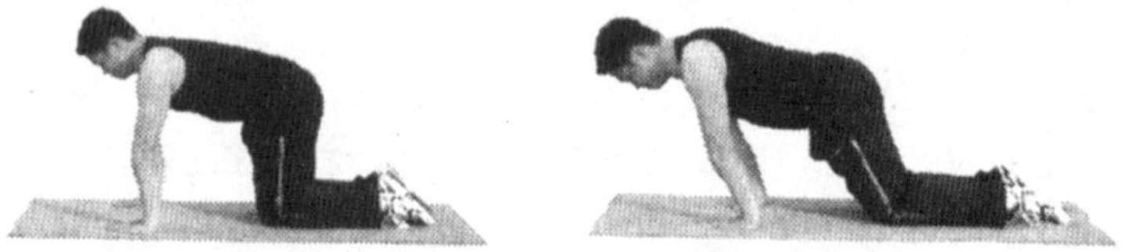

1　　2

图 1–30　跪撑正压腕

(3) 跪撑反压腕。

目的：拉伸腕部。

要领：双膝着地，双臂直臂撑地，双手间距约与肩同宽，手指向后。呼气，身体重心前移。恢复开始姿势重复练习。动作幅度尽量大，每次保持 10 秒左右（图 1–31）。

1　　2

图 1–31　跪撑反压腕

(4) 向内旋腕。

目的：拉伸腕部。

要领：站立，双手合掌。呼气，尽量内旋双手手腕，双手分离。重复练习。动作幅度尽量大，每次保持 6~8 秒（图 1–32）。

图 1–32　向内旋腕

(三) 心肺功能的体能改善

心肺功能即心肺耐力，是指人体的心脏、肺脏、血管、血液等组织的功能，与氧气和营养物质的输送以及代谢物的清除有关。

坐姿工作人员工作时间长，且相对固定地保持一种姿势，易使身心疲劳。此外，坐姿工作时常低头含胸，胸部和心血管得不到发展，选择运动项目时，应充分考虑到职业的特点，多选择有氧代谢的运动项目，如健美操、游泳、跳绳、步行、爬山等有大肌肉群参与的慢节奏运动，以弥补运动不足，锻炼心肺，矫正体形。除加强全身锻炼外，还应选择养生的练习方法，如练习太极拳、气功等来消除神经疲劳。

三、坐姿类职业性疾病症状及其预防与运动疗法

由于不良工作体位所造成的局部肌肉骨骼静力负荷过重，而导致的骨、关节、肌肉及韧带劳损，已是许多职业人群慢性肌肉骨骼损伤高发的主要因素之一。坐姿体位不符合人体脊柱最佳受力状态，不同的坐姿体位往往会出现脊柱某区域肌肉骨骼力学负荷过重，久之则引发肌肉骨骼等组织劳损。

(一) 颈椎病

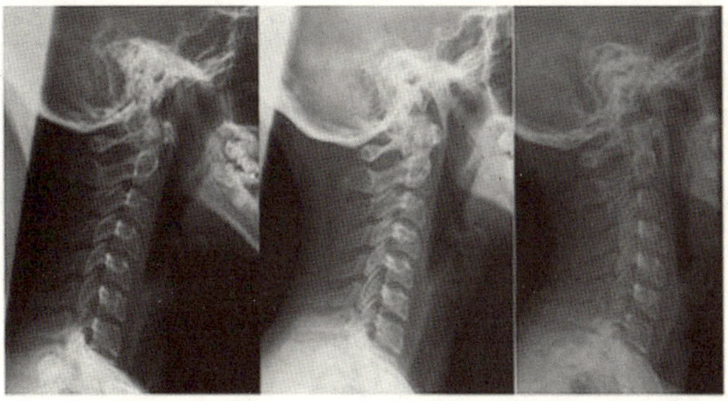

图 1–33　曲度反弓、曲度变直、正常颈椎弯曲度示意图

1. 颈椎病的概念

颈椎病又称颈椎综合症，是颈椎骨关节炎、增生性颈椎炎、颈神经根综合症、颈椎间盘

脱出症的总称；是一种以退行性病理改变为基础的疾患。主要由于颈椎长期劳损、骨质增生，或椎间盘脱出、韧带增厚，致使颈椎脊髓、神经根或椎动脉受压，导致一系列功能障碍的临床综合症。表现为颈椎间盘退变本身及其继发性的一系列病理改变，如椎节失稳、松动；髓核突出或脱出；骨刺形成；韧带肥厚和继发的椎管狭窄等，刺激或压迫了邻近的神经根、脊髓、椎动脉及颈部交感神经等组织，并引起各种各样症状和体征的综合症。主要症状是颈部和背部的功能障碍和疼痛，表现为颈部、肩部、上肢麻木和头晕。

2. 致病原因

长时间伏案劳作，使颈椎长时间处于屈位或某些特定体位，不仅使颈椎间盘内的压力增高，而且也使颈部肌肉长期处于非协调受力状态。颈部的肌肉细长而不丰厚，易受牵拉劳损，椎体前缘相互磨损、增生，再加上扭转、侧屈过度，进一步导致损伤而引起各种病变。

3. 预防与运动疗法

(1) 在工作（劳动）中应经常做几秒钟的抬头，活动活动颈部。

(2) 做工间操时要加强头颈部的活动，如颈部旋转或侧摆运动等。

(3) 在业余活动中要重视颈部的活动。

(4) 加强颈肩部肌群力量和柔韧性练习。

(二) 腰肌劳损

1. 腰肌劳损的概念

腰肌劳损又称功能性腰痛或腰背肌筋膜炎，是以腰部隐痛反复发作，劳累后加重，休息后缓解等为主要表现的疾病。主要症状为腰或腰骶部疼痛，反复发作，疼痛程度可随气候变化或劳累程度而变化，时轻时重，缠绵不愈。

2. 致病原因

坐位姿势，一般呈弓起背部向前微倾状态。长时间保持这种坐位姿势，腰部肌肉超负荷做功，处于持续的紧张状态，使小血管受压，供氧不足，代谢产物堆积，刺激局部而形成损伤性炎症。此外，急性腰扭伤也是导致腰肌劳损的重要原因。

3. 预防与运动疗法

(1) 工作时要经常变换体位，纠正不良姿势。做工间操时要重视和加强腰部的活动。

(2) 平时要加强腰背肌及脊椎间韧带的锻炼和保护，在进行体育活动或搬抬重物前要做好准备活动，防止突然用力使腰部扭伤。

(3) 在业余体育活动中，可以每天倒走几次，每次3~5分钟。

(4) 经常练习太极拳、五禽戏、健身操。这些传统的健身方法对预防腰肌劳损很有益处。

(5) 加强腰部肌群的力量和柔韧性练习。（图1–34）

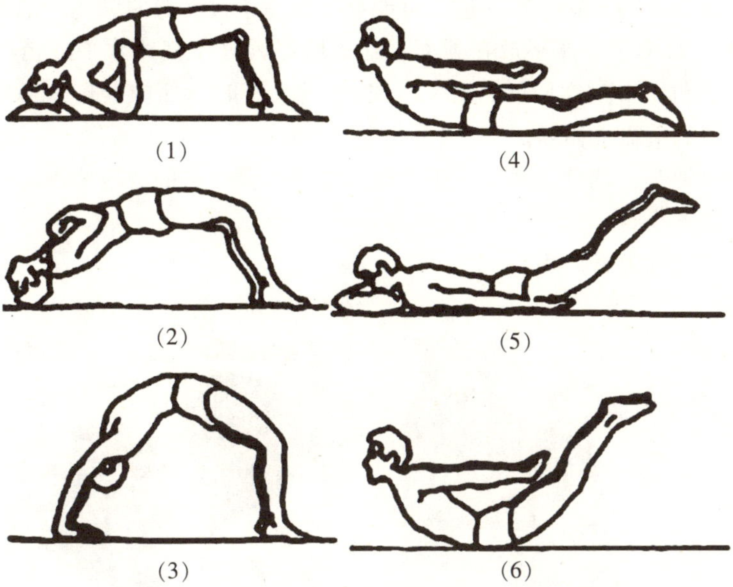

图 1-34　腰肌劳损运动疗法示意图

（三）腕管综合症

1. 腕管综合症的概念

腕管综合症又称腕管狭窄症，是指腕部外伤、骨折、脱位、扭伤或腕部劳损等原因引起腕横韧带增厚，管内肌腱肿胀，瘀血机化使组织变性，或腕骨退变增生，使管腔内周径缩小，从而压迫正中神经，引起手指麻木无力的一种病症。主要症状为食指、中指疼痛、麻木和拇指肌肉乏力，一般以夜间发病较重，最终可能会导致神经受损和手部肌肉萎缩（图 1-35）。

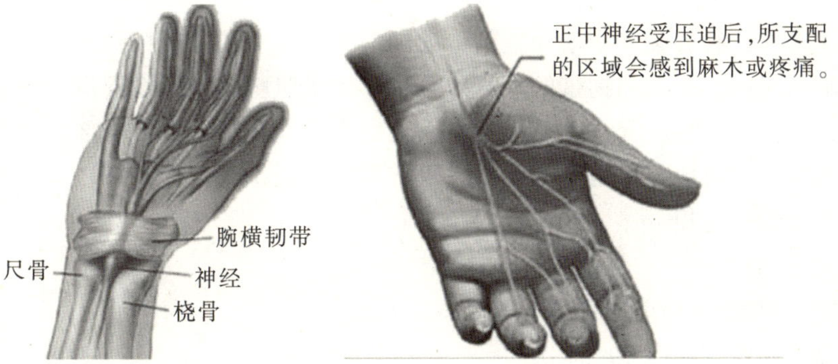

图 1-35

2. 致病原因

腕部的腕骨和腕横韧带共同组成了一个管状结构，即腕管。当正中神经穿过腕管时，往往会因为受到卡压而导致一定程度的感觉神经和运动神经功能的障碍。

3. 预防与运动疗法

（1）平时应养成良好的坐姿，不论工作或休息，都应该要求手和手腕的姿势正确。如电脑的键盘应正对着你，如果斜摆在一边，可能会导致手腕过度弯曲紧绷；把椅子调整到最舒适的高度，坐下时双脚正好能平放在地面；让电脑屏幕处于视线水平或稍低。保持手腕伸直，不要弯曲，但也不要过度伸展；肘关节成 90 度；坐时背部应挺直并紧靠椅背，而且不要交叉双脚，以免影响血液循环。

（2）每隔半个钟头，就应该暂停工作，适当做手、臂、肩的放松体操，并且做到每天在电脑前打字不超过 5 小时。

（3）加强腕部肌肉力量训练。

（四）肩周炎

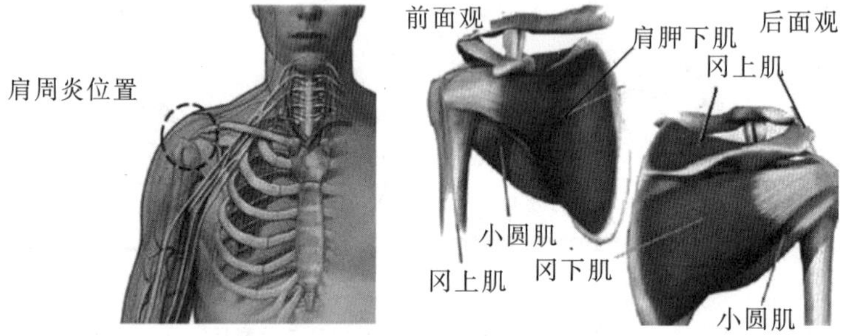

图 1–36

1. 肩周炎的概念

肩周炎是以肩关节疼痛和活动不便为主要症状的常见病症。本病的易发年龄在 50 岁左右，女性发病率略高于男性。如得不到有效地治疗，会严重影响肩关节的功能活动。本病早期肩关节呈阵发性疼痛，常因天气变化及劳累而诱发，以后逐渐发展为持续性疼痛，并逐渐加重，昼轻夜重，肩关节向各个方向的主动和被动活动均受限。肩部受到牵拉时，会引起剧烈疼痛。肩关节会有广泛压痛，并向颈部及肘部放射，还会出现不同程度的三角肌的萎缩。

2. 致病原因

肩关节是人体全身各关节中活动范围最大的关节。其关节囊较松弛，关节的稳定性大部分靠关节周围的肌肉、肌腱和韧带的力量来维持。由于肌腱本身的血液供应较差，而且随着年龄的增长会发生退行性改变。办公室工作人员由于长期伏案工作，肩部的肌肉韧带会长期处在紧张状态，加之肩关节平常活动比较频繁，周围软组织经常受到来自各方面地摩擦和挤压，所以易发生慢性劳损。

3. 预防与运动疗法

（1）耸肩（旋肩），向前向后各旋肩 20~30 次。

（2）两臂轮流伸直前推 20~30 次。

（3）两手相握提起至头上，超过头顶放下，做 30 次。

（4）两臂用力向前后做有节律的摆动，做 30 次。

（5）站立，两脚同肩宽，两臂轻轻前后摆，并逐渐增大摆动幅度，每天早晚各一次，每次 50~100 下。

（6）提物站立，两脚同肩宽，上身向前弯，患肩周炎侧前臂向下做捞物动作，每天早晚各一次，每次 30~50 下。

(7) 画圆圈站立，两脚同肩宽，身体不动，两臂分别由前向后画圆 1 圈，画圆范围由小到大，每天两次，每次 50~100 下。

(8) 按摩与被动运动：肩部按摩能起到改善血液循环、减轻肌痉挛和松解关节粘连的作用。按摩配合被动运动，可增大肩关节的活动范围。但要注意按摩的力度，手法一定要轻柔，以免症状加重。

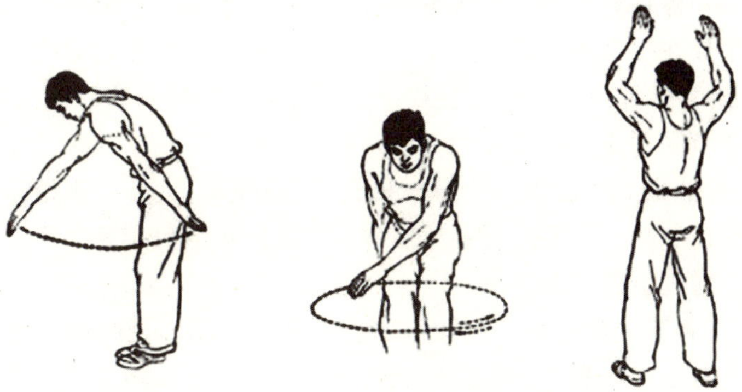

(1)　　(2)　　(3)

(1)前后摆动；(2)回旋运动；(3)正身爬墙；

图 1–37

(五) 视疲劳综合症

1. 视疲劳综合症的定义

视疲劳综合症是以眼部各种不适症状为突出表现的一组症候群。主要表现为眼球酸胀不适或疼痛，视物模糊，不能久视。

2. 致病原因

电脑工作人员因长时间精力集中于屏幕，眨眼次数会明显减少（由日常每分钟 22 次左右，锐减到每分钟 4~5 次），眼睛特别容易干涩。据美国的一项统计显示，一个人一天看电脑持续超过 2 个小时，每周持续 2 天以上，这样持续一年，50%~90%的人会或多或少出现视疲劳综合症。

3. 预防与运动疗法

(1) 与显示器的距离需要保持在 70 厘米以上，显示器的放置位置应比双眼视线略低。

(2) 注视屏幕一小时后要休息 5 分钟，望望远处，转动眼球，眨眨眼。

(3) 把屏幕亮度调整到使眼睛舒适的程度。在电脑前工作时，房间既不能太昏暗，也不能太明亮。理想的办公环境是房间的亮度和屏幕的亮度相同。

(4) 因为要避免屏幕上显现出你的脸、灯光以及物体的影像（所有的光影会加倍地使眼睛疲劳），所以要避免室内的光线直接照射在屏幕上而产生干扰光线。光源最好来自电脑使用者的左边或右边。如果你戴眼镜，应该给自己配一副带有防反光加膜的镜片。

(5) 为了防止结膜干涩，可在使用电脑时滴一些与眼泪成分相同的眼药水。

(6) 眼睛疲劳时，可以用以淡红茶水煮过的湿毛巾敷几分钟眼睛，这样会很快消除充血和疲劳。

(7) 转眼法。选一安静场所，或坐或站，全身放松，清除杂念，双目睁开，头颈不动，转动眼球。先将眼睛凝视正下方，缓慢转至左方，再转至凝视正上方，至右方，最后回到凝视正下方，依此顺序顺时针转 9 圈。再让眼睛沿逆时针方向转 6 圈。总共做 4 次。每次转动，眼球都应尽可能地达到极限。这种转眼法可以锻炼眼肌，使眼灵活自如，炯炯有神。

(8) 呼吸凝神法。选空气清新处，或坐或立，全身放松，双目平视前方，徐徐将气吸足，眼睛随之睁大，稍停片刻，然后将气徐徐呼出，眼睛也随之慢慢微闭，连续做 9 次。

(9) 极目法。早晨在空气清新的地方，自然站立，两眼先平视远处的一个目标，再慢慢将视线收回，到距眼睛 35 厘米时，再将视线由近而远转移到原来的目标上。如此反复数次，再配合深呼吸，对调节眼功能有一定好处。

(10) 熨眼法。此法最好坐着做，全身放松，闭上双眼，然后快速相互摩擦两掌，使之生热，趁热用双手捂住双眼，热散后两手猛然拿开，两眼也同时用劲一睁。如此 3~5 次，能促进眼睛血液循环，增进新陈代谢。

(11) 洗眼法。先将脸盆消毒后，倒入温水，调节好水温，把脸放入水里，在水中睁开眼睛，使眼球上下左右各移动 9 次，然后再顺时针、逆时针各旋转 9 次。刚开始，水进入眼里，眼睛难受无比，但随着眼球的转动，眼睛会慢慢觉得非常舒服。在做这一动作时，若感到呼吸困难，不妨从脸盆中抬起头来，在外深呼吸一下。此法能洗去眼中的有害物质和灰尘，还对轻度白内障有治疗效果，并能改善散光、远视、近视的屈光不正的程度。

第三节　站姿类职业体能特征与改善方法

一、站姿类职业生理负荷特点

教师、迎宾人员、前厅接待、餐厅服务员、售货员、厨师、模特等职业岗位服务人员，均需要在工作期间长时间站立。站立姿势可以分为立正式站立（如解放军站岗）和任意式站立（如超市的收银员）。立正式站立是一种强度极大的静力性工作。而任意式站立，因在一定程度上可以活动身体某些部位，并有机会可以在较小范围内做一些移动性活动，所以相对于立正式站立而言，其静力负荷的强度较小。职场站姿绝大多数属于任意式站姿。

那么，站姿工作的生理负荷有哪些特点呢?

（一）血液循环

站姿也是一种静力性工作，对血液循环的影响与坐姿相同。但因为维持站姿比维持坐姿肌肉的静力性紧张更大，即有更多的肌纤维处于静力性等长收缩状态，肌张力一般超过该肌肉最大随意收缩时的 15%~20%。研究表明，一旦肌张力超过最大随意收缩的15%，很容易导致肌肉疲劳。静力性肌肉持续时间和肌肉收缩力的关系如图 1–38 所示。

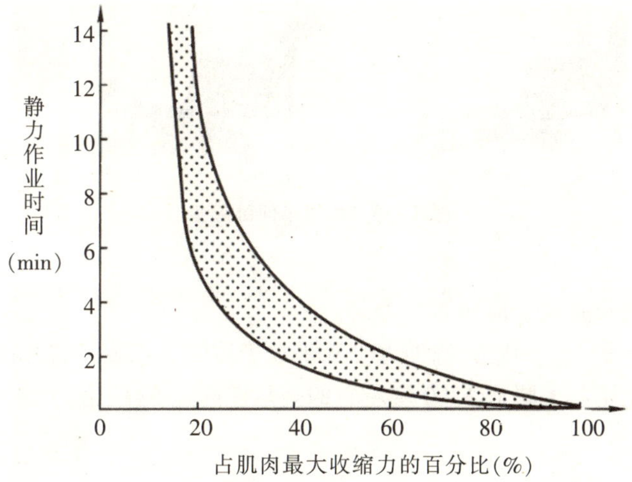

图 1–38　静力作业持续时间与肌肉收缩力的关系

直立体位时，因血液重力的流体静力学作用，血液滞留在心脏水平以下的血管中，由于静脉管壁薄而易于扩张，其容积可大为增加，滞留大量血液，而使静脉回流量下降。故站立时间较长，血液回心障碍，会出现脚背浮肿、趾关节炎或静脉曲张。发病时间一般为 6~8 年，妇女更易发生。位于心脏以上部位的颈、脑部也会因供血不足，而出现头痛、头昏等症状。

(二）骨骼、肌肉

人体的肌肉在平常时会以一定的张力来维持一定的身体姿势。站立时，大腿、小腿、腰背部、臀部的肌肉处于等张收缩，比坐姿时有更多的肌纤维参与静力性工作，比坐姿时维持相对较高的紧张性。尽管静力性工作的特征是能量消耗水平不高，氧需求量通常不超过 1 升/分钟，但很容易产生腰背部和下肢疲劳。

二、站姿类职业体能锻炼方法

体能泛指人体基本的身体素质。身体素质是指人体在运动、劳动与生活中表现出来的力量、速度、耐力、灵敏性和柔韧性等能力。每个人都有一定的身体素质。从事不同的职业需要不同的身体素质。具体职业的身体活动部位是局部的、重复的、固定持续的，而完成各动作时，人体机能表现形式各有差异，因此，其素质要求也就不一样。对将来从事站立型职业的学生，这类工作较多涉及社会服务领域，身体常处于站立状态，对下肢的力量与耐力要求较高，为此在教学过程中应以发展学生的下肢和腰腹肌的力量为主，并开设一些形体操、健美操课，使他们形成合理的站立姿势与美好的形态；同时可以考虑野外生存训练、轮滑等项目，以发展学生的下肢、腰腹部力量，改善身体的平衡能力和灵敏性素质。

(一）腰腹肌力量耐力的体能改善

1. 搁腿半仰卧起坐

目的：主要发展腹直肌上部力量。

要领：仰卧于垫子上，两小腿平行搁于凳面，双手交叉抱于头后。慢慢使双肩向膝部弯起，直至肩脚骨离地约 3 ~ 5 厘米，保持这个姿势 1~3 秒，然后还原（图 1–39 ）。

1　　2

图 1–39　搁腿半仰卧起坐

2. 直腿上举

目的：主要发展腹直肌、髂腰肌的力量。

要领：仰卧于垫子上，两腿并拢伸直，双手放于体侧。双腿伸直并拢，靠腹部的力量将腿慢慢举起，保持躯干与大腿成 1200 度左右的夹角，静止 5~10 秒，然后还原（图 1–40）。

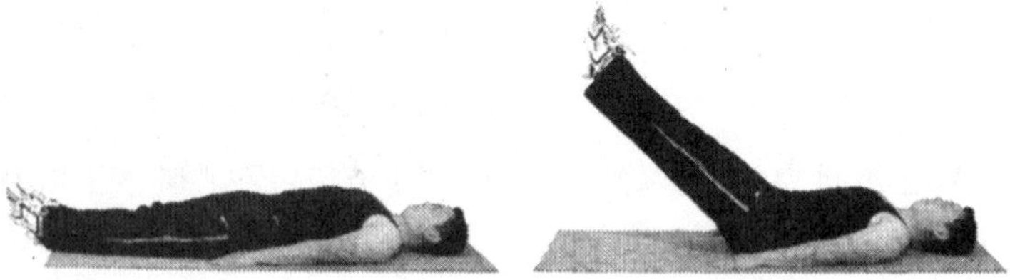

1　　2

图 1–40　直腿上举

3. 仰卧侧提腿

目的：主要发展腹内、外斜肌的力量。

要领：仰卧垫上，然后侧提右膝碰右肘，然后侧提左膝碰左肘（图 1–41）。如此反复练习。

1　　2

图 1–41　仰卧侧提腿

4. 屈膝举腿

目的：主要发展腹直肌下部力量。

要领：屈膝，两踝交叉，两掌心下放在臀侧，仰卧垫上，然后朝胸的方向举腿。直到两膝收至胸上方，还原后重新开始（图 1–42）。

1　　2

图 1–42　屈膝举腿

5. 燕式平衡

目的：增强后背和腹部主要肌肉的力量及稳定性。

要领：由站立开始，右脚向前一步，上体前倾，左腿后上举高于头部，抬头挺胸，两臂侧举成燕式平衡，站立的腿要伸直，两脚交替进行（图 1–43）。

1　　　　2

图 1–43　燕式平衡

6. 静止搭桥

目的：增强后背和腰部主要肌肉的力量及稳定性。

要领：平躺，脚着地，两手臂放在身体两侧。臀部、大腿和躯干肌肉用力提起骨盆，直到肩膀与膝盖连成直线。身体缓慢下降，回到起始位置（图 1–44）。

1　　　　2

图 1–44　静止搭桥

7. 借球搭桥

目的：主要发展躯干的主要肌肉，如腘绳肌、臀部肌肉和股四头肌的力量以及脊柱的稳定性。

要领：平躺，双脚放在健身球上，膝盖微屈，两手臂置于身体两侧，做搭桥练习，脚后跟用力压球面，保持身体平衡，然后慢慢放下身体，回到初始位置（图 1–45）。

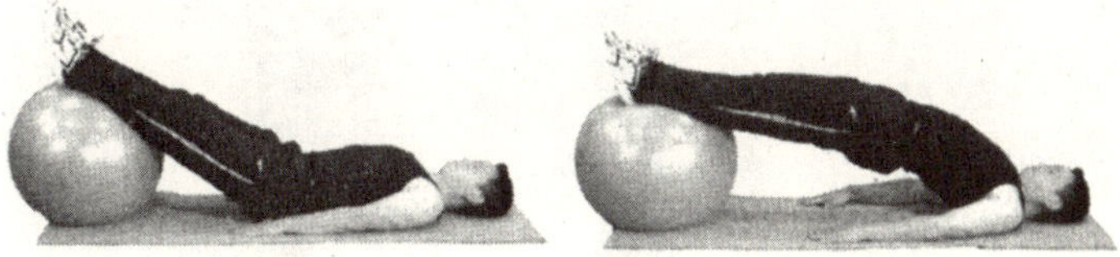

1　　　　2

图 1–45　借球搭桥

8. 借球仰卧

目的：主要发展躯干的主要肌肉，如腘绳肌、臀部肌肉和股四头肌的力量以及脊柱的稳定性。

要领：跪姿，背对健身球，两脚分开夹球，两手臂置于身体两侧，然后上体尽量往后仰，肩膀触球静止 6~8 秒（图 1–46）。

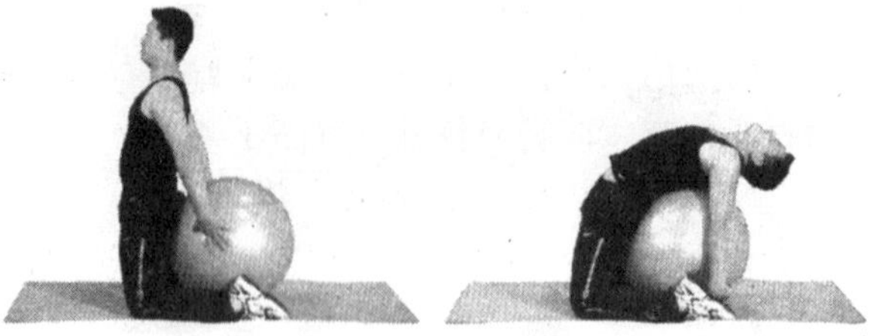

1　　2

图 1–46　借球仰卧

（二）下肢力量耐力的体能改善

1. 踏板弓箭步

目的：主要发展股四头肌、股二头肌、小腿三头肌的力量。

要领：身体直立，面对踏板，左腿屈膝成弓箭步踏踏板，右腿伸直，同时两手叉腰。还原后，交换腿连续做（图 1–47）。

1　　2

图 1–47　踏板弓箭步

2. 抱膝触胸

目的：主要发展股四头肌、小腿三头肌的力量。

要领：身体直立，面对踏板，然后右腿支撑站立，左脚踏在踏板，接着用力蹬踏，腿伸直，同时右腿屈膝高抬，两手抱膝触胸。还原后，交换腿连续做（图 1–48）。

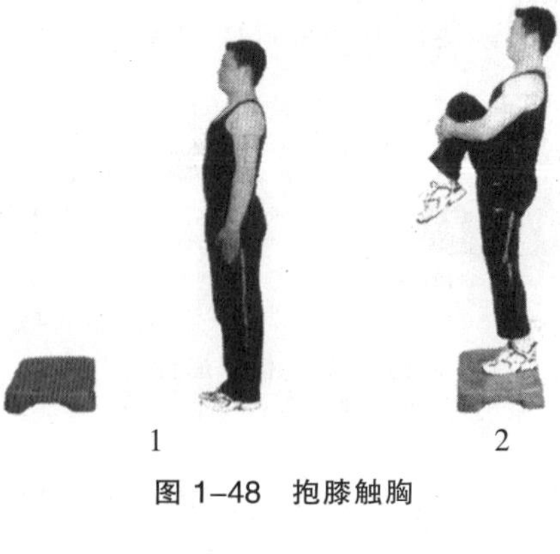

1　　2

图 1–48　抱膝触胸

3. 踏板提踵

目的：主要发展小腿三头肌的力量。

要领：两脚站立于踏板上，脚跟提起，脚尖点地，两手侧平举，保持 6~8 秒（图 1–49）。

1　　2

图 1–49　踏板提踵

4. 屈膝直腿

目的：主要发展股四头肌、股二头肌的力量。

要领：两手叉腰站立于踏板上，左腿半蹲，右腿伸直前举，停 6~8 秒，还原，交换腿继续做（图 1–50 ）。

1　　2

图 1–50　屈膝直腿

5. 搁腿深蹲

目的：主要发展股四头肌、股二头肌的力量。

要领：面对椅子，左腿深蹲，右腿伸直前举，脚跟放在椅子上，做上体前屈、两臂前平举动作（图 1–51）。

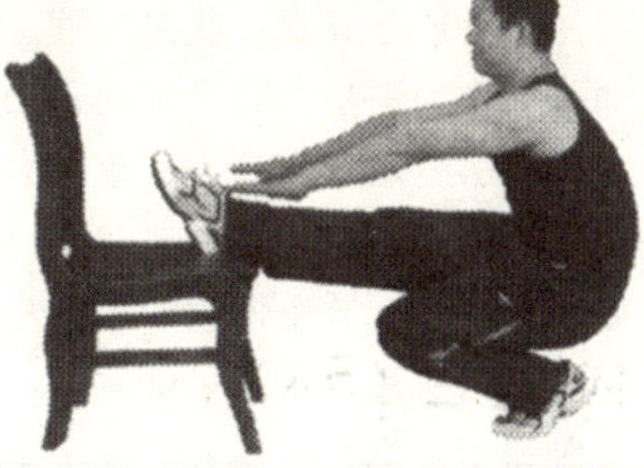

图 1–51　搁腿深蹲

6. 踮脚跳跃

目的：主要发展小腿腓肠肌、比目鱼肌、股四头肌的力量。对提高身体平衡能力也有锻炼价值。

要领：两脚并拢站立，两膝微屈，两手撑腰，双脚前掌原地向上纵跳，膝盖绷直，下落时，先前脚掌着地，然后全脚掌着地，再踮脚起跳（图 1–52）。

1　　2

图 1–52　踮脚跳跃

三、站姿类职业性疾病及其预防与运动疗法

（一）扁平足

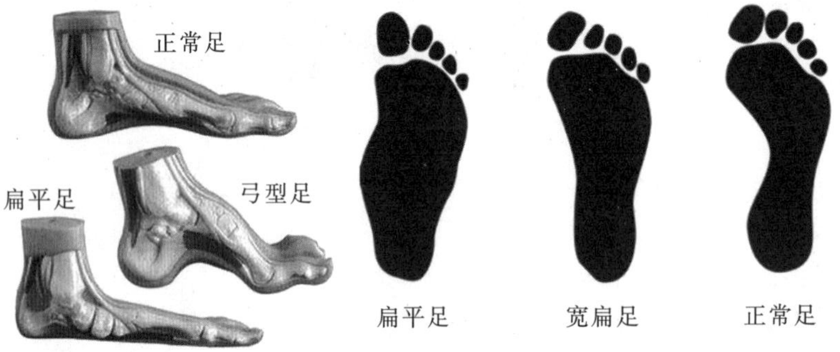

图 1–53

1. 扁平足的概念

扁平足主要是由于某些原因使足骨形态异常、肌肉萎缩、韧带挛缩或慢性劳损造成足纵弓塌陷或弹性消失所引起的足痛，又称为平足。扁平足的人长期保持站立姿势，会使足部负担过大，若加上鞋子不合适，会容易引起足部疼痛，严重时会引发扁平足。

2. 预防与运动疗法

防治扁平足的主要方法是做矫正体操。矫正体操的重点是锻炼胫骨前肌、腓骨长肌、胫骨后肌、屈指长肌及足部肌。如足尖走、足跟走、足外侧走、踢毽子等，以及坐位时进行足内翻、足趾屈伸和分开并拢、足趾钳物等练习。每日锻炼 1~2 次，每次 20~30 分钟。

（二）下肢静脉曲张

1. 下肢静脉曲张的概念

下肢静脉曲张是指下肢浅静脉系统处于伸长、蜿蜒而曲张的状态。下肢静脉曲张是静脉系统最重要的疾病，也是四肢血管疾患中最常见的疾病之一。通常在四肢血管疾病的大多数病例中，常因静脉曲张及其合并症尤其是溃疡而就医。

下肢静脉曲张除个别因患先天性静脉壁薄弱病变外，多因长时间站立或重体力劳动腹压增大，加重了下肢静脉内的压力，久而久之引起静脉扩张、延伸甚至曲张，最终导致静脉瓣膜机能不全。

2. 预防与运动疗法

（1）平时要多做双腿上下摆动或蹬夹练习，多做腿部按摩。

（2）站立时，不要总用两条腿一起支撑全身重量，可有所侧重，让两条腿轮换休息。站立时，要经常踮起脚来，让脚后跟一起一落活动，或经常进行下蹲练习。上述动作都能引起小腿肌肉强烈收缩，减少静脉血液积聚。

（3）挑担负重或军人行军前，可用弹性绷带将小腿绑扎，这样可以防止下肢静脉淤血扩张。绑扎时，应从踝部向上绑扎，扎得稍紧一些。

（4）每晚睡觉前，养成用热水洗脚的习惯，忌用冷水洗脚。用热水洗脚，能消除疲劳，有利睡眠，更能活血化淤。

（5）运动后，可抬高肢体或做向心性按摩，促进下肢静脉的血液回流。平时可做一些医疗操，如平卧于床，抬高患肢 45 度，维持 1~2 分钟，或直抬腿向上向下运动数分钟，每日练习 2~3 次，以使下肢静脉血液回流加快。

（三）下背痛

1. 下背痛的概念

下背痛，顾名思义就是指下背、腰骶和臀部的疼痛，通常是指背部肋骨下缘以下的部分，由于好发于第四和第五腰椎或第五腰椎和第一荐椎间，也有不少人称之为“腰痛”，是现代人主要的文明病之一。

迎宾礼仪、餐厅服务员、警察等，他们的肌肉、韧带等组织因为长时间支持腰椎处于同一个姿势，久之将过度耗损，导致肌肉等组织僵硬、疲劳。此外，若长时间姿势不正确，也会导致腰椎和骨盆的肌肉组织僵硬，腰椎与骨盆关节长期错位，因而也会造成脊椎关节组织的退化变形。

2. 预防与运动疗法

预防下背痛的方法主要是保持正确的姿势，站立时尽量使头部、颈部、胸椎及腰椎保持成直线，不要驼背，也不要腹部过度前挺。适度的运动可以训练肌肉的力量及耐力，以竖脊肌为主的腰部肌肉是人体重要的姿势肌和动作肌，对维持躯干的正直姿势起到重要作用，因此，着重强化核心肌肉群，增加肌力及肌耐力并矫正姿势，进而可以起到预防及治疗下背痛的作用。选择运动项目时应考虑轻量的运动，如打太极拳、练气功和游泳。此外，应注意适度休息。如果工作需要比较长的时间，大约 20 分钟便要起身做个简单的伸展操，使肌肉得到松弛再继续工作，以免肌肉长期处于紧张状态。

第四节　变姿类职业体能特征与改善方法

一、变姿类职业体能特征

由于从事这类职业的人群没有固定的工作时间，长期在外奔波，工作不像办公室人员那样规律，随时可能要应对突发或紧急事件，所以这类员工必须要具备较强的体魄、充沛的体力、敏捷的反应能力、良好的心理素质以及在不利环境中能够保持职业性工作的能力。

（一）耐力素质的体能改善

耐力素质是指人体在长时间进行工作或运动中克服疲劳的能力，是反映人体健康水平和体质强弱的一个重要标志。这里特指心肺耐力（心肺功能）。

下面以快递员的职业为例，介绍如何增强耐力素质。

作为一名快递人员，每天几乎都要行走数十公里，因此需要具备较强的腿部力量及耐力素质。在选择运动项目时，可考虑健美操、游泳、长跑、健身走、健身跑、爬山、跳绳、越野、障碍跑、攀登、爬楼梯等项目。

1. 慢速跑健身法

跑步时，呼吸要深、长、细、缓、有节奏。呼吸的节奏可为两步一呼、两步一吸或三步一呼、三步一吸。呼吸时，要尽量用腹深呼吸，吸气时鼓腹，呼气时尽量吐尽。跑步时，步伐要轻快，全身肌肉放松，双臂自然摆动。

2. 健身走

健身走是在自然行走的基础上，躯干伸直、收腹、挺胸、抬头，肘关节随走步速度的加快而自然弯曲，以肩关节为肘自然前后摆臂，同时腿朝前迈，脚跟先着地，再过渡到前脚掌，然后推离地面。健步走时，上、下肢应协调运动，并配合深而均匀的呼吸。健步走的速度快慢是决定锻炼效果的关键因素。通常可分为慢步走（每分钟 70~90 步）、中速走（每分钟 90~120 步）、快步走（每分钟 120~140 步）、疾步走（每分钟 140 步以上）。

3. 跳绳

跳绳是一种比较剧烈的运动，可根据自己的身体状况制定切实可行的计划和目标。通过一个阶段的系统锻炼后，可逐渐延长跳绳的时间，增加跳绳的次数。

4. 游泳

游泳和跑步在锻炼价值上有很大的相似之处，不同之处在于游泳是以手臂和腿的运动推动人体在水中前进的同时，还必须花费一定的能量使身体免于下沉，因此完成同等距离的运动时，游泳消耗的能量是跑步消耗能量的 4 倍多。此外，由于水的浮力减轻了人体承重关节的负荷，所以游泳又是一种较为安全的健身方法。

5. 登楼梯

（1）爬楼梯法。爬楼梯时，弯腰、屈膝、抬高脚步，两臂自然摆动，尽可能不抓扶手。每秒钟爬一级，爬 4~5 层楼，每次往返练习 2~3 趟，每趟之间可稍作休息。开始阶段每次练 5 分钟左右，待身体适应后，可以逐渐加快速度，每秒钟 2 级，并增加往返趟数，时间为 10 分钟左右。

（2）跑楼梯法。先做 30~60 秒原地跑的准备活动，然后用正常跑步的动作跑楼梯。跑楼梯时，脚步要用力均匀，前脚掌着地，先进行 2~3 层跑楼梯练习，往返 80~90 级台阶，逐渐过渡到 4~5 层。每趟约 3~4 分钟，每次锻炼不超过 5 趟，时间为 15~20 分钟，每趟间歇时间不超过 2 分钟。跑楼梯的运动量比较大，适合于中、青年人。

6. 有氧舞蹈

有氧舞蹈的第一次普及是在 20 世纪 70 年代。从那时起，有氧舞蹈逐渐被发展成为广受欢迎、具有强烈节奏感的爵士舞、拉丁舞和街舞等。有氧舞蹈是一种以锻炼身体为目的、以徒手运动为基础、结合舞蹈动作并在音乐伴奏下进行的健身活动，锻炼者可根据自己的年龄特点、体能状况和锻炼目的等，选择或自编有氧舞蹈进行锻炼。

（二）灵敏性素质的体能改善

1. 灵敏性素质练习的主要手段

（1）在跑、跳中做迅速改变方向的各种跑、躲闪、突然起动以及各种快速急停和迅速转体练习。

（2）做各种调整身体方位的练习。

（3）做专门设计的各种复杂多变的练习，如用“之字跑”、“躲闪跑”、“穿梭跑”和“立卧撑”四项组成的综合性练习。

（4）以非常规姿势完成的练习，如侧向或倒退跳远、跳深等。

（5）限制完成动作的空间练习，如在缩小的球类运动场地进行练习。

（6）改变完成动作的速度或速率的练习，如变换动作频率或逐步增加动作的频率的练习。

（7）做各种变换方向的追逐性游戏和对各种信号作出应答反应的游戏等。

2. 灵敏性素质练习的途径

发展灵敏性素质的途径主要包括徒手练习、器械练习、组合练习和游戏等。

（1）徒手练习。

单人练习：主要有弓箭步转体、立卧撑转体、前后滑跳、屈体跳、腾空飞脚、跳起转体、快速后退跑、快速折回跑等练习。

双人练习：主要有躲闪摸肩、手触膝、过人、模仿跑、撞拐、巧用力等练习。

（2）器械练习。

单人练习：主要包括各种形式的个人运球、传球等练习。

双人练习：主要包括各种形式的传球与接球、运球中的抢球等练习。

此外，在选择运动项目时还可以考虑散打、跆拳道等项目。

3. 组合练习

（1）两个动作组合练习：主要有交叉→后退跑，后踢腿跑→圆圈跑等。

（2）三个动作组合练习：主要有交叉步侧跨步→滑步→障碍跑，滑跳→交叉步跑→转身滑步跑等练习。

（3）多个动作组合练习：主要有滑跳→交叉步跑→后踢腿跑→后退跑→前踢腿等练习。

4. 游戏

发展灵敏性素质的游戏具有综合性、趣味性、竞争性的特点，能引起练习者的极大兴趣，使人全力以赴地投入活动，既能集中注意力、开阔思维、巧妙应付复杂多变的活动场面，又能锻炼和提高神经系统的灵活性和反应能力。发展灵敏性素质的游戏很多，主要包括各种应答性游戏、追逐性游戏和集体游戏等。

此外，在选择运动项目时还可选择散打、跆拳道等项目。

（三）心理素质的体能改善

流动变姿类职业的员工工作负荷大，工作时间不稳定，随时处于待命状态，心理无法完全放松。有一项专门针对记者职业的调查表明，很多新闻工作者都处于超负荷状态，特别是处于第一线的采编人员，工作强度非常大，经常加班加点。此外，这类人员平时的工作习惯，也令人担忧。调查表明，这类人员中许多人睡眠严重不足，即使晚上有时间休息，大多数记者也会上网查资料、看书、赶稿等，有些人甚至通宵达旦地工作。高强度的工作，无规律的生活习惯，严重影响着这类人员的身心健康。

因此，该类员工除了要加强身体素质练习外，还必须增强自我健康意识，提高心理素质，这样，才能适应现代社会快节奏、强压力的挑战。要想提高自身的心理素质，就应在平时生活中始终保持一种平和的心态，遇到紧急事情或始料不及的情况时，首先要保持冷静和思维清晰，长此以往，才会形成一个良好的心理素质。

二、变姿类职业性疾病的预防与运动疗法

与坐姿、站姿类职业相比，流动变姿类职业主要以坐姿、站立、行走为主。因此，坐姿类、站姿类职业易发生的职业病，如下背疼、肩周炎、下肢静脉曲张等也易发生于流动变姿类职业中。另外，流动变姿类职业的工作人员在室外工作时，要承受严寒酷暑。如对负责岩洞讲解的导游来说，岩洞内长年低温、潮湿、空气不好，极易患风湿性关节炎、咽喉炎等职业病。

可见，流动变姿类职业的工作人员必须掌握消除疲劳尤其是精神疲劳的方法，为更好地开展工作做好充分的准备。

（一）解除压力运动操

1. 站立呼吸

身体直立，双腿并拢，稍微抬头，闭目养神。这时，右手臂屈肘，五指自然伸开，轻微抚胸；左手臂屈肘，五指自然伸开，轻微按腹，深呼吸 10~20 次，双手掌心随之起伏。然后双手交换位置，左手抚胸，右手按腹，再进行深呼吸 10~20 次。重复做 2~4 遍。

2. 倾身呼吸

身体直立，双腿并拢，距墙半步。这时，双手臂屈肘，五指自然伸张，双手稍向上扶墙，肩臂展平，身向前倾，闭目宁心，深呼吸 10~20 次。然后站立，重复做 2~4 遍。

3. 俯身按腰

身体直立，双腿并拢，双眼睁开，面带笑容。这时，向前弯腰俯身，目视下方，双腿和后背保持挺直。双手臂屈肘向后，双手按腰向下至臀，配合呼吸，保持均匀，由腰至臀往复向下按压 10~20 次，也可适当拍打，还可轻捶。重复做 2~4 遍。

4. 转身展臂

身体端正坐于椅上，右腿叠压在左腿上，上身向右转，目视身后。右手臂屈肘，手扶椅

背，左手稍屈肘，五指并拢伸直。这时，左手臂向左伸展，尽量伸至身后，上身保持不动，配合呼吸，保持均匀，左手臂伸展10~20次。然后双腿及手臂交换位置，上身向左转，目视身后，同样动作，右手臂伸展10~20次。重复做2~4遍。

5. 弯腰扶地

身体端坐椅上，睁开双眼，面带笑容。这时，向前弯腰，双腿屈膝平直，双手臂在双腿外侧，向下直伸，五指自然伸开，手指扶地。然后身体坐正，抬起时吸气，弯腰时呼气，扶地时稍停留5秒钟，抬起时停留3秒钟，进行5~10次。重复做2~4遍。

（二）有氧代谢运动

有氧代谢运动是指那些以增强人体吸入、输送以及使用氧气能力为目的的耐久性运动。在整个运动过程中，人体吸入的氧气大体与自身的需求相等，即达到了平衡。因此它的特点是强度低、有节奏、不中断、持续时间较长。这些活动能有效地改善心、肺与心血管的机能。步行、游泳、骑车、跳舞均是很好的有氧代谢运动。

1. 运动之前先体检

有氧代谢运动必须达到一定强度和时间，所以在实施计划前需做一次全面体检，这对40岁以上的人尤为重要。不可漏查运动心电图，如果查出有心脏缺血，就要在医生指导下进行运动。如果没有体检就参加有氧代谢运动，一定要从小运动量开始，循序渐进，运动中一旦出现身体不适，要及时找医生查明原因。

2. 有氧代谢运动四部曲

（1）准备活动：慢跑2~4分钟，再做一套全身柔韧性练习，用5~10分钟活动各个关节与肌群，增强弹性，提高心率，做好大强度运动准备。

（2）开始锻炼：任选一种有氧代谢运动方式，让心脏在“有效心率范围”内持续20分钟，每周2次，每次20分钟，效果很明显；每周5次，每次20~30分钟，进步最快。

（3）放松整理：剧烈运动20~30分钟后若突然停止，不论坐下还是躺下都可能引发脑缺血，甚至失去知觉。因此应先放慢速度3~5分钟，同时做上肢活动，让心率慢慢降下来。

（4）补充运动：徒手俯卧撑、引体向上、仰卧起坐、俯卧挺身，能锻炼到在运动中活动不充分的上肢与腰腹。

3. 运动强度

运动时的心率控制在有效心率范围，即最高心率的60%~80%（最高心率= 220–实际年龄）。

也可参照以下简便数据：20岁：120~140次/分钟；30岁：115~130次/分钟；40岁：110~125次/分钟。

一般慢性病患者可按一个公式计算，即：运动时最高心率（次/分钟）=170–实际年龄。

4. 运动频率

每周应进行3次运动，每次持续30分钟；或每周进行2次运动，每次20分钟，即可达到明显效果；如果每周进行5次运动，每次20~30分钟，则进步最快。但在此基础上再增加运动量，效果并不明显。

第五节　大学生常用体能的测评项目与标准

一、身体成分的测试与评价

（一）腰臀比测试

过多的腹部脂肪与疾病（如心脏病和高血压等）的产生是直接相关的。因此，腹部有大量脂肪堆积的人腰臀比高，他们比腰臀比低的人更容易患心脏病和高血压。

测量腰臀比的步骤如下：

1. 测量工具为无弹性的卷尺。站立，不要穿宽大的衣服，否则会使测量结果产生偏差。测量时，卷尺紧紧地贴在皮肤上，但不能陷入皮肤，测量数值应精确到毫米。

2. 测量腰围时，把卷尺放置于肚脐水平处，并在你呼气结束时测量。

3. 测量臀围时，把卷尺放在臀部的最大周长处。

4. 完成测量后，用腰围除以臀围，得出腰臀比例。

腰臀比的等级评定参见表 1–1

表 1–1　腰臀比的等级评定

等级(病的危险性)	男	女
高危险	>1.0	>0.85
较高危险	0.9~1.0	0.8~0.85
较低危险	<0.9	<0.8

（二）身体质量指数（BMI）测试

BMI 是与体内脂肪总量密切相关的指标，主要反映全身性超重和肥胖。由于 BMI 计算的是身体脂肪的比例，所以在测量身体因超重而面临心脏病、高血压等风险上，比单纯的以体重来认定更具准确性。其计算公式为体重除以身高的平方：

$$BMI=体重（kg）/身高的平方（m^2）$$

比如，如果一个人重 60 公斤、身高 1.70 米，那么此人的 BMI 比值为：

$$BMI=60kg/(1.70m)^2=60/2.89=20.8$$

评价标准：

肥胖的世界标准：BMI 在 18.5~22.9 时属正常范围，BMI 大于 25 为超重，BMI 大于 30 为肥胖。

肥胖的亚洲标准：亚洲人体格偏小，用肥胖的世界标准来衡量就不适宜。比如：日本人当 BMI 为 22.9 时，高血压危险就增加 3 倍；香港人，BMI 在 23.7 时死亡率最低，超过这个数时死亡率开始上升。专家们认为，亚洲人的肥胖标准应该是 BMI 在 18.5~22.9 时为正常水平，BMI 大于 23 为超重，BMI 大于 30 为肥胖。

肥胖的中国标准：我国专家认为，中国人虽属于亚洲人种，体重指数的正常范围上限应该比亚洲标准低些。有专家建议，中国人体重指数的最佳值应该是 20~22， BMI 大于 22.6

为超重，BMI 大于 30 为肥胖。

特别要强调的是，不是每个人都适用 BMI 的，以下人员不适用 BMI 指数来衡量：未满 18 岁；运动员；正在做重量训练；怀孕或哺乳期中；身体虚弱或久坐不动的老人。

（三）如何评价身体成分

研究表明，对男性而言，理想的体脂在 10%~20%范围之内；对女性而言，则是 15%一25%。此体脂的范围称为最适范围。在这个范围内，与体脂有关的各种疾病的发生率较低。体脂高于最适范围，就容易产生疾病。

值得注意的是，体脂百分比低于最适范围，同样也是不佳的。事实上，体脂所占比例低也会出现各种健康问题，这是因为体脂所占比例低往往与营养不良和肌肉功能减弱有关。

二、肌肉耐力的测试与评价

在日常生活中，有人有足够的力量把一个沉重的箱子放到卡车上，但他却不一定有足够的肌肉耐力多次完成这一动作。由于每天有许多工作需要肌肉的重复收缩，所以提高肌肉耐力对工作和健康都有好处。

测量肌肉耐力有许多方法，其中俯卧撑和仰卧起坐是两种简单易行的方法。俯卧撑测量的是肩部、臂部和胸部的肌肉耐力，而仰卧起坐则主要测量腹肌的耐力。

（一）俯卧撑测试

测试方法：身体呈俯卧姿势，用两手撑地，手指向前，两手间距与肩同宽，两腿向后伸直，用脚尖撑地。然后屈臂使身体平直下降，使肩与肘接近同一平面，躯干、臀部和下肢要挺直。当胸部离地 2.5~5 厘米时，撑起恢复到预备姿势为完成一次。

俯卧撑测试步骤如下：

1. 找一同伴为你计数、计时（60 秒）。测试前，先做一些俯卧撑练习来热身，休息 2~3 分钟后正式开始。

2. 听到“开始”的口令后，开始做俯卧撑。同伴要大声地数俯卧撑的次数，并提示剩余时间（每隔 15 秒）。只有完成正确的动作，才能被计入总数，因此，要正确完成每一个俯卧撑动作。

3. 完成测试后，根据表 1–2 评价肌肉耐力等级。

表 1–2　1 分钟俯卧撑测试评价肌肉耐力的参考性标准（男）

肌肉耐力等级 / 年龄组(岁)	1 分 (差)	2 分 (一般)	3 分 (较好)	4 分 (好)	5 分 (优秀)
18~20	4~11	12~19	20~29	30~39	>40
21~25	3~9	10~16	17~25	26~33	>34
26~30	2~8	9~15	16~22	23~29	>30
31~35	2~6	7~12	13~19	20~27	>28
36~40	2~6	7~11	12~19	20~25	>26

（二）仰卧起坐测试

仰卧起坐测试是应用最广泛的评价腹肌耐力的实地测试。

测试方法：测试者仰卧于垫上，两腿稍分开，屈膝成90度，两手交叉置于脑后，同伴压住被测者两踝关节处。起坐时，以两肘触及或超过两膝为完成一次。仰卧时，两肩脚必须触垫。

在仰卧起坐过程中主要是腹肌在起作用，然而腿部肌肉（如髋部屈肌）也参与了工作，因此这种测试既评价了腹肌的耐力，也测量了髋部肌肉的耐力。一般认为，仰卧起坐是比较安全的体能测试，但测量时需要注意三点：

首先，在起身阶段应避免对颈部产生过大的压力，也就是说，应是腹肌用力而不是颈部用力。

其次，在恢复原位的时候，应避免头后部撞击地面。

最后，禁止使用肘部撑垫或借助臀部上挺和下落的力量起坐，到1分钟时，你虽然坐起，但两肘还未触及或超过两膝时，不计该次数。

仰卧起坐测试的步骤如下：

1. 找一个同伴计时、计数，同时压住你的踝部，固定在地板上。

2. 首先做几个仰卧起坐来热身，休息2~3分钟后开始。听到“开始”口令后，即做仰卧起坐并坚持60秒。同伴大声计数并提示剩余时间（每隔15秒）。只有完成正确的动作才能被计入总数。

3. 完成测试后，根据表1–3评价你的肌肉耐力等级。

表1–3　1分钟仰卧起坐测试评价肌肉耐力的参考性标准（女）

肌肉耐力等级 年龄组(岁)	1分 (差)	2分 (一般)	3分 (较好)	4分 (好)	5分 (优秀)
18~20	3~7	8~16	17~28	29~35	>36
21~25	1~6	7~15	16~22	22~29	>30
26~30	1~3	4~11	12~19	20~27	>28
31~35	1~2	3~9	10~17	18~23	>24
36~40	1~2	3~7	8~14	15~21	>22

（三）如何评价肌肉耐力

肌肉耐力的等级范围由差到优秀或由1分至5分。如果测试的成绩是“差”（或1分）或“一般”（或2分），说明你现在的肌肉耐力水平要低于同龄人的平均值；如果测试成绩是“较好”（或3分），则意味着你目前肌肉耐力的水平要高于平均值；如果测试成绩是“好”（或4分），则显示了你的肌肉耐力水平相当出众；只有15%的个体才能达到“优秀”（或5分）的等级。

即使你的俯卧撑和仰卧起坐的测试成绩很差，也不要气馁，只要树立信心，坚持练习，3~4周后，你一定会提高这方面的能力。

三、柔韧性的测试与评价

进行柔韧性测试，可以了解自身各关节的柔韧性程度。柔韧性程度越好，关节的活动幅度越大，人的关节灵活性就越强。一般来说，年龄越小，柔韧性越好，随着年龄的增大，柔韧性越来越差。加强柔韧性练习，对不同年龄段的人来说都是非常重要的。

柔韧性的好坏与特定的关节相关，也就是说，一个人的某一关节具有良好的柔韧性，但另一关节的柔韧性可能会较差。迄今为止，没有单一的测试方法来描述整个人体的柔韧性，通常采用测量躯干和肩部柔韧性的方法。

（一）躯干柔韧性测试

坐位体前屈测试主要是评价躯干弯曲的能力，这一方法牵拉的是背部浅层肌肉和大腿后部肌肉。

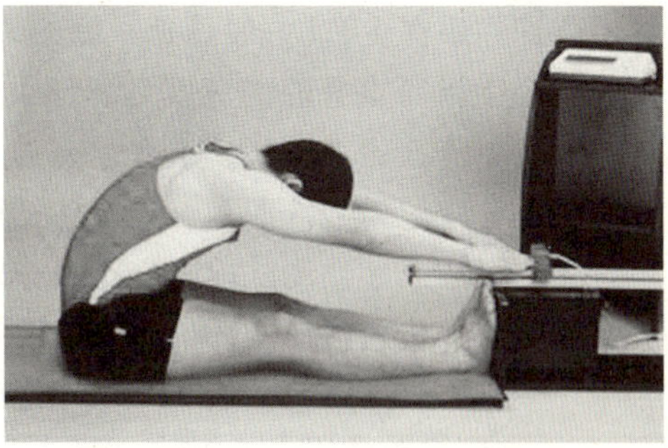

图 1–54　坐位体前屈测试

测试方法：上体垂直坐着，两腿伸直，脚跟并拢，脚尖分开约 10~15 厘米，用整个脚底面顶着盒子。然后两手并拢，两臂和手伸直，渐渐使上体前屈，并尽可能地用两手指指尖轻轻地推动标尺上的游标向前滑动，直到不能继续前移为止，保持这一姿势 3 秒钟。测量 3 次，取最好成绩，记录的成绩以厘米为单位，数值精确到小数点后 1 位。如图 1–54 所示。

特别需要注意的是：在测试前，应做短时间的牵拉练习作为热身活动。为了减少受伤，应避免在测试中快速运动。坐位体前屈测试评价躯干柔韧性的参考性标准见表 1–4。

表 1–4　坐位体前屈测试评价躯干柔韧性的参考性标准

柔韧性等级 / 年龄组（岁）	1 分（差）	2 分（一般）	3 分（较好）	4 分（好）	5 分（优秀）
男					
18~20	–0.2~4.4	4.5~9.9	10.0~17.3	17.4~22.7	>22.8
21~25	–3.2~2.4	2.5~8.3	8.4~16.3	16.4~21.9	>22.0
26~30	–3.6~0.5	0.6~6.0	6.1~14.4	14.5~19.9	>20.0
31~35	–7.0~–0.9	–8.0~4.9	5.0~12.9	13.0~18.7	>18.8
36~40	–8.3~–2.1	–2.0~4.3	4.4~12.4	12.5~17.5	>17.6
41~45	–9.4~3.3	–3.2~2.6	2.7~11.0	11.1~17.1	>17.2
46~50	–10.5~–5.1	–5.0~1.4	1.5~9.9	10.0~15.4	>15.5
51~55	–11.5~–6.4	–6.3~0.9	1.0~8.8	8.9~14.6	>14.7
56~60	–13.2~–7.7	–7.6~–0.1	0~7.9	8.0~13.4	>13.5
女					
18~20	–0.6~3.7	3.8~8.9	9.0~16.1	16.2~20.9	>21.0
21~25	–3.0~2.4	2.5~7.4	7.5~14.5	16.4~21.9	>18.0
26~30	–3.0~1.9	2.0~6.4	6.5~13.0	13.1~18.0	>18.1
31~35	–4.4~0.9	1.0~6.2	6.3~12.5	12.6~17.8	>17.9
36~40	–5.1~–0.4	0.5~5.9	6.0~12.0	12.1~17.5	>17.6
41~45	–6.4~–0.1	0~4.9	5.0~12.0	12.1~17.4	>17.5
46~50	–7.2~–1.1	–1.1~4.4	4.5~11.9	12.0~17.2	>17.3
51~55	–7.5~–1.3	–1.2~4.2	4.3~11.9	12.0~17.0	>17.1

（二）肩部柔韧性测试

肩部柔韧性测试评价的是肩关节的活动范围。

测试方法：站直后，举起右手，前臂向体后下方弯曲，并尽量向下伸展，同时，用左手在体后去触及右手，尽可能地使两手手指重叠。完成右手在上的测试后，以相反的方向进行测试（即左手在上）。一般总是一侧的柔韧性要好于另一侧。

两手手指所重叠的距离就是肩部柔韧性测试的得分（单位为厘米）。测量手指重叠的距离应取近似值。比如，某一重叠距离为 1.9 厘米，应记为 2. 5 厘米；如果你的两手手指不能重叠，得分应记为–2.5 厘米；如果你的两手手指刚好碰到，得分应为 0。

在肩关节柔韧性测试前，应有一个短时间的牵拉练习作为热身活动。为了预防受伤，应避免在测试中快速移动。评价肩关节柔韧性的参考性标准见表 1–5

表 1–5　评价肩关节柔韧性的参考性标准

右手在上得分	左手在上得分	柔韧性等级
<0	<0	很差
0	0	较差
+2.5	+2.5	一般
+5	+5	较好
+7.5	+7.5	好
+10	10	优秀

（三）如何评价柔韧性

即使你经常参与体育锻炼，你的躯干和肩部柔韧性也可能较差。实际上，只有你经常进行牵拉练习才可能有超过一般水平的柔韧性。因此，不论你目前的柔韧性如何，你都应该确立目标，并经常进行牵拉练习来提高自己的柔韧性。

运动保健篇

第二章　体育卫生保健

第一节　体育活动中常见医学保健问题

学习目标：

1. 了解体育活动中常见的医学保健问题；
2. 掌握运动损伤的预防及简易处置方法；
3. 掌握简单易学的健身方法。

一、运动与心血管疾病

一般慢性心脏病患者只能从事中、小运动量的体育活动。心肌炎等病的急性期应停止运动，并进行治疗。心脏杂音应区别是有害性杂音还是无害性杂音，后者不应限制体育活动。高血压患者能否参加运动，应视高血压程度以及合并症情况而定。血压轻度增高，无自觉症状，心、肾亦无病变，则限制不必过严，可参加适当的运动并配合积极治疗。血压较高且有自觉症状者应避免激烈运动。特别要避免用力闭气、低头、旋转头颈等运动。可进行慢跑、游泳等运动。

二、运动与呼吸系统疾病

肺结核患者呼吸循环机能极易疲劳，因此对肺结核患者的运动必须十分慎重。肺结核活动期禁止参加运动，陈旧性病灶已钙化多年又无自觉症状，多数人可以从事剧烈运动，但仍要十分注意，定期进行体检。

胸膜炎急性期应积极治疗，使积液完全吸收，以免发生胸膜粘连，妨碍呼吸机能。患结核性胸膜炎病愈后一年内禁止参加运动。已形成胸膜肥厚时，可参加一般性体育活动。

慢性气管炎、肺气肿、哮喘病患者均应避免大运动量，冬季过度寒冷或大风天气时，应避免长时间的室外活动。平时可多做呼吸体操，以改善呼吸机能。咳血者必须停止一切体育活动。

三、运动与消化系统疾病

溃疡病、胃炎常反复发作，在病性不稳定或有合并症时应停止运动并进行医治，间歇期可参加正常体育活动，平时应注意饮食制度。

传染性肝炎急性期应隔离治疗，停止运动，卧床休息。肝炎痊愈后1~2月内尽量保持安静，避免运动。以后根据检查肝功能结果和患者的自我感觉，逐渐增加运动量。

胆囊炎的急性期严禁运动，慢性期可参加轻微活动。

四、运动与骨关节病

骨折已完全愈合的可参加正常体育运动。风湿性关节炎急性期严禁运动。治愈后无关节肿痛，无活动障碍，全身情况正常，“血沉”现象正常的可参加正常运动。

关节风湿症患者会在运动后或天气变化时感到疼痛，但无关节肿胀畸形，可做小量活动，病情好转后可逐渐增加运动量。

类风湿性关节炎应进行医疗体育活动，增强肌力，防止肌肉萎缩，预防或矫正畸形。

骨关节结核患者，治愈后一般不能参加大运动量活动。

五、运动与其他疾病

急性中耳炎和慢性中耳炎发作时，禁止参加体育运动。慢性中耳炎应设法根治，根治前可参加中小运动量活动，游泳时要防止水入耳。

慢性鼻窦炎患者不宜在严寒、大风气候下从事室外运动。冬季室外运动应注意正确的呼吸方法，且运动时间不宜过长。

高度近视者，应避免参加激烈运动，特别是跳跃运动，以免发生视网膜剥离。

腹股沟症，只能参加小运动量活动，避免增加腹压运动。术后3个月可开始参加一般运动，6个月后可参加激烈运动和比赛。

急性肾炎患者应注意休息，一年以内或者轻度慢性肾炎者，均应避免长时间的剧烈运动。月经不规则、痛经的女学生，如果体格检查无其他异常，又有运动习惯者，可参加正常的体育活动，但月经期运动量酌减，症状较重者应进行医疗体育和临床治疗。

神经官能症，轻者可参加正常体育活动，较重者只能从事中、小运动量活动，症状严重者应进行医疗体育。

知识窗

认识你的身体——人体各类骨骼共206块；全身有600多块肌肉，如果全身的3亿根肌肉纤维朝一个方向一起收缩，则会产生25万牛顿的力，抵得上1部起重机所能提起的重量；人体的神经约1000万条，总长30万公里；人体大大小小的血管有1000多亿条，如果将人体的所有血管接成一条线，长度可以绕行地球2周半。

第二节　保健按摩

一、传统养生保健法

1. 发宜常梳：指整个头部发根要经常梳动。这可以疏通头部气血，兴奋脑部中枢神经。有醒脑、健脑及防治头昏、胀、痛等作用。

2. 眼宜常运：两眼包括眼眶外缘宜经常进行按摩和运转，这样可以增强视力，防治眼疾。

3. 面宜常擦：面部从前额至下颌，包括两太阳穴、鼻梁两侧要经常按摩揉擦，可以预防感冒、防治头痛、头昏、头胀、牙痛、鼻塞等。

4. 耳宜常弹：耳部要经常揉擦抖弹，即通常所说的鸣天鼓、擦耳轮，可以增强听力、防治耳疾。

5. 舌宜抵腭：舌尖要经常舔在上腭处，可以增加口腔唾液分泌，能帮助肠胃消化和集中思想。

6. 齿宜常叩：上下牙齿要经常叩动，先叩两边牙齿，再扣前排牙齿，可以固齿止痛，预防牙疾。

7. 津宜常咽："津"指口中唾液。唾液不要吐掉，应该下咽到腹部，可以帮助肠胃消化、增进食欲。

8. 浊宜常呵："浊"是指人体内包括脏腑血脉中的各种浊气；"呵"即吐气。也就是说应经常将体内浊气吐出来。如能经常运用吐纳法，把体内浊气吐出来，把新鲜空气纳入，久之就能达到强身治病的目的。

9. 背宜常暖：背部要经常活动按摩，保持温暖，可使背部气血流畅，防治腰酸、背痛。

10. 胸宜常护：胸部系心脏等重要脏器所在之处，应积极采取防护措施，不要使它受重击或剧烈震动。时常推按有增强心脏功能之效。

11. 腹宜常摩："腹"指胃肮处和脐下小腹部，这部分要经常按摩，能加强肠胃蠕动，可防治胃肮痛、腹胀、腹痛、消化不良、便秘和神经衰弱、失眠等。

12. 谷道宜常提："谷道"即肛门，宜经常提升收缩。有通便、防痔疮之效。

13. 肢宜常摇：人体四肢要经常活动。坐、卧、站均可以采取伸拳、转臂、蹬脚、绕腿、舒展、转动等方式。可使气血充盈肢体，从而鼓荡全身。

14. 足心宜常擦：足心有人体重要穴位"涌泉"，与生命活动紧密相连。研究表明，脚底为人体一个全息对应体，其上有众多内脏、经络点，经常按摩脚底心的涌泉穴或足心。能治头昏、神经衰弱、失眠等症。在睡前练习尤为适宜。

15. 皮肤常干：指全身皮肤不要潮湿，浴后要把皮肤擦干。可避免潮湿水汽侵入体内，可防治风寒、风湿等类疾病。

16. 大小便时勿言：解大、小便时不要讲话，并且牙关紧闭，有固肾、固齿、预防牙疾的功效。

运动损伤后的四大禁忌

运动损伤包括扭伤、拉伤、刮伤等，在处理上有四大禁忌，有人归纳为HARM：

HT体表热敷（heat），在撞伤或扭伤后，切忌用热敷，因为伤处的血液流通不畅，如果过早进行热敷，会加剧出血的程度，加剧肿胀。

A代表酒精（alcohol），提醒受伤后避免饮酒。酒精会加速血液循环，伤处的血液处于滞留的时候，如果太多外来的血液涌入，会使伤处肿胀恶化。

R代表跑步（running），创伤后要好好休息，如果继续运动，伤痛会加剧。

M代表按摩患处（massage），受伤后切忌搓揉、按摩受伤之处。

第三节　运动损伤的预防及简易处置

一、运动损伤的概念和分类

（一）运动损伤的概念

损伤是指人体受到外界不同的刺激所引起的皮肤、肌肉韧带、骨骼关节及内脏器官的破坏，及其给局部或全身带来的不同程度的后果，轻则妨碍日常工作和生活，重则危及生命。运动损伤是指人们在参加各种体育锻炼过程中，受到机械性和物理性方面因素造成人体组织或器官在解剖上的破坏或生理上的紊乱。

（二）运动损伤的分类

运动损伤分为急性损伤与慢性损伤，根据受伤部位的皮肤或粘膜完整性的破坏程度，可分为闭合性损伤（内伤）与开放性损伤（外伤）。除此之外按损伤程度不同还可分为重伤、中等伤和轻伤等。运动损伤既有外在因素的影响，也有内在因素的影响，损伤的原因往往是内外因素综合作用的结果。因此，大学生在运动中要加强预防意识，采取相应的防治措施，使损伤的发生率得以降低，并能得到正确的治疗。

二、运动损伤发生的原因

造成运动损伤的原因是多方面的，既与锻炼者的运动基础、体质水平有关；也与运动项目的特点、技术难度以及运动环境等因素有关。造成大学生运动损伤的主要原因有：

（一）思想麻痹大意

运动前不检查器械、预防措施不得力、好胜、好奇，大学生常在盲目和冒失行动中受伤。大学生在生理和心理上尚未发育成熟，神经系统不同于成人，大脑神经的兴奋过程和抑制力不相平衡，兴奋过程较占优势并容易扩散，表现为活泼好动，精力充沛。加上在生活上缺乏经验，在思想上容易麻痹大意，又冒失地进行体育活动，情绪急躁、急于求成，忽视了循序渐进和量力而行的原则。这些都是造成运动损伤的重要原因。

（二）准备活动不充分

运动前的准备活动不充分，特别是缺乏针对性的准备活动，是造成运动损伤的另一个主要原因。这种现象常见于球类比赛，这时神经和肌肉的兴奋性较低，运动器官、内脏器官功能还没有达到运动状态，对较大的刺激反应迟钝，肌肉、韧带的力量较小，伸展性不够，关节活动的幅度不大，身体协调性差，而且想象中的动作与实际的身体状况有一定的差距。在这种情况下最容易发生肌肉拉伤和关节扭伤。

（三）运动量过大

当进行长时间的大运动量锻炼后，身体各方面的功能有所下降，身体出汗较多，水分流失很大。水分流失使运动能力降低，如不进行适当的休息，及时补充水分和NA+、K+等电解质，继续进行剧烈的运动，将会导致体内电解质平衡紊乱，引起肌肉兴奋性增加而发生肌肉痉挛，同时还会引起低血糖症。

（四）身体状况不佳

在身体状况不佳（慢性疲劳、贫血、感冒、痛经、睡眠不足等）的情况下，对意外事件缺乏敏锐的判断和快速准确的保护反应，就可能导致运动损伤。实践证明，身体状况不佳时，其力量、精确度和协调机能均明显下降，包括技术熟练的运动员，在这种情况下也可能发生运动技术上的错误，引起损伤。

（五）动作不规范，方法不合理，以及技术错误

由于动作不规范，技术不合理造成的运动损伤，其损伤部位与运动项目以及专项技术特点有关。如体操运动员受伤部位多是腕、肩及腰部，与体操动作中的支撑、转肩、跳跃、翻腾等技术有关；网球肘多发生于网球运动员与标枪运动员之中；投掷手榴弹或标枪时上臂外展，屈肘小于90度，肘部低于肩部时，容易造成肌肉拉伤，甚至肱骨骨折。

（六）场地和器材不适宜

场地和器材不合要求或缺乏保养，运动设备的质量不好或不能坚持经常性的保养，如器械锈蚀，安装不良，场地不平，跑道过硬或过滑，沙坑板结，坑缘高，踏跳板与地面不平齐，垫子连接处有缝隙等都能引起损伤。参训者的鞋袜和服装不合适，也是引起损伤的原因之一。

三、运动损伤的预防

（一）加强思想教育

平时要加强安全教育，在体育教学、运动训练和比赛中，克服麻痹思想，认真贯彻以预防为主的方针，发扬良好的体育道德风貌。

（二）合理安排教学、训练和比赛

教师要根据学生的年龄、性别、健康状况和运动技术水平，认真研究教材，估计哪些动作不易掌握和哪些技术动作容易发生损伤，做到心中有数，事先采取相应的预防措施。

加强全面训练和基本技术教学，在学校的体育教学工作中，要运用各种形式的身体练习方法，全面提高学生的身体素质。加强基本技术教学，使学生正确掌握跑、跳、投掷、攀登、爬越等动作要领，发展学生的活动能力，即使是运动成绩较好的学生，也应在全面训练的基础上结合专项训练，不宜过早或片面地进行专项训练，也不要过早的要求他们出成绩。

合理安排运动负荷，尤其要注意运动器官的局部负担量和伤后体育活动安排，要避免单一的训练方法，防止引起局部负担量过大。要遵守循序渐进、个别对待等的教学训练原则。运动负荷要逐渐增加；在学习新动作时，要注意正确示范，做到从易到难、从简到繁、从分解动作到完整动作的教学；在一节体育课中要把较难的、费力大的动作练习放在基本部分的前面或中间；练习的强度和重复练习的次数等，要根据学生的情况区别对待。

（三）认真做好准备活动

剧烈运动前要认真做好准备活动。准备活动的内容，要根据教学训练和比赛的内容而定，既有一般性准备活动，又有专项活动，使准备活动最后部分的内容与课程或比赛的基本内容相似。对运动中负担较大和易伤部位，要特别注意做好准备活动，适当地做一些力量性和伸展性练习。

准备活动的量，要根据学生的特点、气象条件和教学训练或比赛的情况而定。一般认为，兴奋性较低、锻炼基础或训练水平较高、运动持续时间较短或天气寒冷时，准备活动的强度可稍大些，时间可稍长些。相反，体育锻炼者年龄小、锻炼基础较差、运动持续时间较长或天气炎热时，准备活动强度宜小些，时间可短些。受伤部位在做准备活动时要谨慎小心。全套准备活动循序渐进。准备活动的量，以身体感到发热，微微出汗为宜。

准备活动结束距正式运动之间的时间不宜过长，以 1~4 分钟为宜。在运动中若间歇时间过长或教学训练转项时，都要补做准备活动或补做专项准备活动。

（四）加强易伤部位的训练

循序渐进地加强易伤部位或相对较弱部位的训练，提高它们的功能，是预防损伤的一种积极手段。例如，为了预防髌骨劳损，可采用“站桩”的方法以增强股四头肌和髌骨功能，为了预防腰部损伤，除加强腰背肌训练外，还应加强腹肌力量训练，有助于防止脊柱过伸而造成的腰部损伤；为了预防股后肌群拉伤，要加强股后肌群的力量和伸展性练习等。

（五）加强保护和自我保护

每个参加体育锻炼的人，都应掌握自我保护的方法，如身体失去平衡时，应立即向前或向后跨出一大步，以保持身体平衡；当人体快要跌倒时，要立即低头、曲肘、团身，以肩背部着地顺势做滚翻动作，而不可直臂撑地；从高处跳下时，要用前脚掌先着地并同时屈膝，以增强缓冲作用等。教师要把保护和自我保护的知识与方法传授给学生。

（六）加强保健指导

学生和经常参加体育锻炼的人，都要定期进行体格检查；参加重大比赛的前后，要进行补充检查或复查，以了解体育锻炼或比赛前后的身体变化。对患有各种慢性病的人，更要加强医学观察和定期或不定期的体格检查。禁止伤病患者或身体不合格的人参加剧烈运动或比赛。要做好自我保健工作，身体若有不良反应时，应认真分析原因，必要时需去医院做医学检查。

要认真地做好运动场地、器械设备和个人防护用具的管理和安全卫生检查，对已损害的场地设备要及时进行维修，禁止穿着不合适的服装和鞋子参加运动。

平时要加强体育保健知识的宣传和教育，增强自我保健意识，提高遵守体育卫生保健要求的自觉性。

四、运动损伤的处理

伤后及时采取正确的处理方法，是促进康复的重要手段。掌握简易而有效地治疗措施，对个人锻炼都有较大的现实意义。

（一）运动损伤的一般处理方法

1. 冷热疗法

冷热疗法是运用低于或高于人体温度的物理因子刺激伤处的一种物理疗法。

（1）冷敷法。冷敷能降低局部组织温度，使血管收缩，减轻局部充血，抑制神经的感觉，具有止血、镇痛、防止或减轻肿胀的作用。常用于急性闭合性软组织损伤的早期，伤后立即进行冷敷。冷敷后应加压包扎并抬高伤肢。

冷敷时一般使用冰袋或寒冷气雾剂。冰袋或用冰块入塑料袋内作伤部冷敷约 20 分钟，如用寒冷气雾剂作局部喷布冷敷时（面部不宜采用），喷射出的细流应与皮肤垂直，瓶口距皮肤 20~30 厘米，每次约敷 10 秒，不可喷射太多，以防止发生冻伤。如条件限制，也可用冷毛巾置于伤处，2~3 分钟更换一次。

（2）热疗。热疗包括热敷、红外线照射等，它能扩张局部血管，增强血液和淋巴液循环，提高组织的新陈代谢，解除肌肉痉挛，加速淤血和渗出液的吸收，促进损伤组织的修复，具有消肿、解痉，减少粘连和促进愈合的作用。常用于急性闭合性软组织损伤的中后期和慢性损伤的治疗。

热敷时一般采用热水袋或热毛巾，每天 1~2 次，每次 20~30 分钟。毛巾无热感时要更换，热敷的温度要适当，以防发生烫伤。红外线照射治疗时，先把红外线灯预热 2~5 分钟，然后把红外线灯移向伤处的上方或侧方，灯距一般为 30~50 厘米，照射剂量以伤员有舒适热感、皮肤出现桃红色均匀红斑为标准。如伤员感觉温度过高时要适当增大灯距，汗液应擦去。每天 1~2 次，每次 15~30 分钟。

高热、恶性肿瘤、活动性肺结核、有出血倾向者均不宜进行热疗，红外线治疗时要避免直接照射眼部。

2. 按摩疗法

按摩是治疗软组织损伤的重要方法，不仅治疗效果显著，而且经济、简单、易懂、易学、易于推广，只要使用方法得当，不会产生任何副作用。下面介绍的是一些比较常用的局部按摩疗法。

（1）踝关节扭伤的按摩：踝关节损伤的发生率占关节扭伤的首位，其中以外侧副韧带扭伤最为常见，受伤 22~28 小时后可进行按摩治疗。

关节矫正法：由于踝关节多因外翻致伤，治疗手法应向相反方向矫正。患者取坐位，按摩者双手十指交叉抱住患者足断部，先使足背伸直，用力拉开关节并外翻，常可听到“咔嚓”声。局部作向心轻揉，以促进血肿的吸收，最后用绷带成“8”字包扎，把足固定于中立位。

足断运摇法：按摩者左手固定患足，右手拇指、食指钳住小指第一节，轻轻牵引并向左右、上下摇动 8~10 次，然后用拇指沿足趾纵轴向上推磨数次。

踝关节揉捏法：患者取卧位或坐位，按摩者一只手固定足的远端，使关节呈中立位，另一只手的拇指及其余四指从伤处自下而上至踝上做揉捏，重复数遍，然后按揉、弹拔韧带，以分解和软化粘连的瘢痕组织。每次按摩 2~3 分钟。

痛点推、揉、切法：在痛点及淤血处，用拇指做推、揉、切来促使淤血消散。此法较痛，需要患者配合方可。

揉跟腱法：患者取卧立位，两脚伸直，踝前垫一小枕，足呈中立位，按摩者双手拇指分别于跟腱两侧，自上而下用力均匀地向跟骨结推按，重复数遍。

摇踝法：患者取坐位，患肢屈膝，按摩者一只手握住小腿下 1/3 处，另一只手握住足断处，左右摇动躁关节 5~10 次，最后再做屈伸。

(2) 手指关节扭伤：手指关节扭、挫伤在篮球、排球运动中发生率最高，发病部位多在拇指掌指关节和其他各指的近侧间关节。

拇指按摩法：按摩者一只手握住腕部，另一只手的拇指、食指由轻到重按揉痛点，用拇指的指尖在该点做横向波动。

手指摇捏法：按摩者一只手握住腕部，另一只手的拇指、食指捏住患指远端，沿顺时针和逆时针方向各摇动 5~10 次。

手指牵引法：按摩者一只手握住患者腕部，另一只手的拇指、食指捏住患指尽量向掌侧弯屈，然后稍用力将患指牵拉伸直，重复数遍。

手指的自我按摩法：以健康一侧的拇指、食指做柔、捏、推、搓按摩，然后牵引、摇动患指，反复数次。

(3) 腰背肌肉筋膜炎：腰背肌肉筋膜炎是引起要酸背痛的主要原因，病因至今尚未十分清楚，文献中曾有腰背肌肉劳损、腰背纤维、腰背颈膜疼痛症等名称，该病的治疗方法很多，其中按摩疗法是一种较好的治疗手段。

按摩腰背部：患者俯卧，按摩者站在一侧，手掌贴在腰部皮肤上，用前臂带动手腕，做环行而有节奏的按摩，从上而下，先按摩健康一侧后按摩患侧，缓慢而柔和地进行，时间约 30 秒。

拿捏腰部诸肌：患者俯卧，按摩者用双手拇指和其余四指指腹对合用力，拿捏腰部诸肌，拿捏方向与肌纤维垂直，从上而下直至臀大肌，先轻后重，先健侧后患侧，重点要放在刺突两侧竖脊肌和压痛明显处，反复拿捏 1~2 分钟。

推揉舒筋法：患者俯卧，按摩者以掌根或小鱼肌着力，在病变部位作螺旋形揉，边揉边移动，持续 2~3 分钟，在用掌根沿脊椎作鱼摆尾式推磨，反复 8~12 遍。

腰部侧搬法：患者侧卧，双手臂交叉于胸前，上面的腿伸直，下面的腿弯曲，按摩者站在患者背后，然后用力将臀部前推，另一手向后拽腕使肩关节固定，如能听到“咔”声响，则是手法成功的标志，然后再换方向侧卧，以同样的方式再搬一次。

单腿后搬法：患者俯卧，下肢伸直，按摩者立于一侧，一手臂抱托患者一侧大腿的下 1/3 处，用力向上搬动，同时用一手掌根按压腰部，搬按 3~5 次，再用同样的方法搬另一条腿。

五、常见的运动损伤症状及处理

(一) 擦伤

擦伤是指运动时机体表面与粗糙的物体相互摩擦而造成的皮肤表层损伤，出现流血或有组织液渗出的现象，擦伤属于一种开放性软组织损伤。如跑步摔倒、体操运动时身体与器械摩擦受伤。

1. 症状

当皮肤擦伤后，毛细血管出血，血液或组织液从伤口漫漫渗出，常会自行凝固止血，一般没有危险性。

2. 处理方法

如创口浅、面积小的擦伤，并且伤口较干净，可用生理盐水或冷开水洗净创口，创口周围皮肤用70%的酒精消毒，或在创口上涂抹适当的消炎药，预防感染，不必包扎。如创口有沙土等物，要用生理盐水或凉开水冲洗干净，再消炎药，加以包扎。较严重的创伤要到校医院注射破伤风抗毒素血清，以防破伤风症。鼻子出血时，必须静坐，头后仰，用凉毛巾冷敷鼻梁至头部，可使局部毛细血管收缩，达到止血或减少出血。出现在膝部、髋部、肘部等关节处的擦伤，因该部位常活动，伤后不易愈合，所以一定要注意伤后保护，不要沾水、出汗，以免感染。

（二）肌肉拉伤和挫伤

1. 肌肉拉伤

肌肉拉伤是指肌肉主动强烈地收缩或被动过度地拉伸所造成的肌纤维微细损伤、肌肉部分撕裂或完全断裂。肌肉拉伤是一种常见的运动损伤，主要分为主动拉伤和被动拉伤两类。前者是在体育锻炼过程中，由于开始前准备活动不充分，肌肉的生理机能尚未达到适应活动所需的最佳状态，或技术动作不正确，动作过猛，使肌肉猛烈地主动收缩，超过了肌肉本身可以承受的负荷而发生的肌肉拉伤。如推举哑铃或杠铃时，使身体相关肌肉猛烈收缩而被拉伤；疾跑中用力后蹬，使大腿后肌群拉伤等。后者主要是肌肉用力牵伸时超过了肌肉本身特有的伸展程度，从而引起拉伤，如过度压腿、韧带拉伸等。

2. 挫伤

挫伤是钝性外力直接作用于人体某部位而引起的一种皮肤完整、但深层组织或内脏器官破损的一种闭合性损伤。如运动或健身活动中身体相互冲撞，特别是球类项目，或身体与器械碰撞等均可发生挫伤。

3. 肌肉拉伤和挫伤的处理方法

（1）早期（伤后24小时内）。处理原则是止血、制动、镇痛、防肿和减轻炎症。处理方法是伤后立即冷敷、加压包扎并抬高伤肢，局部休息。

（2）中期（受伤24~48小时）。处理原则是改善伤部的血液和淋巴循环，提高组织的新陈代谢，加速淤血和渗出液的吸收以及坏死组织的清除，促进再生修复，防止或减少粘连形成。处理方法有理疗、按摩、针灸等。其中热敷、按摩最为重要。热敷时一般采用热水袋或热毛巾，每天1~2次，每次20~30分钟。热敷的温度要适宜，以防发生烫伤。随着伤情逐渐好转，在不加重疼痛的原则下，尽早进行伤肢功能锻炼，以促进愈合和恢复。

（3）晚期（受伤48小时以后）。是指损伤组织已基本修复，但可能有粘连形成，功能尚未完全恢复，锻炼时仍感到微痛、酸胀或无力，个别严重者出现伤部僵硬或功能受限等。因此，处理原则是恢复和增强肌肉、关节功能，若有组织粘连或瘢痕，应尽快去医院设法分离或软化。此阶段以按摩、理疗和功能锻炼为主，必要时配合中药熏洗和保护带的应用等。

（三）运动中腹痛

有些人在从事体育锻炼时会突然发生腹痛，有时甚至痛得不能再继续运动，这种急性腹痛症状叫做运动性腹痛。造成运动性腹痛的原因是饭后过早参加运动，运动前吃得过饱、喝得过多，或吃了难消化的食物，会使胃肠充盈、饱满，而剧烈运动易使充盈的胃肠受到剧烈震动及胃膜受到牵扯而发生胃肠壁痉挛；另外，呼吸节律紊乱，导致呼吸肌疲劳，也会引起运动性腹痛。

1. 症状

出现中上腹（胃）或脐周（肠）的疼痛，严重时绞痛。

2. 处理方法

运动中出现腹痛，应减慢运动速度，加深呼吸，并用手按压疼痛部位，或弯腰跑一段距离，一般痉挛可缓解，疼痛即减轻或消失。如无效，应停止运动，口服解痉药物，针刺或点压足三里、内关等穴，如仍无效，应及时就医。

（四）韧带损伤

韧带损伤是指用力过大，过度牵伸而导致不同程度的韧带纤维或其附着处的断裂。韧带有较强的抗张能力，附着在邻近骨端上，用以连接两骨，并保护关节在正常范围内活动。如果外力使关节异常活动超越韧带所能承受的范围时，就会发生韧带损伤。韧带损伤易发生的部位主要在踝关节、腕关节、膝关节、掌（指）间关节和肘关节。为了减少这些部位发生韧带损伤，可在锻炼时加一些保护带，如在排球运动时使用护膝，进行篮球、羽毛球运动时使用护腕等。

1. 症状

出现整个关节肿胀或血肿。局部有明显压痛、关节运动出现障碍；轻者关节活动受限，重者不能用力；韧带完全断裂或撕脱时，关节有不稳或松动感，关节功能明显下降。检查运动损伤要去正规医院进行检查。

2. 处理方法

轻者，可即时冷敷（可以用冰块或凉水浸泡伤处）；重者，韧带完全断裂经急救处理后应立即把伤员送至医院，以争取早期手术缝合或固定。当关节肿胀和疼痛减轻后，在不引起疼痛或疼痛加重的前提下，尽早进行伤肢功能性活动，防止发生肌肉萎缩和组织粘连，促进功能恢复。

第四节　健身处方

一、健身处方的概念

健身处方也称为运动处方。运动处方这一概念最早于20世纪50年代由美国生理学家卡波维奇提出，到1969年这一术语被世界卫生组织使用，逐渐在国际上得到普遍认可。

体育健身是个体锻炼的过程，不同的个体，由于身体承受负荷的不同，其体育健身的目的、手段和方法也各不相同。要达到理想的锻炼（健身）效果，必须因人而异，具有鲜明的针对性。因此，对体育锻炼者来说，也可以像医生给病人开治病处方一样，开出一张科学地锻炼身体、提高体能水平、用于健身防病的方子，使锻炼者从中受益。这也就是国内外盛行的体育健身处方。

健身处方是指对参加锻炼的人，根据运动实验、体力测试等医学检测资料，按年龄、性别、健康状况、体力水平、心肺功能及运动经历等特点，结合生活环境和运动爱好等因素，用类似医疗处方的形式，确定运动的项目、时间和频率，并提示参加体育锻炼时的注意事项。如今在我国，科学健身观念已被人们所接受，根据健身处方进行锻炼将会成为越来越多的健身爱好者的选择。

二、健身处方的特点和作用

健身处方最大的特点是因人而异，从而保证了身体锻炼的科学性和有效性。研究表明，运用健身处方进行锻炼，可收到明显的健身效果。

1. 有助于保证健身的科学系统性。避免出现“三天打鱼，二天晒网”的毛病，同时便于对整个身体锻炼过程进行有效的反馈与调节。

2. 有助于提高身体机能，增进身体健康。一般来说，人们按照健身处方锻炼，不仅能改善自身身体状况、提高健康水平、预防疾病，同时又能有效地提高身体机能，促进身体的运动能力。

3. 能治疗疾病和使机体康复。调查显示，许多慢性病患者，常常把健身处方作为治疗疾病和康复疗法的一种手段，认真按照健身处方的要求进行锻炼，就可以大大提高运动中的安全性，尽可能减少意外事故的发生，有效地提高机体对疾病的抵抗力，达到治疗疾病的效果。

三、健身处方的种类

健身处方的种类很多，根据不同的条件、对象、目的，可进行以下分类：

（一）根据其功能划分

1. 锻炼性健身处方

这种处方具有全面锻炼的性质，并在某一方面有所侧重。主要用于提高身体机能，适合于学生身体锻炼，有针对性地提高身体运动能力。

2. 预防性健身处方

主要用于中老年人健身防病。这种处方常常采用持续时间稍长的有氧耐力锻炼方案，以延缓和推迟机体的老化过程。

3. 治疗性健身处方

常用于某些慢性疾病或创伤的治疗和康复，它使医疗体育更加定量化和更具针对性，能提高疗效，加速疾病的康复。比如心血管疾病的康复锻炼、减肥的锻炼等。这种处方常与其他治疗和康复措施结合进行。

（二）按健身项目划分

1. 有氧运动项目

如步行、走跑交替、慢跑、游泳、跳绳、上下楼梯及自行车运动等。

2. 伸展运动及健身操

如广播体操、太极拳、气功、健身迪斯科及各种医疗和矫正体操等。

3. 力量性锻炼

如哑铃、杠铃、综合力量训练器等。

（三）按锻炼的器官系统划分

1. 心脏体疗锻炼健身处方

以提高心肺功能为主，用于冠心病、高血压、糖尿病、肥胖症等内脏器官疾病的防治和康复。

2. 运动器官体疗锻炼健身处方

以改善肢体功能为主，用于因各种原因引起的运动器官功能障碍，以及畸形的矫正等。

四、制定健身处方的基本原则

（一）安全性原则

安全性原则是人体健身锻炼的第一原则。不合理的运动易引起多方面的疾病，甚至会影响锻炼者的健康。为避免锻炼时受伤或者心脏受损，应注意在从事健身锻炼前进行一次全面的体检，以便了解自己的身体状况和健康状况，运动量要有一个逐步适应的过程。为了提高全身耐力水平，健身处方的强度要达到能改善心血管和呼吸功能的有效强度，每次锻炼前要做好热身运动，锻炼后要注意放松。

（二）区别对待原则

根据自己的实际情况，确定一个适合于自己的健身处方非常必要。由于每个人的身体条件千差万别，如年龄、性别、身体健康状况、职业特点等方面的不同，因此不可能预先准备好适应所有人的健身处方。严格地说，今天的处方，明天可能就不一定适合。若中老年人和年轻人用同一种健身处方，中老年人很可能完成不了任务，甚至会发生危险，而年轻人则可能锻炼的效果不明显。因此，必须根据个人的具体情况，因人而异，区别对待。

（三）以自身体力为基础原则

在制定健身处方时，体力的差别比性别和年龄的差别更重要。因此，即使不根据性别、年龄，而只以体力（即全身耐力）做基础，所制定出来的健身处方也大体是适宜的。

（四）持之以恒和渐进性原则

健身处方的制定，目的是增强体质，提高健康水平，因此除考虑安全和效果外，还要注意个人兴趣及学生自身锻炼意识的培养，从生理学的角度看，虽然是科学、有效地运动，但不能持久也就不能得到真正的效果；其次，人体对反复持久的运动有一个适应过程，体质的增强则建立在适应能力逐渐提高的基础上。所以，健身处方的制定，在注意持之以恒的同时，还要兼顾其渐进性原则，运动时间的安排要连贯系统。对于青少年来说，由于身体处于生长发育过程中，其锻炼的负荷应呈逐渐上升趋势。如果总是维持同一负荷，就很难达到体育健身之效。

（五）定期调整原则

各种书籍介绍的健身处方，在应用于人体时，有些人适用，有些人就不适用。即使根据个人的检查结果，科学计算出来的健身处方，也不一定是本人所有时候均适合的处方。对于初步制定好的健身处方，在运动实施的过程中，要进行一次或多次微调，使之成为符合自己身体条件的健身处方。而某个人合适的健身处方，也仅仅是当时合适，运动一段时间后，随着身体条件改善，又得重新修订处方，以求新的适应。须知，一个安全、有效、愉快的健身处方，不是别人给予的，而是锻炼者自己制定的。切记，书刊上的健身处方，只能供锻炼者参考。

五、健身处方的内容

科学的健身处方一般包括下列主要内容：运动目的；运动项目；运动强度；运动密度；持续时间；运动时间带；注意事项。

（一）运动目的

根据性别、年龄、职业、爱好和身体健康状况的不同，健身者的锻炼目的也各不相同，因而开出的运动处方也不同。运动目的有强身保健、防治疾病、健美减肥、消遣娱乐以及发展身体素质、提高运动成绩等。

（二）运动项目

应根据锻炼目的而定，一般包括以下项目：

1. 有氧运动项目。这类运动以小强度、长时间匀速运动为基础，能有效增强或改善心血管系统和代谢功能，提高体能，预防冠心病、肥胖症和动脉硬化等病症。如快走、原地跑、慢跑、骑自行车、游泳、爬山、跳绳、划船、爬楼梯、有氧健身操、滑冰和滑雪等。

2. 医疗体操。此项目是医疗体育的重要内容之一。适用于患有某些慢性病的患者和康复期的中老年人或患者。可以根据各种疾病的性质与病情有针对性地选择运动内容，既可作用于全身，又可作用于局部。如呼吸操、伸展操、矫正体操等。

3. 力量性项目。此练习能增强肌肉力量和力量耐力，防止关节损伤，改善机体有氧代谢能力和增强体力。如抬腿、举手、平足站立、下蹲起立、哑铃和举重练习等。

4. 柔韧性练习。经常做一些柔韧性练习，可以活动关节，增强关节的柔韧性和灵活性，延缓关节硬化。如太极拳、武术、柔软体操、伸展性练习等。

（三）运动强度

运动强度是指单位时间内的运动量，而运动量是运动强度和运动时间的乘积。它是运动处方的核心部分，反映机体运动时用力的大小和机体紧张度，它既能影响到机体的承受能力，又直接关系到运动锻炼的效果。制定适合锻炼者的运动强度是锻炼效果和安全性的关键，要使练习强度处在有效健身的价值以上。为了把握好这一核心和关键，现介绍几种简单易行的确定运动强度的方法：

1. 按年龄估算适宜心率

最为简单实用的运动强度公式：运动适宜心率=180（或170）–年龄

如果年龄在60岁以上或体质较差者则用170减年龄。此方法适用于一般身体无器质性疾病者。

2. 运动量百分比分级法

运动后净增心率=（运动后心率–运动前心率）/运动前心率×100%

评定：运动后净增心率在71%以上为大运动强度；运动后净增心率在51%~70%为中等运动强度；运动后净增心率在50%以上为小运动强度。

此法在运动疗法中广泛应用，尤其适用于高血压、冠心病和年老体弱者。

3. 卡沃南法

锻炼时心率=（最高心率-安静时心率）×X%+安静时心率

X%：老年为 50%；中年为 60%；少年为 70%；青年为 80%。

4. 净增心率计算法

按锻炼者的体质强弱，可分为强、中、弱三组分别控制运动强度。

运动后心率-安静时心率≤60 次/分为强组；

运动后心率-安静时心率≤40 次/分为中组；

运动后心率-安静时心率≤20 次/分为弱组。

此方法适用于心脏病、高血压、肺气肿等慢性病病人。

5. 运动最佳心率参照值

国内外科研成果表明，锻炼强度在 65%~75%，即心率在 130~150 次/分钟之间为最适宜的锻炼强度。运动心率在 110 次/分钟以下时，机体的血压、血液、尿和心电图等指标均无明显变化，健身价值不大；心率为 120 次/分钟时，每搏输出量接近并达到最佳状态，健身效果明显；心率在 150 次/分钟时，心脏每搏输出量最大，健身效果最好；心率超过 160 次/分钟，则不会出现更好的健身效果；如果心率达 180 次/分钟以上，体内免疫球蛋白减少，易感染疾病，并易产生疲劳或运动伤痛。因此，运动最佳心率的参照值范围如下：

男 31~40 岁（女 26~35 岁）：120~150 次/分钟；

男 41~50 岁（女 36~45 岁）：130~120 次/分钟；

男 51~60 岁（女 26~55 岁）：120~130 次/分钟；

男 60 岁（女 55 岁）以上：100 ~120 次/分钟。

此标准适用于一般健康者，对增强健康、增强体质十分有益。由于年龄的增长，身体机能水平会有所下降，因此承受的运动强度也不会完全相同。年龄越大，承受的运动强度会越小。

（四）运动密度

这里的运动密度是指每次锻炼之间的时间间隔，即每日或每周运动的次数。研究表明，一周锻炼 1 次时，运动效果不积蓄，肌肉酸痛和疲劳每次都会发生，往往在 1~3 天内都有不适感且易发生伤害事故。一周锻炼 2 次，疼痛和疲劳可能减轻，但运动的效果不会显著。一周锻炼 3 次，基本上是隔日运动，不仅不会产生疲劳，反而相应的运动效果也会产生积蓄。如果每周的运动密度增加到 4 次或 5 次，相应的运动效果会更好。

那么，是否运动的密度越大越好呢?这不能一概而论，只有在小运动量或次日不感觉疲劳的情况下，每日运动才是可取的。在此说明，运动密度的关键是形成运动习惯性或运动生活化，即个人可选择适合自己情况的锻炼次数，但每周至少不能少于 3 次。

（五）持续时间

持续时间是指每次持续运动的时间。由于运动时间和运动强度的乘积决定运动量，因此，即使同等的运动量，也可有运动目的不同的处方。以健身为目的的运动，中老年人应选择强度小而时间长的处方，而对于青少年来说，时间短、强度较大的处方，则可能更有好处。

根据国内外的经验，如果进行耐力性运动（有氧运动）锻炼，时间可从 20 分钟到 1 小时，其中达到适宜心率的时间应在 10 分钟以上，才能取得较好的锻炼效果。一般来说，如果进行 5~10 分钟的运动，则吸氧量要达到最大吸氧量的 60%~70%。运动时间越长，所需强度越低。如果进行 1 小时的运动锻炼，只需达到 50%的吸氧量就够了。

（六）运动时间带

运动时间带是指一天中进行运动的时机（即在何时运动）。应根据人的生物节律周期及日节律来合理安排进行运动的时间带。例如，高血压患者的运动时间带，白天要比晚上好，其理由是脑溢血有夜晚多而白天少的倾向。特别是冬天，由于低气温，血压也容易升高，早晚进行健身运动存在潜在危险。

（七）注意事项

健身处方的制定，主要应该注意以下四种情况：①指出禁忌运动项目和某些容易发生危险的动作；②提出运动中自我观察的指标及修订调整健身处方的方法；③提醒锻炼者，如出现异常情况，需停止运动的标准；④指示每次锻炼前后必要的准备活动和整理活动以及持续时间和运动密度。

六、健身处方的制定

（一）了解个人资料

制定运动处方前，通过健康调查可了解参加锻炼者或病人的基本的健康状况和运动情况，健康调查应包括：询问病史及健康状况、了解运动史、了解健身的目的、了解社会环境等。

询问病史及健康状况应包括：既往病史、现有病症、家庭史、身高、体重、目前的健康状况、病症的诊断和治疗情况。

了解运动史应包括：参加锻炼者或病人的运动经历、运动爱好和特长、目前的运动情况（是否经常参加锻炼、运动项目、运动量、运动时间、运动中及运动后的身体反应等）、在运动中是否发生过运动损伤等。

了解健身的目的包括：应了解参加锻炼者和病人的健身或康复的明确目的、对通过运动来改善健康状况的期望等。

参加锻炼者的生活条件、工作环境、基本的经济状况、可利用的运动设施和条件、有无健身和康复指导，等等。

以上调查的目的是对受试者的健康状况做出初步评价，评价范围包括身体的健康状况、精神状态、社会适应能力、锻炼动机，等等。

（二）医学检查

为保证锻炼者的安全，在开运动处方之前，对锻炼者进行医学检查是必不可少的一项工作。特别是对体质较差、缺少运动经历的人，医学检查应该重点放在其能否从事健身锻炼上。目的在于评定锻炼者的健康状况，有无慢性疾病以及参加运动的禁忌症等。检查的内容主要有：心电图、血压、胸透、血液与尿液检查、体格检查、呼吸功能检查等。

1. 心血管系统的检查

心血管系统的检查包括：静态检查和动态检查。常用的检查心血管系统的指标有：心律、血压、心电图等。

（1）心律。正常的窦性心律为 60~100 次/分钟。心律超过 100 次/分钟，称为心动过速；

心律低于60次/分钟，称为心律过缓（经过系统训练的运动员的心律常低于60次/分钟，是心功能良好的表现，称为心动徐缓）。

（2）血压。健康成人的收缩压为12~17.3千帕（90~130毫米汞柱），最高不超过18.7千帕（120毫米汞柱）；舒张压为8~11.3千帕（60~85毫米汞柱），最高不超过12千帕(90毫米汞柱)；脉压差为2~5.33千帕（30~40毫米汞柱）。

（3）心电图。心脏的特殊激动传导过程可以通过心电图仪，将每一心动周期中的生理电流的变化记录下来。通过对心电图上的各种波的分析来判断心脏的功能。

2. 呼吸系统的检查

呼吸系统的功能检查包括：肺容量测定、通气功能检查、呼出气体分析、屏气试验、日常生活能力评定等多方面。

（1）肺活量（VC）。肺活量是测定肺容量最常用的指标，是指一次尽力吸气后，再尽力呼出的气体总量。正常值为：男性3270毫升；女性2440毫升。

（2）最大通气量（MVC）。是指单位时间内所能呼吸的最大气量，反映通气功能的潜力。测定时让受试者快速深呼吸15秒，测定其通气量，乘以2为每分钟的最大通气量。正常值男性为102升；女性为82升。

（三）体能测试

体能测试是制定运动处方的基本依据之一。目的是检查其体质状况，找出其有效运动的上限和下限。

1. 运动系统的检查

（1）肌肉力量的检查和评定。肌肉力量的检查方法主要有：手法肌力测试和围度测试。

手法肌力测试是最早应用的肌肉力量的测试方法。其基本方法是：让受测试者在适当的位置，肌肉做最大的收缩，使关节远端做自下向上的运动，同时由测试者施加阻力或助力，让受测试者对抗地心引力或阻力的情况。手法肌力测试的优点是适用于全身各肌肉群的测试，适用于“0”级至“5”级各级肌力的评定，使用较广泛。其不足是分级较粗，缺乏客观数据。

（2）测量肢体的围度。肌肉力量的大小与肌肉的生理横断面有关，当肌肉出现萎缩、肌力下降时，肢体的围度减小，通过测量肢体的围度可间接了解肌肉的状况。常用的指标主要有：上臂围度、前臂围度、小腿围度、髌骨上5厘米的围度、髌骨上10厘米的围度等。使用肢体围度指标时须注意：肌肉和脂肪的变化均可影响肢体围度的大小。

2. 有氧耐力测试

全身耐力测验的运动方式是有氧运动，包括走、跑、游泳三种方式。目前，较多采用的有定运动时间的耐力跑（如12分钟跑测验），以及定运动距离的耐力跑（如跑2400米）。

（四）制定运动处方

通过以上几个步骤，可以对受试者的健康状况、体力水平和运动能力等有大概了解。可按其实际情况制定出一个初步的运动处方。要求锻炼者按此计划进行锻炼，一般要求坚持半年左右的时间，在锻炼过程中，可对计划进行适当的调整。锻炼者在按运动处方进行锻炼期间，有何情况要及时向医生反馈，进行咨询，而且要求一年后做一次全面的复查，以检查锻炼效果，评定锻炼者的健康状况和体能状况，为修订运动处方提供必要的依据。

1. 简单有效的健身处方

（1）步行。

步行是最古老，也是最省事的一种健身运动。运动医学研究结果表明：快步行走是一种最简单且有效的有氧健身运动。一天要走多少步才能达到锻炼的目的呢?锻炼者一定要根据自己的健康情况、体力、年龄和习惯，自行掌握运动量。慢速步行一般应控制在每分钟 70~90 步，中速步行每分钟约 90~120 步，而快速步行每分钟可达 120~140 步，每次步行持续不少于 30 分钟。每天最好选择在晚饭前或进餐半小时以后，在空气清新、环境幽雅的场所步行。

（2）慢跑。

慢跑是一项简单易行的健身锻炼项目，是当今世界上最流行的有氧代谢运动方法。美国医生希汉博士指出，跑步从运动生理学上来说是一项全面的运动。跑步是一种按照自己控制的速度进行的有节奏的大腿和小腿的肌肉运动，这是安全的、最大限度增强心肺功能所需要的运动。慢跑对保持良好的心脏功能，防止心脏功能衰竭，预防肌肉萎缩，防治冠心病、高血压、动脉硬化、肥胖症等，都具有良好的作用。

参加健身跑应有一个循序渐进的适应过程。慢跑的速度不宜太快，要保持匀速，主观上不感觉难受，客观上以每分钟心率控制在 180 减去年龄数为宜。

例如：一个 60 岁的人，其慢跑时的心率应为每分钟 180–60=120 次，运动时间不少于 20 分钟，每周不少于 4 次。对于慢性病患者宜选择运动强度小、时间短的方案，中老年及体质较差者宜选择运动强度小而持续时间较长的方案，年轻人及体质较好者，宜选择运动强度较大、持续时间较短的方案。

（3）爬楼梯。

爬楼梯是随着有氧代谢运动的兴起而出现的一种新的锻炼形式，是一项健身与日常生活相结合的运动，更是一种简便、有效、容易开展，且运动量便于调节的健身运动方法，深受居住在高层建筑中居民的青睐。据生理学家测定，一个体重 60 公斤的人，爬 10 分钟楼梯，要消耗 837.20 千焦热量，下楼梯所消耗的热量为上楼梯的 1/3。有人计算过，一天爬六层楼梯 2~3 次，相当于平地跑步 800~1500 米的运动量。一个身材肥胖的人，住在六楼，每天坚持上下楼梯 3~4 次，一年内能使体重减掉 4 千克，所以爬楼梯已成为人们减肥的有效方法之一。爬楼梯有利于促进身体的能量代谢，增强心肺功能，还能起到预防冠心病的作用。由于爬楼梯时腿部和臀部的肌肉紧张，经常锻炼能使身体线条变得柔美，因而也是一项很好的健美运动。

（4）骑自行车。

骑自行车是一项很有价值的健身运动，它对人的心血管系统大有益处。常骑自行车，腿部不停地运动，能促进全身的血液循环，提高心肺功能，锻炼下肢肌力和增强全身的耐力。研究证明，常骑自行车除能增强心脏功能外，还能减少体内脂肪，同时对消化系统也很有帮助，对高血压患者能起到一定的降血压作用。作为一种锻炼方式，骑自行车可以每天或隔天进行一次，每次约半个小时左右。如果感到肌肉酸软，可以休息一天。

（5）跳绳。

跳绳是一项有趣的、简单易行的健身运动。它不受年龄、性别、场地、环境的限制，运动的量与强度可根据自己的需要进行调整，是一项深受人们喜爱的运动项目。跳绳是以跳跃为主的全身运动，四肢都要参加运动，不仅有利于发展上肢和腿部肌肉的力量，而且还能提高身体的灵活性、协调性、弹跳力和耐力，增强大脑的活动能力，改善平衡机能，使身体变得健美。

2. 健身处方

处方一：

处方一：发展力量的健身处方	
运动目的	增加肌肉体积，发展肌肉协调能力
运动种类	抗阻训练
训练方法	金字塔训练法，即随着负荷的递增，重复次数逐渐递减。开始负荷为最大负荷的70%，做2组，每组2次；递增负荷至80%，做3组，每组3次；递增负荷至90%，做2组，每组2次；100%负荷做1组，每组1次。
频度	每周2次
注意事项	开始训练时，使用的负荷要较轻，组数也要较少；举起重物时不要憋气，因为这会造成血压和心脏的负担急剧增加，限制血液回流到心脏，憋气还会造成腹压增大，形成疝气；举起重物时要呼气，放下重物时要吸气；在训练中，应交替训练主要肌群；在一次训练课中，各组训练之间应留有足够的休息时间；训练前要做好充分的准备活动，准备活动要包括伸展活动，锻炼练后要做好包括伸展活动在内的整理活动。

处方二：

处方二：发展耐力的健身处方	
运动目的	增强心肺功能，提高有氧耐力
运动种类	耐久跑，长距离游泳
运动强度	心率控制在130~150次/分钟
持续时间	30~50分钟，其中心率达到上述标准应保持20次以
频度	每周4次
运动时间	每天下午15 ~17点
注意事项	①锻炼不可时断时停，要循序渐进；②身体状况出现异常，运动时有胸闷、头晕等现象，应暂停锻炼。

处方三：

处方三：控制体重的健身处方	
运动目的	一是减轻体重，防止肥胖；二是增强体质。
运动项目	长距离步行或远足、自行车、游泳等
训练强度	最大心率的60%~70%，相当于最大摄氧量的50%~60%，或心率掌握在120~130次/分钟。
频度	每次30~45分钟，每周3~4次。
锻炼方法	①准备活动5分钟，可做些腰、腿、髋关节的细微活动；②慢走与快走交替20分钟，如步行由慢一快一慢，用10分钟走完1200米，速度2步/秒，再用10分钟走完1300米；③基础体力练习15分钟，仰卧起坐20次(手抱头或不抱均可)，俯卧撑20次，俯卧抬起上体20次，提脚跟50次，立卧撑20次，蹲跳起20次。
注意事项	①锻炼时过于轻松或吃力，可稍调整内容和次数；②锻炼后第二天以不感到疲劳为宜，可每周适当增加运动量；③严寒、酷暑或身体不适时，就停止锻炼，不可蛮干。

处方四：

处方四：发展柔韧性的健身处方	
运动目的	提高机体的柔韧性及协调性
运动种类	动力拉伸，静力拉伸。
训练方法	①慢跑20分钟；②弓步压腿；③上体前屈压肩；④立位体前屈；⑤纵叉、横叉。
运动时间	下午或晚上
注意事项	柔韧性练习应多用“缓慢式”和“主动活动”，不要过多采用快速拉伸练习，柔韧性练习前应有一段时间的热身活动。

处方五：

处方五：网虫族的健身处方	
运动目的	治疗由于长时间坐在电脑前引发的腰椎、颈椎、肩周炎等关节疾病，解除视力疲劳
运动种类	转体动作，动力拉伸，静力拉伸，绕环练习等
训练方法	①体侧屈：两腿伸直开立，两脚不动，两手扶后脑，身体向左右侧屈伸；②体前后屈伸：两腿开立，两手扶后脑，身体内前 90 度，弯屈后起来向后伸挺(向前挺髓)，两膝挺直；③腰绕环：两腿开立，两手臂放松，直臂带动上体随腰部向前、左、后、右绕环转动 3600；仰卧起坐；⑤仰卧举腿；⑥原地跳起(无绳跳动)；⑦向远处看，转动眼球，用手轻轻按压、揉眼部四周。
运动时间	上网的前、中、后均可
注意事项	①减少上网的时间，注重培养其他的业余爱好，选择适合自己的体育锻炼方式；②眼疲劳者要注意饮食和营养的平衡。

体育实践篇

第三章　田径运动

学习目标：

1. 了解田径运动相关知识；
2. 了解田径运动跑、跳、投动作练习方法；
3. 掌握简单的发展身体素质练习的方法。

第一节　田径运动概述

一、田径运动的概念

田径运动是由人们进行竞技和锻炼身体的走、跑、跳跃、投掷等身体练习组成。通常把在田径场跑道上或自然环境中进行竞技和锻炼身体的走和跑等身体练习称为竞赛项目（也可以把以时间计算成绩的竞走、跑或在一定时间内走完、跑完多少距离的项目称为竞赛项目）；把在田径场中间或临近场地上进行竞技和锻炼身体的跳跃和投掷等身体练习称为田赛项目（也可以把以高度和远度计量成绩的跳跃和投掷项目称为田赛项目）。田赛项目和径赛项目合称为田径运动。

二、田径运动的作用

（一）锻炼身体、增强人民体质的重要手段

经常从事田径运动，能促进机体的新陈代谢，能改善与提高内脏器官的机能，全面发展人的力量、速度、耐力、柔韧、灵敏等身体素质。

（二）各项运动的基础

田径运动能全面地、有效地发展人的身体素质和运动技能，对其他各项运动技术的发展和成绩的提高都有很好的作用。因此，各项体育运动都把田径运动作为发展身体素质的训练手段。实践证明，许多优秀运动员，特别是球类运动员，都有较高的田径运动能力和素质水平。可见，田径运动是各项运动的基础，是对体育运动的科学总结，正确地反映了和各项体育运动之间的内在联系。

（三）进行心理品质教育的有力手段

田径运动不仅是竞技体育的重要组成部分，同样也是学校体育的主要内容。通过田径运动的训练和比赛，能培养学生的竞争意识和勇敢、顽强、吃苦耐劳、克服困难、组织性和纪律性等品质。

三、国际田径联合会和竞赛项目分类

（一）国际田径联合会

国际田径联合会（International Association of Athletics Federations,IAAF），简称国际田联，是一个国际性的田径运动的管理组织。1912 年 7 月 17 日，来自 17 个国家的田径联合会代表在瑞典斯德哥尔摩召开第一次代表大会，标志着国际业余田径联合会（International Amateur Athletics Federation，国际田联前身）成立。其宗旨是保护国际业余田径运动的权益，在各田径协会间建立友好合作关系，反对种族、宗教、政治及其他任何形式的歧视。该联合会的主要职责是：在全球开展田径运动，制定田径比赛的计时方法及世界纪录标准化工作，促进各会员国之间的良好关系，反对种族、宗教和政治等歧视，消除不同地区、政治态度及宗教信仰的运动员参加比赛的障碍，保证运动员按照其制定的章程和规则参赛。国际田联于 1993 年起将总部设在摩纳哥。现有协会会员 210 个，分属欧、亚、非、中北美、南美及大洋洲等 6 个地区联合会。国际田联的最高权力机构是代表大会，每两年举行一次，拥有修改章程、制定竞赛规则、批准项目、选举官员等权力。大会选出的理事会负责处理日常事务。理事会由主席、4 名副主席、司库、6 名大洲代表和 15 名理事组成，任期 2 年，现任主席为英国人塞巴斯蒂安·科。

国际田联的主要赛事有世界锦标赛、世界青年锦标赛、世界室内锦标赛、世界杯赛、世界越野锦标赛、世界竞走杯赛、世界半程马拉松锦标赛、世界公路接力锦标赛、国际巡回大奖赛和国际越野巡回赛等。此外田径也是 12 个地区综合性运动会的比赛项目。

（二）田径竞赛项目分类

正是国际田径比赛的项目如下：

1. 竞走

场地赛：5 公里、10 公里；公路赛：20 公里、50 公里。

2. 跑

男子组；女子组。

短距离跑：100 米（男）（女）；200 米（男）（女）；400 米（男）（女）。

中距离跑：800 米（男）（女）；1500 米（男）（女）；3000 米（男）。

长距离跑：5000 米（男）（女）；10000 米（男）（女）。

跨栏跑：110 米栏【栏高 1.067 米】（男）；400 米栏【栏高 0.94 米】（男）；100 米栏【栏高 0.84 米】（女）；400 米栏【栏高 0.762 米】（女）。

障碍跑：3000 米。

马拉松：42.195 公里。

接力跑：4×100 米；4×400 米。

3. 跳跃

跳高、撑竿跳高、跳远、三级跳远。

4. 投掷

(1) 铅球：男 7.26 千克；女 4 千克。

(2) 标枪：男 800 克；女 600 克。

(3) 铁饼：男 2 千克；女 1 千克。

(4) 链球：男 7.26 千克；女 4 千克。

5. 全能

(1) 男子十项全能。

第一天：100 米、跳远、铅球、跳高、200 米；

第二天：110 米栏、铁饼、撑竿跳高、标枪、1500 米。

(2) 女子七项全能。

第一天：100 米栏、铅球、跳高、200 米；

第二天：跳远、标枪、800 米。

第二节　跑

一、短跑的基本技术及针对性练习

短跑是田径竞赛项目中的一类，一般包括：50 米跑、60 米跑、100 米跑、200 米跑、400 米跑、4×100 米接力跑、4×400 米接力跑等几项。其运动特性是人们同时以最快的速度，在确定的跑道上跑完规定的距离，并以最先跑完者为优胜的项目；在人体机能供能方面，表现为人体以最大限度地发挥人的本能，并以无氧代谢供能的方式供能。

(一) 短跑技术

短跑技术是由起跑、起跑后加速跑、途中跑和终点跑等四个紧密相连的阶段组成。

1. 起跑技术

起跑的任务是获得向前的冲力，使身体迅速摆脱静止状态，为起跑后加速创造有利的条件。起跑的方式可以分为站立式和蹲踞式起跑两种，在正式的田径短跑比赛中，一般都采取蹲踞式起跑。起跑技术包括“各就位”、“预备”、“鸣枪”或“跑”）三个阶段，见图 3–1。

图 3–1　蹲踞式起跑

(1) 听到“各就位”口令后，做 2~3 次深呼吸，轻快地走到起跑器前，两手撑地，两脚依次踏在前、后起跑器的抵足板上，后膝跪地，两手放在紧靠起跑线后沿处，两臂伸直，肩与起跑线平行，两手间隔比肩稍宽，四指并拢和拇指成八字形支撑，颈部自然放松，两眼视前下方约 40~50 厘米处，注意听“预备”口令。

(2) 听到“预备”口令后，随时深吸一口气，平稳地抬起臀部，与肩同高或稍高于肩，重心适当前移，肩部稍超出起跑线，这时体重主要落在两臂和前腿上。“预备”姿势应该稳定，两脚贴起跑器抵足板，注意力高度集中。

(3) 听到枪声，两手迅速推离地面，两臂屈肘有力地做前后摆动，两腿迅速蹬起跑器，使身体向前上方运动，前腿快速有力地蹬伸髋、膝、踝三个关节。

2. 起跑后加速跑技术

起跑后加速跑是从后腿蹬离起跑器到途中跑之间的一个跑段。其任务是充分利用向前的冲力，在较短距离内尽快地获得高速度。起跑后的最初几步，两脚沿着两条相距不宽的直线前进，随着跑速的加快，两脚着地点就逐渐合拢到假定的一直线两侧。起跑后加速跑的距离一般约为 25~30 米，见图 3–2。

图 3–2 起跑后加速跑示意图

3. 途中跑技术

途中跑是短跑全程中距离最长、速度最快的一段。其任务是继续发挥和保持高速度跑，摆动腿的膝关节、迅速有力地向前上方摆出，支撑腿在摆动腿积极前摆的配合下，快速有力地伸展髋、膝和踝关节，蹬离地面，形成支撑腿与摆动腿协调配合动作。

4. 终点跑技术

终点跑是全程跑的最后一段。任务是尽力保持途中跑的高速度跑过终点。要求在离终点线 15~20 米处，尽量保持上体前倾角度，加快两臂摆动的速度和力量。在跑到距离终点线一步时，上体急速前倾用胸部或肩部撞终点线，并跑过终点，然后逐渐减慢跑速。

（二）短跑的针对练习

1. 听口令后蹲踞式起跑 30 米左右，要求练习时对起跑信号做出快速反应，并注意体会正确技术。

2. 采取练习小步跑、高抬腿跑、后蹬跑等跑的专门性练习，改进和完善途中跑技术。

3. 反复进行 300 米以内的各种距离的途中跑和变速跑等练习。

二、中长跑的基本技术及针对性练习

中长跑是中距离跑和长距离跑的简称，属 800 米以上距离的田径运动项目。中距离跑项目有男、女 800 米和 1500 米；长距离跑项目有男子 5000 米和 10000 米；女子 3000 米、5000 米和 10000 米。中长跑技术与短跑技术有明显的区别，主要表现在中长跑上体与摆臂姿势和呼吸两个方面。

（一）中长跑技术

1. 上体姿势与摆臂姿势

上体正直或稍前倾，头部与脊柱成一条直线，胸部正对前方，下额微收，两眼平视，颈部放松，整个躯干自然而不僵硬。要格外注意上身不要过大的左右晃动。两臂弯曲约成 90 度，两手放松或半握拳，肩带放松，以肩为轴，自然地做前后摆动。前摆时稍向内，后摆时稍向外。摆动幅度随速度变化而变化，速度快时臂的摆幅大。

2. 呼吸

中长跑的距离长，消耗能量大，对氧气的需求量也大。因此掌握正确的呼吸方法至关重要。中长跑能量消耗大，机体要产生一定的氧债，为了保证机体对氧气的需求，呼吸必须有一定的频率和深度，还必须与跑的节奏相配合，一般采用两步两吸，两步两呼。呼吸时采用嘴巴进行呼吸的方法。随着速度的加快和疲劳的出现，呼吸的频率会有所增快。

（二）中长跑的针对性练习

1. 上体姿势与摆臂姿势练习

通过控制住腰部关节和肩关节，跑步中练习上身不左右晃动技术。通过原地练习以肩关节为轴的摆动和跑步过程中以肩关节为轴的摆动来训练。

2. 匀速跑练习

长时间地匀速跑是发展有氧耐力的有效手段。练习时，每分钟心率应达到 130~150 次。

3. 反复跑练习

反复跑是发展专项耐力的有效手段，常用的练习方法有：5×200 米、4×400 米、3×800 米、3×1000 米等。

第三节　跳跃

一、跳远的基本技术和练习方法

跳远是由助跑、起跳、腾空和落地四个部分动作组成的。它们是一个完整的统一体。因此，正确地完成跳远技术的各个部分动作，以及实现各部分动作的有机结合是跳远技术的关键。

（一）跳远的基本技术

1. 助跑技术

跳远的助跑速度与跳远成绩密切相关。跳远助跑的任务就是获得最高的助跑速度，并为准确踏板和快而有力地起跳做好技术、身体和心理上的准备。

助跑技术包括助跑的开始姿势和助跑的加速两个技术环节。助跑的加速方式有两种：

另一种是积极加速，积极加速方式是从助跑一开始就跑得很积极，步频始终保持在较高水平上，这种加速方式能较早地摆脱静止状态，并获得较高的助跑速度。

一种是逐渐加速。逐渐加速方式是在加大步长或保持步长的基础上提高步频，这种加速时间较长，加速过程比较均匀平稳。

2. 起跳技术

跳远起跳阶段的任务是在尽量减少水平速度消失的情况下获得必需的垂直速度，改变身体重心向前运动的方向，使其按适当的腾起角度向空中腾起。起跳动作包括放脚、缓冲和蹬伸三个过程。

3. 腾空技术

跳远腾空阶段的任务是维持身体平衡，为合理、完善的落地动作创造有利条件。根据运动员腾空以后的空中姿势的不同可以分为“蹲踞式”、“挺身式”(图 3–3)、“走步式”三种。

图 3–3 挺身式跳远

4. 落地技术

跳远落地阶段的任务是在身体不后倒的前提下，尽量获得较大的落地距离，并缓冲落地的冲撞力，防止发生外伤事故。

（二）跳远的练习方法

1. 原地模仿起跳练习。两脚前后站立，摆动腿在前稍屈膝，起跳腿在后，身体重心落在前脚上。动作开始时，摆动腿蹬地，起跳腿积极地由后向前迈步，模仿向下放脚的踏板动作，全脚掌滚动着地，随即缓冲和蹬伸起跳，同时两臂要配合双腿的动作积极摆动。

2. 在跑道上连续做缓跑三步或五步结合起跳的练习，用摆动腿落地。

3. 学习起跳后腾空步动作的练习。在跑道上助跑四步至六步，起跳后完成腾空步动作。下落时以摆动腿落进沙坑，接着向前跑出。

4. 辅助练习：

（1）在离起跳标志 2 米左右处设置一个高约 60~80 厘米的跳箱，学生起跳后，摆动腿落于跳箱上。

（2）在沙坑边摆放一个低栏架（或拉一根高度约 30~50 厘米的横皮筋），短距离助跑后起跳完成腾空步，摆动腿越过障碍物后下落沙坑并向前跑出。

（3）助跑起跳成腾空步，用头部触及前上方的悬挂物。

（4）短、中程距离助跑起跳练习。短程距离约 8 步，中程距离约为 12 步。

（5）全程助跑起跳练习，应注意助跑起动的方式和姿势要保持固定。助跑要快速、放松，跑直线、稳定而有节奏，起跳时要做到摆、蹬、挺、拔、顶等方面协调一致，用力集中。

二、跳高的基本技术和练习方法

跳高是田赛项目之一。由有节奏的助跑、单脚起跳、腾空过杆与落地等动作组成，以其最后成功地越过横杆上缘的高度计算成绩并以此判定名次。过杆技术有跨越式、剪式（亦称“东方式”）、滚式、俯卧式和背越式等。（图3–4）

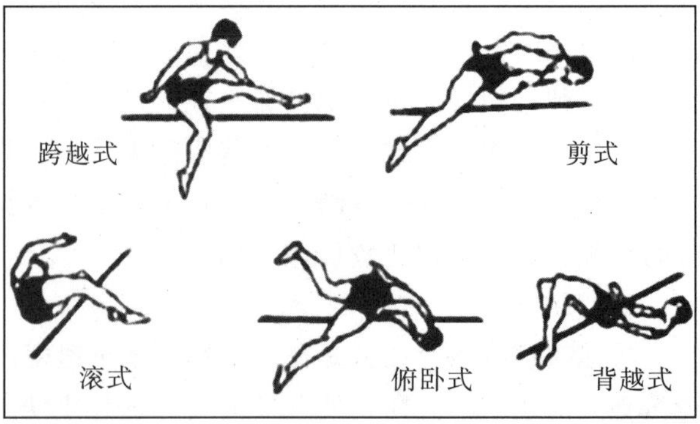

图 3–4

目前，正式的跳高比赛大多采用背跃式，下面介绍背跃式跳高技术。

（一）跳高的基本技术

1. 助跑技术

助跑的任务是获得必要的水平速度，并为提高起跳效果和顺利地越过横杆创造条件。背越式跳高一般采用 8~12 步助跑，分直线助跑段与弧线助跑段。

（1）直线助跑技术。近似于短路途中跑技术，跑进时身体重心高而平稳上体适当前倾，后蹬充分有力，前摆积极抬腿，两臂协调配合大幅度摆动。

（2）弧线助跑技术。身体逐步内倾，加大外侧腿臂的摆动幅度，保持头、躯干成一直线向内倾。助跑的整个过程应有明显的加速性和较强的节奏感，尤其是最后几步逐渐加快，到最后一步最快。

2. 起跳技术

起跳技术是跳高的关键技术。起跳时，身体向内倾斜，摆动腿屈膝上摆，起跳腿迅速伸展，两臂上摆，躯干向上伸展（图 3–5）

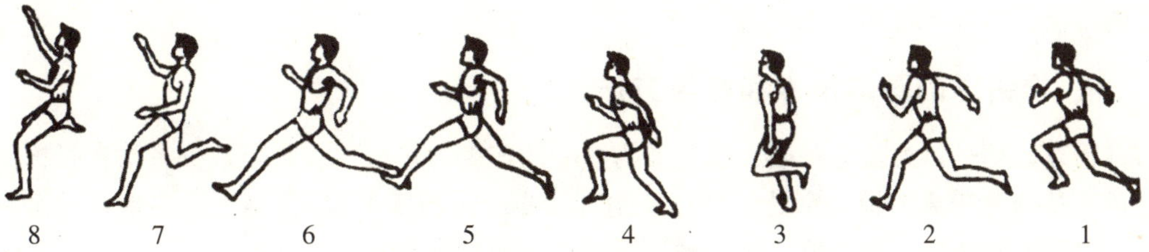

图 3–5 助跑和起跳

3. 过杆与落地技术

身体成伸展姿势向上腾起，成背对横杆姿势。当头过杆后，仰头、侧肩、挺髓、屈膝，呈拱形依次过杆，最后用背部先落在海绵垫上（图 3–6）。

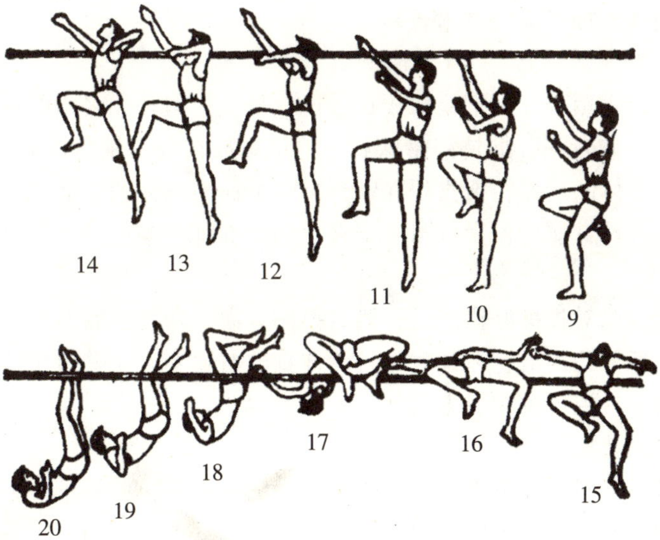

图 3–6 过杆

（二）跳高的练习方法

1. 学习和掌握起跳技术。可以采取原地蹬摆练习、走动起跳练习、弧线助跑起跳练习。

2. 学习和掌握过杆与落地技术。练习的方法有：原地倒肩挺髋练习、原地背越式跳高练习、弧线助跑做背越式跳高练习。

3. 学习和掌握全程助跑背越式跳高练习。

第四节 投掷

田径运动中的投掷是人体运用自身的能力，通过一定的运动形式，将手持的规定器械进行抛射并尽可能获得远度的运动项目。

在正式的田径比赛中，田赛的投掷项目有铅球、铁饼、标枪和链球等四个项目，虽然田径运动中各投掷项目的器械、场地、运动形式等有所不同，但它们都可以分为以下四个紧密相连的技术阶段：准备阶段、预加速阶段、最后用力阶段和结束阶段。下面介绍推铅球和掷标枪两个项目的基本技术和练习方法。

一、推铅球的基本技术和练习方法

推铅球运动是以力量为基础，以速度为核心的速度力量型项目，是投掷者站在投掷圈后沿，单手持球置于肩上锁骨窝处，经过助跑（滑步、旋转等形式），尽可能多地动员全身的力量，以尽可能快的动作速度，将器械尽可能掷远的投掷项目。

（一）推铅球的基本技术

推铅球技术是一个连贯的整体，完整的推铅球技术可分为以下六个部分：握持铅球，滑步前的预备姿势，预摆与准备滑步、滑步、最后用力和球出手后的维持身体平衡。根据出手前的滑步动作的不同，可以分为侧向滑步、背向滑步和旋转式推铅球等几种。

下面介绍侧向滑步推铅球的技术要领。

1. 握持铅球

推球臂的手五指自然分开，把铅球放在靠近食指、中指和无名指的指根上，拇指和小拇指扶在球体两侧，手腕背屈。握持好铅球后，将铅球放在肩上锁骨窝处，贴紧颈部，食指、中指和无名指处在球体的后面，拇指处在锁骨窝的上面与球体的下面，小拇指处在球体的前上方，掌心向前，推球臂屈肘，大臂与躯干夹角约为60度左右。

2. 预备姿势

握持好铅球后，侧对投掷好铅球后，侧对投掷方向，两脚前后站立，右脚指向投掷相反方向并靠近投掷圈后部的内沿，体重放在自然伸直的右腿上，左臂位于体前平举或上举，持球臂的肘略低于肩，目视投掷相反方向。

3. 预摆与准备滑步

做好预备姿势后，眼看前下方，肩部稍右转，上体前俯，使躯干接近水平位置。左腿向后上方抬起，右腿微屈，使体重均匀地分布在整个右脚掌上。运动员完成预摆动作并维持好身体平衡后，紧接着低头、扣左肩、含胸收腹、前俯上体，右腿屈膝下蹲，左腿左膝回收至靠近右腿处。随着屈腿团身动作，准备向投掷方向平移臀部，完成准备滑步动作。

4. 滑步

滑步时，首先使身体重心向投掷方向移动，随之向侧向摆出左腿，同时右腿用力侧蹬，使人体向投掷方向移动。紧接着向身下收拉右小腿，继右脚着地后，左脚以前脚掌内侧着地，使左脚尖与右脚跟在一条直线上。

图 3–7　侧向滑步

5. 最后用力

最后用力的任务是尽量运用滑步所获得的预先速度和形成超越器械的有利身体姿势，充分发挥人体各部分的力量，集中作用于铅球上，以获得最大的出手速度和适宜的出手角度。正确的用力顺序是推铅球最后用力阶段最关键的技术之一。首先从身体重心周围的大肌群即髋部发力，然后是中、小肌群相继用力（图 3–8）。

图 3–8　最后用力

6. 维持身体平衡

铅球出手时，由于身体充分伸展，身体重心较高，体重移向左脚，再加上向前的冲力较大，容易失去身体平衡而冲出投掷圈造成犯规。因此，铅球出手后，要及时交换两腿的位置，以全脚掌着地，屈膝较低身体重心或改变重心运动方向，以维持铅球出手后身体的平衡。

（二）推铅球的练习方法

1. 练习握球与持球的方法。

2. 原地正面向前向上推拨球，体会手指、手腕用力动作。

3. 徒手或持球做侧向滑步的模仿练习。

4. 反复做侧向滑步推铅球练习，巩固和完善推铅球技术。

二、掷标枪的基本技术及练习方法

掷标枪是投掷者一手握持器械，经过一个阶段直线助跑和投掷步，最后两腿做有力支撑用力，以全身的力量和最快的出手速度把标枪从体后经肩上方向向前掷出，并尽可能获得远度的投掷项目。

（一）掷标枪的基本技术

1. 握法和持枪

（1）握法。标枪斜放于掌心，大拇指和中指握在标枪缠绳把手末端第一圈的上沿，食指自然弯曲斜握在枪杆上，无名指和小指自然地握在缠绳把手上。

（2）持枪。持枪于右肩上方，稍高于头，枪尖稍低于枪尾。持枪时手腕放松，便于向后引枪。

图 3–9　握枪法

2. 助跑

助跑的目的是为了在最后用力前获得预先速度，并在助跑中做好引枪动作，为最后用力创造条件。助跑的距离一般为 25~35 米。

（1）预跑阶段

从第一标志线到第二标志线为预跑段，大约 16~20 米。跑双数步约 8~12 步，跑单数步约 9~13 步。预跑时动作自然，上体微前倾，逐渐加速，用前脚掌着地，持枪臂随跑的节奏自然前后摆动，从容地进入投掷步（图 3–10）。

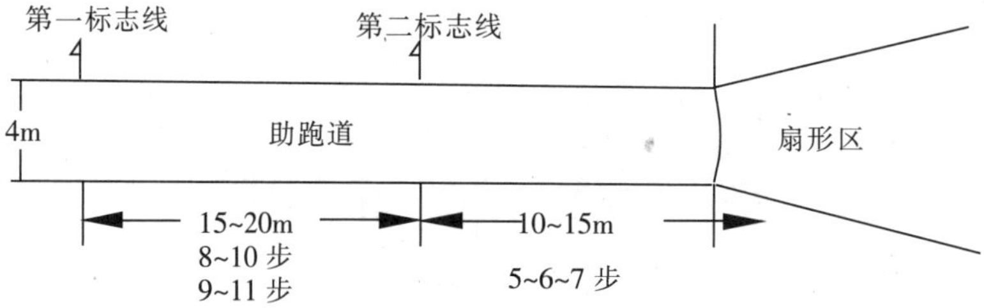

图 3–10

（2）投掷步阶段

从第二标志线到起掷弧线为助跑的第二阶段。投掷步一般用 5~9 步。下面介绍五步投掷步，见图 3–11。

图 3–11　掷标枪的助跑技术

投掷步的第一步是：左脚踏上第二标志线，右脚积极向前迈步，脚掌落地部位稍偏右，右肩向右转动并开始向后引枪，左肩向标枪靠近，左臂在胸前自然摆动，眼前视。

投掷步的第二步是：当右脚落地，左脚离地前迈时，髋轴向右转动，右肩继续向右转动并完成引枪动作。上体转成侧对投掷方向，左脚掌落地后，与投掷方向成较大的角度，左臂摆至身体左侧，上体正直，眼前视。

投掷步的第三步（交叉步）：投掷步第二步左脚落地时，右股自然弯曲，大腿带动小腿积极向前迈步，左腿猛蹬伸，使右大腿加速前迈，成交叉步，左臂自然摆至胸前，投掷臂伸直充分后引，右脚尖与投掷方向成 25 度角左右，躯干与右腿成一条直线。

投掷步的第四步：从助跑过渡到最后用力的衔接步。交叉步结束前，左腿积极迈第四步，用脚掌内侧落地。

投掷步的第五步：缓冲。

3. 最后用力和缓冲

（1）最后用力。投掷步第四步落地后，右腿积极蹬地转髋，肩轴向投掷方向转动，投掷臂上臂向上转动，带动前臂和手腕向上翻转。当上体转到正对投掷方向时，投掷臂翻到肩上，左肩内，成“满弓”姿势。然后，上臂带动前臂向前做爆发式的“鞭打”动作，使标枪向前飞出。在标枪离手的一刹那，甩腕指使标枪沿纵轴顺时针方向转动（图 3–12）。

图 3–12 最后用力

（2）缓冲。标枪出手后，运动员随着向前的惯性，继续向前运动，为了防止犯规，应及时向前跨 1~2 步，身体稍向左转，并降低身体重心，维持平衡（图 3–13）。

图 3–13 缓冲

（二）掷标枪的针对性练习方法

1. 学习标枪的握持方法，持枪做交叉步走和交叉步跑练习。通过练习提高控制标枪的能力。

2. 练习原地掷标枪技术，做“满弓”掷标枪练习。

3. 练习助跑掷标枪技术，练习时，助跑要自然、放松，引抢要连贯，要控制好标枪，最后用力的顺序要正确。

第四章 球类运动

第一节 篮球运动

学习要点：

1. 掌握篮球基本技术；
2. 了解篮球进攻战术和防守战术的基础配合；
3. 了解篮球竞赛规则。

一、篮球运动简介

篮球运动是以投篮为中心，以投篮得分多少决定胜负，集移动、运球、传球、投篮、突破与防守为一体的游戏性很强的集体对抗运动项目。近代篮球运动于1891年起源于美国东部地区的马萨诸塞州，是由该州的斯普林·菲尔德市基督教青年会学校教师詹姆斯·奈史密斯博士设计和发明的，是一项对促进青少年身心发展非常有益的球类运动。它所需场地器材比较简单，以形式灵活、游戏性强，不受年龄、性别、人数和技术水平的限制而深受广大青少年的喜爱。

二、 篮球基本技术

篮球技术是篮球比赛中运动员为了进攻与防守所采用的动作方法的总称。它主要由运球、传接球、投篮等动作组成。篮球技术是进行篮球比赛的基本手段。根据篮球比赛中攻守对抗的规律，可将篮球技术分为进攻技术和防守技术。进攻技术有传接球、投篮、运球突破；防守技术有防守对手抢球、断球等。

（一）传球技术

所有的传球都是用手指完成，而不是用手掌。为控制球的速度、方向，手指应该尽可能地张开（但不能太僵硬），手腕要有弹性。

1. 双手胸前传球

（1）技术要领：双手持球预备姿势站立，面向要传球的队友，抬头、屈膝，手指张开，将球持在胸前，两肘微向外，伸臂向外推球时，向前跨出一步，球出手时拇指向下，其余四指向前（如图4–1）。

（2）技术特点：易于与投篮、运球技术结合，传球距离可远可近，传球准确，持球不易被打掉。

（3）技术难点：双手均匀用力与传球的准确度。

图4–1

2. 双手头上传球

（1）技术要领：双手从球的两侧面持球（手指尖朝

上)，置于头顶，肘部微屈，向传球方向跨一步的同时手腕向后转，球移至脑后，将球向前传出，手腕向前下方转动发力（如图 4–2）。

(2) 技术特点：出手速度快，与投篮动作易于结合。

(3) 技术难点：身体协调用力。

1　2　3　4

图 4–2

(二) 运球技术

作为在球场上唯一的携球移动方法，通过运球可以带球移动至更有利的位置以传球给队友或在等待队友到位接传球时控制住球，也可以自己向篮筐方向运球并完成投篮或上篮。

1. 控制性运球

(1) 技术要领：在膝盖到腰部的高度运球。双膝微屈，身体前倾，抬头，可以原地运球，或在移动中运球（如图 4–3）。

(2) 技术特点：在难以传球又不能向前推进或观察场上形势准备传球或投篮时比较适用，这种运球便于控制好球和快速变速。

(3) 技术难点：手控制和掌握球的能力。

图 4–3

2. 变速运球

(1) 技术要领：用小的步幅接近对手，然后突然加速（步幅也加大），并把运球高度降至膝部位置，快速突破向前。变速运球需要长时间练习才能有效地使用。变速运球易犯错误是变速不够突然，步幅不够大，起动慢。纠正的方法是可先在无球情况下进行变速练习。

(2) 技术特点：有利于突破对手。

(3) 技术难点：不仅要改变运球速度，还要改变运球高度，起动加速快。

(三) 投篮技术

投篮，是运动员为将球投进篮筐而采用的各种专门动作的总称，它是篮球比赛中唯一的得分手段，是一切进攻技战术的最终目的和全部攻守矛盾的核心。全面、高超的投篮技术和较高的投篮命中率，是组织进攻战术的先决条件。因此，重视投篮技术的教学与训练，使运动员正确掌握并熟练运用投篮技术，不断提高投篮命中率，是对篮球教练员和运动员最基本的要求。

投篮的动作方法有很多，依据临场运用的形式与特点，可以把投篮的多种动作方式进行归类。篮球比赛中常见的投篮技术形式有原地投篮（双手胸前投篮、单手肩上投篮）、行进间投篮和跳起投篮三种。

1. 原地双手胸前投篮

(1) 技术要领：双手持球于胸前，肘关节自然下垂，两脚左右或前后开立，两膝微屈，重心落在两脚之间，目视瞄准点；投篮时，两脚蹬地，上肢随着脚蹬地向前上方伸展，两手腕同时外翻，拇指下压，手腕前屈，食指、中指用力拨球，使球通过拇指、食指、中指端投出。球出手后，两手自然向下向外翻，脚跟提起，身体随投篮出手方向自然伸展（如图 4–4）。

(2) 技术特点：这种投篮方式力量大，投篮距离远，便于和传球、运球突破相结合。缺点是持球点低，易受防守队员干扰。

(3) 技术难点：屈膝蹬地、腰腹伸展、手臂上伸和球出手时手腕、手指用力动作的连贯性、协调性和用力的一致性。

图 4–4

2. 原地单手肩上投篮

(1) 技术要领：以右手投篮为例。两脚前后或左右开立，两膝微屈，重心落在两前脚掌上；右手五指自然分开，翻腕持球的后部稍下部位，左手扶在球的侧上方，举球于同侧头或肩的前上方，目视篮筐或篮板的某一点，大臂与肩关节平行，大、小臂约成 90 度，肘关节内收。投篮时，下肢蹬地发力，身体随之向前上方伸展，同时抬肘向投篮方向伸臂，用手腕前屈和手指拨球的动作，将球柔和地从食指、中指端投出。球离手时，手臂要随球自然跟送，脚跟提起（如图 4–5）。

(2) 技术特点：出手点高，不利于防守。

(3) 技术难点：投篮时抬肘，使球从食指、中指指端飞出，全身动作协调，用力一致。

图 4–5

3. 行进间单手肩上低手投篮

(1) 技术要领：以右手投篮为例，跑动中右脚跨出一大步的同时接球，接着左脚跨一小步并用力蹬地起跳，右腿屈膝上抬，身体重心前移，双手向前上方举球。当身体接近最高点时，左手离球，右臂外旋，掌心向上托球，并充分向球篮方向伸展，接着屈腕，食指、中指用力拨球，通过指端将球投出（如图 4–6）。

(2) 技术特点：便于在快速推进中出手投篮。

(3) 技术难点：行进间和低手投篮协调配合及出手点。

图 4–6

(四) 突破技术

突破是持球队员运用脚步动作和运球技术超越对手的一项攻击性很强的技术。在比赛中，掌握好突破时机，合理地运用突破技术，既能直接切入篮下得分，又能打乱对方

图 4–7

的防守部署，创造更多的攻击机会，增加对手的犯规。突破可以分为交叉步突破、同侧步突破（如图 4–7）。

1. 技术要领：

①交叉步突破（以右脚做中枢为例）：两脚左右开立，两膝微屈，身体重心降低，持球于胸腹之间。突破时，左脚前脚掌内侧迅速蹬地，身体稍右转，左肩向前下压，重心向右前方移动，左脚向右侧前方跨出，将球引于右侧，接着运球，中枢脚蹬地向前跨出，迅速超越防守队员。

②同侧步突破：准备姿势和突破前的动作要求与交叉步突破相同。突破时，右脚向右前方跨出一步，向右转体探肩，重心前移，右手运球，左脚前脚掌迅速蹬地，向右前方跨出，突破防守。

2. 技术特点：当对方逼近防守时，用假动作吸引防守队员，快速使用交叉步突破，具有突然性的特点。

3. 技术难点：转体、探肩与放球动作的配合。

（五）防守技术

防守技术是篮球比赛中，队员合理地运用防守动作，有针对性地选择防守位置，及时、快速地移动，积极主动地破坏对手的进攻意图，制约进攻队员的行动，达到协同配合、控制对手、争取控球权目的的技术。一个球队的防守水平，在很大程度上取决于每个队员的个人防守能力，而运动员的个人防守能力，包括对防守技术掌握的程度及防守意识两个方面。

1. 防守有球队员

主要指防守对方在前场持球而又未运球的队员。防守时主要是干扰和封阻其投篮，堵截其突破，封锁其向自己的身后传球，同时还要根据进攻队员的技术特点及与篮筐的距离和位置等，运用各种步法抢占有利位置，控制对手的主攻目标。

（1）防传球。

技术要领：防守时不让对手传球是难以做到的，但重点要防其向篮下传球。防守外围队员时要积极挥动手臂，采用掏、打等动作，使其无法及时将球传出。同时，可以用突然急撤步法，破坏其传球意图，使其无法准确地做出决断。并要掌握“宁横不竖”，即宁愿让其横传球，也不让其传球到内线，以及迫使对方长传、高吊等原则。防守内线持球队员传球时，要做到“宁外不里”，即对方得到球后，要迫使对方回传给外线队员，不让其传给其他内线队员或向里空切的队员。

技术特点：可以有效地阻止对手近距离传球，或向内线传球，降低对手的进攻能力。

技术难点：卡位与封盖相结合。

（2）防突破。

技术要领：站在对手与球篮之间，可根据对手习惯的突破方向和同伴协防的情况而有所侧重。防守时一般采用撤步、侧滑步等。两脚平行站立，两臂侧伸上下不停挥动。当对手突破时，要及时向其突破方向撤步，并迅速滑步堵截。

技术特点：能有效地阻止对手突破进入篮下直接得分或形成有威胁性的突分。

技术难点；准确判断对手突破目的及方向

（3）防投篮。

技术要领：防守时站在对手与篮筐之间，防守的距离要根据对手离篮筐的远近而有所不同，对手持球在外围，一般是以伸臂能触及到球为宜，多采用斜步防守，前脚同侧的手臂向斜上方伸出，另一臂侧伸，以便向侧移动，阻止对手突破。对手在篮下得球后，一般要贴近对方，微屈膝，两臂微伸于肩上，准备跳起封盖。要避免过早举起双臂，以防对方转身投篮或突破。

技术特点：能有效地阻止对手直接投篮得分。

技术难点：判断投篮时机。

(4) 防运球。

技术要领：防运球要选择“球—我—篮”的位置。全场一对一防守时，要保持一定距离，半场防守时可以靠近，有时甚至采用“贴身防守法”，迫使其向两侧运球。一般情况下，防守者要使对手的球处于自己两脚之间，躯干对着球，身体重心下降，可以两臂侧伸，也可以一臂前伸干扰，不让其任意改变方向，一臂侧伸阻截。

技术特点：能有效地抢断球或阻止对手的突破。

技术难点：正确判断对手运球方向，胸部要始终对着对手的上体。

2. 防无球队员

比赛中，防守队员绝大部分时间是防守无球队员。防守的主要任务是不让对方空切到篮下和在有威胁的区域接球，同时协助同伴进行防守。

(1) 技术要领：防守对方空切时首先要堵、卡，不让对手顺利切入。对手向篮下切入时要用手臂和身体合理挤压对手，逼使其反复摆脱和绕道变向，并且要用手臂在其体前或体侧挥动，干扰其接球，使切入队员不能及时得到球和使传球队员犹豫而不敢贸然传球。

防守时要根据防守队员切入路线和球的关系选择防守位置。如对手空切时远离球篮，可以堵其前。如果对手离球篮近，可以堵其侧后，但都要封锁通向篮下的去路。防守对方溜底线时，可以在对手进入篮板下区域时，转身面向对手，在一刹那间不看球的活动。

(2) 技术特点：能有效地阻止对手直接上篮得分。

(3) 技术难点：卡位，迫使对手改道跑动。

三、篮球基本战术

篮球战术是篮球比赛中队员个人技术的合理运用和全队队员相互协调配合的组织形式和方法，其目的是为了充分发挥本队的特长，制约对方，以争取比赛的胜利。篮球战术分为攻守基础配合、快攻与防守、盯人防守与进攻盯人防守和联防防守与进攻联防防守等。

(一) 进攻战术基础配合

进攻战术基础配合是指在篮球比赛中，进攻队员两三人之间为了创造攻击机会，合理运用技术而组成的简单配合方法。

进攻战术基础配合有传切、突分、掩护、策应等配合。

1. 传切配合

一传一切配合是指持球队员传球后摆脱防守，向球篮方向切入接回传球投篮。

示例：如图 4–8 所示，⑤传球给⑥后，立即摆脱对手向篮下切人，接⑥的回传球投篮。

空切配合是指无球队员掌握时机摆脱对手，切向防守空隙区域接球投篮或做其他进攻配合。

2. 掩护配合

掩护配合是掩护队员采用合理的行动，以自己身体挡住同伴的防守者的移动路线，使同伴借以摆脱防守的一种配合方法。如图 4-9 左，⑤传球给④后，跑到④的侧面做掩护，④接球后做投篮或突破的动作，吸引④的防守，当⑤掩护到位时，④持球从④的右侧突破投篮。⑤掩护后及时移动到有利的位置去接球或抢篮板球。

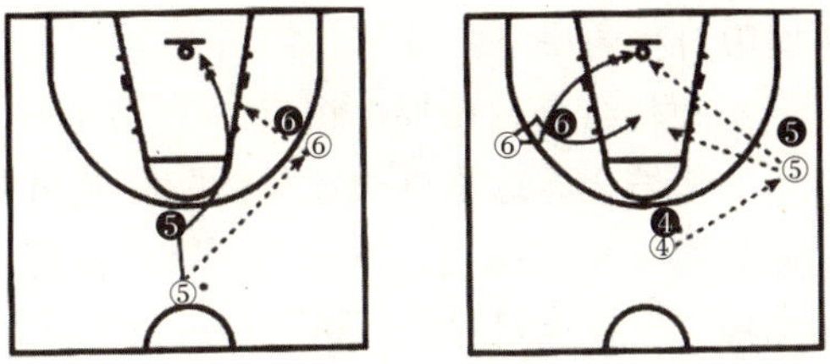

图 4-8

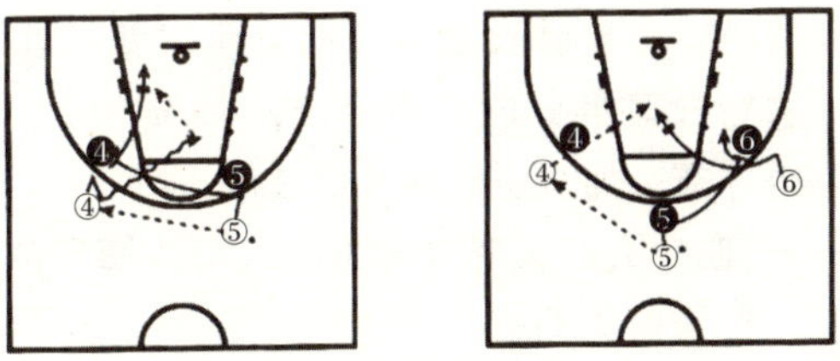

图 4-9

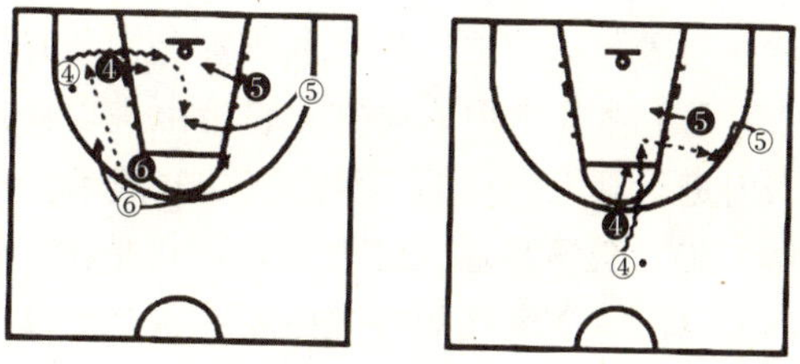

图 4-10

3. 突分配合

突分配合是指持球队员突破对手后，主动地或应变地利用传球与同伴进行配合，创造最佳得分时机的方法。

突分配合的方法，如图 4-10 左所示，⑥从防守者⑥的左侧突破，④协防，封堵⑥向篮下突破的路线，此时④及时跑到有利的进攻位置，接⑥的传球，投篮或做其他进攻配合。

（二）防守战术基础配合

防守战术基础配合是指防守队员之间为了破坏对方进攻，或当同伴防守出现困难时，及时相互协作和帮助的配合方法。防守战术基础配合包括挤过、穿过、交换、关门、夹击、补防、围守中锋等配合方法，这里主要介绍挤过和交换配合。

1. 挤过配合

挤过配合是指对方采用掩护进攻时，防守者为了破坏对方的掩护配合，当掩护着临近的一刹那，要积极向前跨出一步，贴近自己的防守对手，从掩护者前面侧身挤过去，继续防守自己对手的一种配合方法。它是破坏掩护配合的积极有效地方法之一。

2. 交换配合

交换配合是为了破坏对方的掩护配合，防掩护者及防被掩护者之间及时交换自己所防守对手的一种配合方法。

（三）快攻战术

快攻是由防守转入进攻时，以最快的速度、最短的时间超越对手，争取造成人数上的优势，以多打少；或在人数上不占优势的情况下，趁对方阵脚未稳，创造位置上的优势，果断而合理地进行攻击的一种进攻战术。其特点是速战速决，攻其不备。

快攻有长传快攻、短传结合运球推进快攻和运球突破快攻三种类型。

1. 长传快攻

长传快攻也称长传偷袭的快攻，是队员在后场获球后，用一次或两次传球将球长传给迅

速摆脱对手的快下队员。（如图 4–11）

2. 短传结合运球推进快攻

短传结合运球推进快攻是指防守队员获球后利用快速的短距离传球、运球或运球结合传球，迅速地向前场推进，直逼对方篮下进攻的一种快攻形式。

3. 运球突破快攻

运球突破快攻，是指防守队员获球后，利用运球突破防守，自己投篮得分或传球给进攻机会更好的同伴进行投篮得分的快攻方法。其特点是，抓住战机，减少环节，加快进攻速度，主要是个人攻篮。

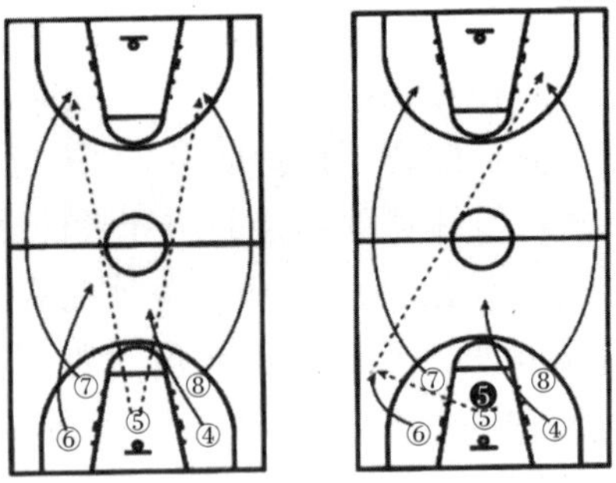

图 4–11

（四）人盯人防守与进攻人盯人防守战术

1. 人盯人防守

人盯人防守是篮球防守战术中最重要的一个系统，是每个防守队员盯住一个进攻队员，并要求协助同伴进行集体防守的全队防守战术。它的基本原则是：以盯人为主兼顾传球，保持在对手与球篮之间的有利位置上，及时协助同伴形成集体防守。

（1）半场人盯人防守：它是由进攻转入防守时，全队有组织地迅速退回后场，在半场范围内进行盯人防守的一种全队防守战术。

（2）全场紧逼人盯人防守：它是在全场范围内与对手展开激烈对抗与争夺的一种战术。由于全场各个场区的防守任务不同，所以把球场划分为前场、中场、后场三个区域。

2. 进攻人盯人防守

进攻人盯人防守战术，是根据对方防守的防区范围、防守阵型和队员的防守能力，结合本队的实际，所组织的全队进攻战术。

进攻半场人盯人防守：其基本阵型有单中锋进攻的“2–3”阵型和“2–1–2”阵型（如图 4–12）

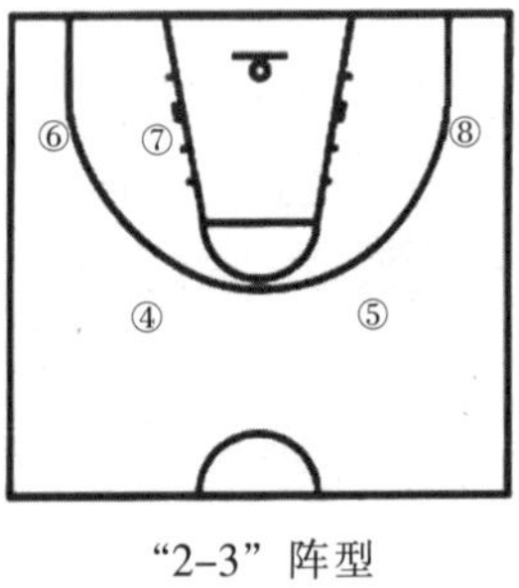

“2–3”阵型

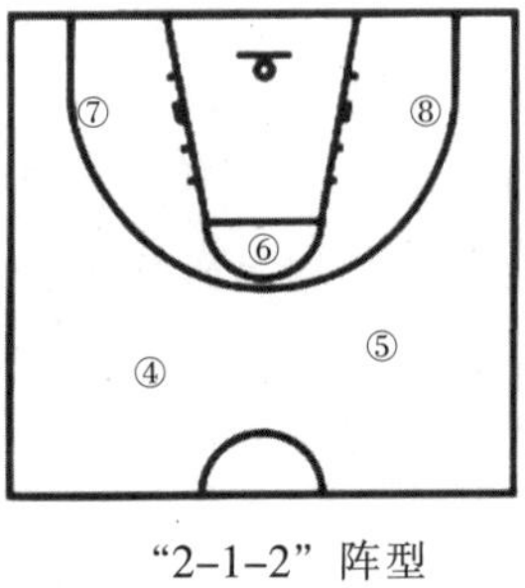

“2–1–2”阵型

图 4–12

3. 进攻全场紧逼人盯人防守

进攻全场人盯人防守的方法很多，一般是快速进攻法。

（五）区域联防与进攻区域联防战术

1. 区域联防

区域联防是指进攻转入防守时，全队队员迅速退回后场，按分工各自负责防守一定区域的进攻对手，形成一定的防守阵势，把每个防守区域有机地联系起来，并随球进行协同移动防守的一种全队防守战术。它是篮球两大防守战术系统之一。区域联防战术最突出的特点是守区防人、防球和保篮。

（1）区域联防的阵型：区域联防根据各防守队员所站的防守区域，组成各种不同的区域联防阵型。区域联防的阵型有“2–1–2”阵型、“2–3”阵型、“3—2”阵型、“1–3–1”阵型。图中的黑线区为联防共管区，也是联防薄弱区。（如图 4–13）

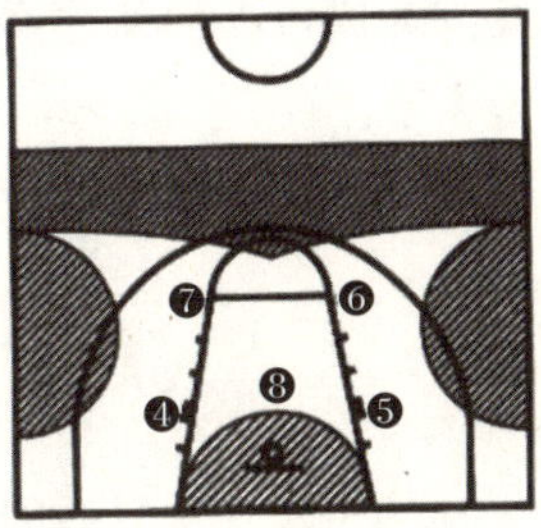

“2–1–2”阵型

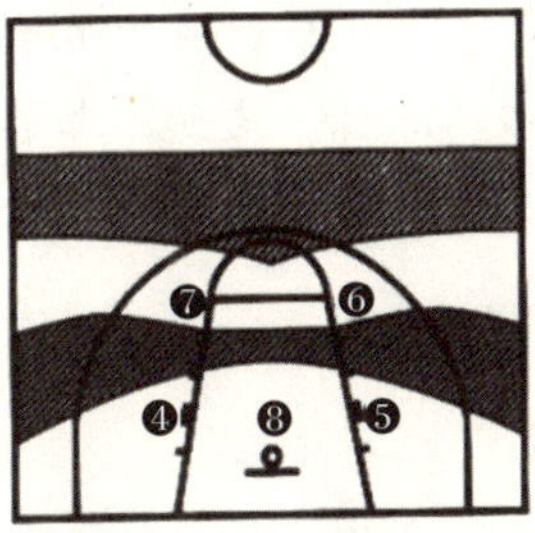

“2–3”阵型

图 4–13

（2）区域联防的方法（以“2–1–2”防守阵型为例）：“2–1–2”阵型，队员分布均衡，移动距离近，有利于协防和调整阵型，较适用于防守正面突破和篮下进攻威力较大的对手，但防守两腰共管区域和圈顶的投篮较困难。

2. 进攻区域联防

进攻区域联防是针对区域联防的特点、阵势和变化所采用的进攻方法，是篮球进攻战术系统的重要组成部分。

（1）进攻区域联防的阵型：进攻区域联防应在全面了解区域联防的特点、防守的一般规律的基础上，抓住不同区域联防阵势的薄弱环节，有针对性地组织进攻阵势。确定阵型的原则是根据进攻的点、面，合理部署队员占据联防的薄弱地区，避免与防守队员形成一对一的站位，在局部区域形成以多打少的优势，保持攻守平衡。常用的阵型有“1–3–1”阵型、“1–2 –2”阵型、“2–1–2”阵型、“2–3”阵型等。（如图 4–14）

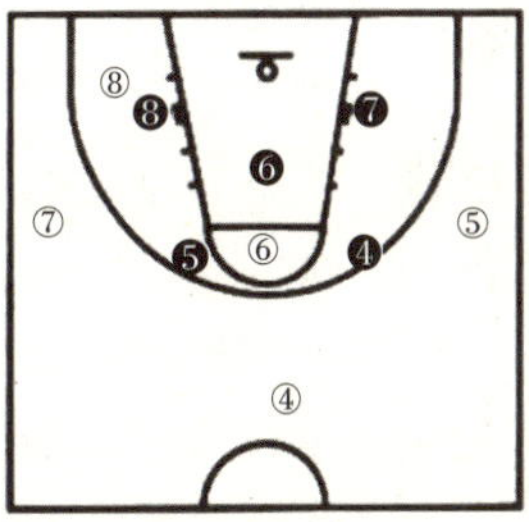

“1–3–1”阵型

图 4–14

（2）进攻区域联防的方法（以“1–3–1”进攻“2–3”联防为例）：“1–3–1”进攻方法：组织背插、溜底线进攻，如图 4–15 所示，外线队员④、⑤、⑦在传球过程中调动防守，组织中、远距离投篮，迫使对方扩大防区。如果没有机会，当⑤接球时，⑦背插至右侧底角，接⑤的传球后，可传给⑥或⑧，可以远投或回传给⑤重新组织进攻。

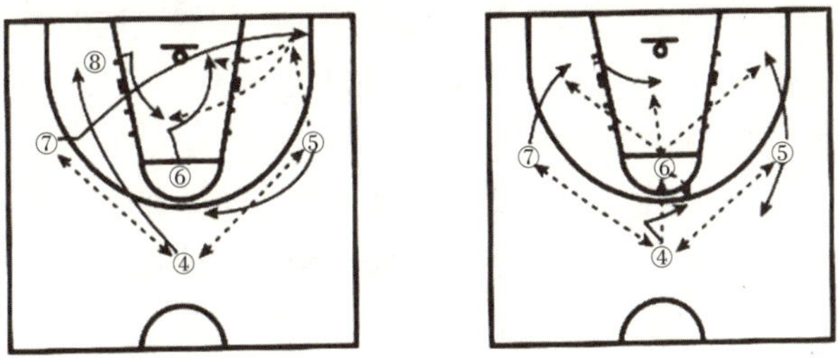

图 4–15

“1–3–1”阵型进攻战术的特点

是：队员分布广，攻击点多，外围有三个以上的投篮点；通过中锋和前锋频繁的穿插移动，内外结合，能够在局部形成以多打少的有利局面，同时结合两侧进攻队员的背插，更能使对方在局部地区负担加重；有利于组织抢篮板球，保持攻守平衡。

知识窗

NBA：美国职业篮球联赛（National Basketball Association，简称NBA，中文简称“美职篮”）于1946年6月6日在纽约成立，是由北美三十支队伍组成的男子职业篮球联盟，美国四大职业体育联盟之一。汇集了全世界最顶级的球员，是世界上水平最高的篮球赛事。

四、篮球竞赛规则

（一）比赛场地

篮球比赛是在一块平坦、坚实且无障碍的长28米、宽15米（从界线的内沿丈量）的长方形场地上进行的。

（二）比赛规则简介

1. 篮球比赛由两个队参加，每队上场5人，其中1人为队长，替补球员不超过7人。

2. 在3分区内将球投入对方球篮得2分；在3分区外投入对方球篮得3分；罚球中1次得1分。

3. 比赛由4节组成，每节10分钟。在第1节和第2节（第一半时）之间，第3节和第4节（第二半时）之间以及每一决胜期之前有2分钟的比赛休息时间；两个半时的比赛休息时间为15分钟，以全场得分多者为胜。

4. 如果在第4节比赛时间终了时比分相等，需要一个或多个5分钟的决胜期来继续比赛，直至决出胜负。

5. 比赛中每队的换人次数不限。但是，要登记的暂停在第一半时的任何时间每队可准予2次；在第二半时可准予3次，但最后2分钟最多2次暂停；每一决胜期的任何时间每队可准予1次。

6. 整个比赛过程由裁判员（包括主裁判员和副裁判员）、记录台人员（包括记录员、助理记录员、计时员和24秒钟计时员）和技术代表管理。

7. 违例，即是违犯规则。罚则是将球权判给对方队在靠近发生违例的地点掷球入界。

（1）带球走：当持活球的队员用同一脚向任何方向踏出一次或多次，其另一脚（称为中枢脚）不得离开与地面的接触点，如果中枢脚离开了这个接触点，就构成带球走违例。

（2）非法运球：队员在运球后，用双手同时触及球或允许球在一手或双手中停留时运球即完毕。运球结束后，除非失去控球权后又重新控制球，否则不得再次运球，如果再次运球，则为非法运球违例。

（3）拳击球或脚踢球：比赛中队员不得故意用拳击球或用腿的任何部位去阻挡球，否则将判违例。如果球偶然地接触到腿的任何部位，或腿的任何部位无意碰到球，不算违例。

（4）球回后场：在比赛中，前场控制球的队，不得使球再回到后场，否则为球回后场违例。具体判定球回后场有三个条件，且这三个条件必须依次连续发生：

①该队必须控制球；

②球进入前场后，在球又回到后场前该队队员（或裁判员）最后触及球；

③球回后场后，该队队员在后场最先触及球。

(5) 干涉得分和干扰球：投篮（罚球）的球在飞行下落并完全在篮筐水平面之上时，双方队员不可触及球。当投篮的球触及篮筐时，双方队员都不得触及球篮或篮板，不得从下方伸手穿过球篮并触及球，不得使篮板和篮筐摇动。如果进攻队员违犯这一规定，中篮无效，将球判给对方在罚球线延长部分的界外掷球入界；如果防守队员违犯这一规定，不论是否投中，均判投篮（罚球）队员得分，得分的标准同球已进入球篮的得分标准。

(6) 3 秒违例：当某队在前场控制活球并且比赛计时钟正在运行时，该队队员在对方的限制区内持续停留的时间不得超过 3 秒钟，否则违例。

(7) 5 秒违例：进攻球员必须在 5 秒钟之内掷出界外球，或在被严密防守时，必须在 5 秒钟之内传、投或运球；当裁判员将球递给罚球队员做处罚时，该队员必须在 5 秒钟内出手，否则违例。

(8) 8 秒违例：一个球队从后场控制活球开始，必须在 8 秒钟内使球进入前场（对方的半场），否则违例。

(9) 24 秒违例：每当一名队员在场上获得控制活球时，该队必须在 24 秒钟内尝试投篮，否则违例。

8. 犯规是对规则的违犯，含有与对方队员的非法身体接触和违反体育道德的举止。对违犯者登记犯规并随后按规则予以处罚。

(1) 侵人犯规：是队员与对方队员的接触犯规。无论球是活球还是死球，队员均不应通过伸展其手、臂、肘、肩、髋、腿、膝或脚来拉、阻挡、推、撞、绊、阻止对方队员行进，以及不应将其身体歪曲成“反常的”姿势（超出其圆柱体），也不应放纵任何粗野或猛烈的动作，以上情况都要给犯规队员登记 1 次侵人犯规。如果对未做投篮动作的队员犯规，由非犯规队在靠近犯规地点的界外掷球入界重新开始比赛。如果犯规队处于全队犯规处罚状态，则应判给未做投篮动作的队员 2 次罚球，代替掷球入界。如果对正在做投篮动作的队员犯规，如投篮成功，应计得分，并判给 1 次追加罚球；如投篮未中，则要根据投篮的地点，判给 2 次或 3 次罚球。

(2) 技术犯规：是包含（但不限于）行为性质的队员的非接触犯规。如不顾裁判员警告；没有礼貌地触犯裁判员、技术代表、记录台人员或球队席人员；有冒犯或煽动观众的语言和举止；戏弄对方队员或在对方队员的眼睛附近摇手妨碍其视觉；在球穿过球篮后，故意触及球以延误比赛；阻碍迅速地执行掷球入界以延误比赛；假摔以伪造一次犯规等。

队员技术犯规，应给其登记 1 次技术犯规，作为全队犯规之一计数。教练员、替补队员和随队人员的技术犯规，对每一起违犯行为都要登记教练员 1 次技术犯规，但不作为全队犯规之一计数。

对技术犯规的处罚，是判给对方 1 次罚球，以及随后在记录台对面的中线延长部分掷球入界或在中圈跳球开始第一节（如犯规发生在第一节比赛前）。

(3) 违反体育道德的犯规：根据裁判员的判断，一名队员不是在规则规定的范围内试图合法地去直接抢球，发生的接触犯规是违反体育道德的犯规。应给犯规队员登记 1 次违反体育道德的犯规。判给对方罚球，以及随后在记录台对面的中线延长部分掷球入界或在中圈跳球开始第一节（如犯规发生在第一节比赛前）。

（4）罚球的次数按如下规定：对没有做投篮动作队员的犯规应判给 2 次罚球；对正在做投篮的队员发生的犯规，如中篮，应计得分并加判给 1 次罚球；如未中篮，应判给 2 次或 3 次罚球。

名人录 迈克尔·乔丹（Michael Jordan），1963 年 2 月 17 日生于纽约布鲁克林，前美国职业篮球运动员，司职得分后卫，在 19 年的 NBA 生涯中，乔丹夺 5 次常规赛 MVP 和 6 次总决赛 MVP 称号，获得 10 个得分王，并率领公牛队六次夺得总冠军。

第二节 排球运动

学习要点：

1. 了解排球的起源、特点等基本知识；
2. 掌握排球基本技术和战术；
3. 能够把所学技术运用到比赛中。

一、排球运动简介

排球运动是由人数相等的两支球队，在被网隔开的两个均等的场区内，根据规则以身体任何的部位（手、手臂为主），将球从网上击入对方场区，而不使其在本方场区内落地的集体攻防的对抗性体育项目。排球运动诞生于 1895 年，创始人是威廉· G·摩根，他是美国马萨诸塞州霍利沃克城基督教青年会干事。

排球运动是一项在我国和世界开展比较普遍的体育运动项目，深受各阶层人们的喜爱，特别是青少年。排球运动技术简单，运动负荷适中，形式多样，易于掌握，具有广泛的群众性。经常参加排球运动，不仅能够改善人体中枢神经系统和内脏器官的功能状况，同时还能提高人的专项身体素质和运动能力，增进健康，增强体魄。

二、排球基本技术

排球运动技术是指在排球规则允许的条件下，运动员采用的各种合理的击球动作和其他配合动作的总称。排球技术分为无球技术和有球技术两大类，详细分为：准备姿势、移动、垫球、传球、发球、扣球、拦网 7 项技术。

（一）准备姿势和移动

1. 准备姿势

是指为完成某一单项技术，开始时所采用的合理的身体姿势和动作。根据排球运动中完成各项技术动作的需要，按照身体重心的高低，准备姿势可分为半蹲准备姿势、低蹲准备姿势、稍蹲准备姿势 3 种。

（1）技术要领。

半蹲准备姿势多用于接发球、拦网和各种传球（如图 4–16）。动作方法：两脚左右开立稍比肩宽，一脚稍前，两脚尖内收，脚跟稍提起。膝关节保持一定的弯曲，膝关节的投影在脚尖前面。上体前倾，重心靠前。两臂放松自然弯曲，双手置于腹前，两眼注视来球，两腿始终保持微动。

低蹲准备姿势主要用于后排防守、进攻保护和拦网保护（如图 4–17）。

稍蹲准备姿势一般用于扣球助跑之前、对方正在组织进攻、不需要快速反应启动的时候（如图 4–18）。

图 4–16

图 4–17

图 4–18

（2）技术特点。

身体重心相对稳定，便于移动和完成各项击球动作，为迅速起动、快速移动及击球创造条件。

（3）技术难点。

获得一个既稳定又利于机动的准备姿势，用来保持身体平衡和较大的应变性，以利于迅速、协调地进行移动，去完成各种动作。

2. 移动

移动是指从起动到制动的过程。

（1）技术要领。

移动由起动、移动步法和制动三个环节组成。

起动：起动是移动的开始。

移动步法：起动后应根据临场技战术的需要，灵活地采用各种移动步法进行移动。主要有：并步与滑步、跨步与跨跳步、交叉步、跑步、综合步。

制动：制动是移动的结束，也是击球动作的开始。制动可分为一步制动法和两步制动法（如图 4–19）。

（2）技术特点。

移动的距离短，原地起动多，身体重心低。同时，通过快速移动，能及时接近球，并处于有利位置，保持好人与球的位置关系，便于击球。

图 4-19

(3) 技术难点。

起动、移动步法和制动的协调配合。

(二) 垫球

垫球是通过手臂和身体其他部位的垫击、使来球从垫击面上反弹出去的一种击球方法。垫球是接发球、接扣球以及后排防守的主要技术动作，是组织反攻战术的基础。垫球按动作方法可分为正面双手垫球、体侧垫球、背垫球、单手垫球、跨步垫球、鱼跃垫球、前扑垫球、脚垫球等，下面着重介绍前三种垫球。

1. 正面双手垫球

正面双手垫球是指双手在腹前垫击来球的一种垫球方法。

(1) 技术要领。

准备姿势：面对来球，成半蹲或稍蹲准备姿势。

垫球手型：常用的双手垫球手型有叠掌式、抱拳式和护靠式。

垫球动作：当球飞到腹前一臂距离时，两臂夹紧前伸，插到球下，身体向前上方蹬地抬臂，迎击来球，身体重心随着击球动作向前上方移动。

击球点和前臂触球部位：击球点保持在腹前高度，利用腕关节以上 10 厘米左右处的桡骨内侧平面击球的后下部（如图 4-20）。

击球用力：一般来说垫球用力的大小与来球力量成反比，同垫出球的距离和弧度成正比。如来球的力量小或垫击的球距离远，垫击必须加大抬臂动作，给球以反击力；如来球的力量大或垫出的球距离近，则手臂需放松，主要靠来球本身的反弹力；有时来球力量很大，为了缓冲来球的力量，手臂还需顺势后撤，加上含胸收腹的协调配合，使球得到缓冲后垫出。

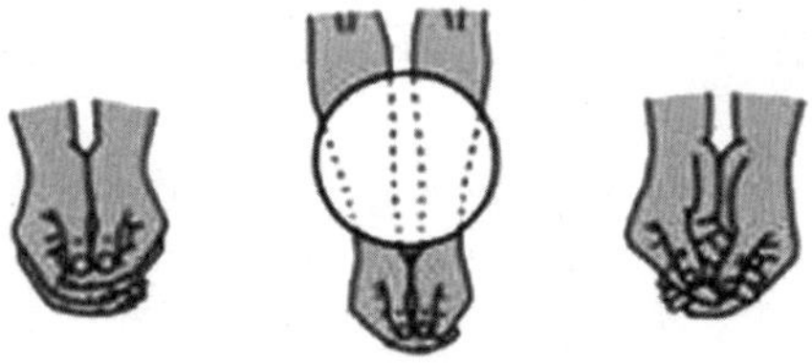

图 4-20

图 4-21

(2) 技术特点。

正面双手垫球是各种垫球技术的基础，是最基本的垫球方法，适合于接各种发球、扣球和拦网球，在困难的时候也可以用来组织进攻。

(3) 技术难点。

击球部位的选择（腕关节以上 10 厘米左右的两小臂桡骨内侧所构成的平面），击球点的选择（腹前约一臂距离）；击球动作（上下肢的协调配合）。

2. 体侧垫球

体侧垫球是在身体侧面用双手垫球的一种垫球方法（如图 4–21）。

(1) 技术要领。

以左侧垫球为例。当球向左侧飞来，右脚前脚掌内侧蹬地，左脚向右侧跨出一步，重心随即移至左脚上，左膝弯曲，同时两臂夹紧向左侧伸出，右肩微向下倾斜，用向右转腰和收腹的动作配合两前臂垫击球的后下部。切忌随球向右侧摆臂击球，这样会造成球飞向侧方。

(2) 技术特点。

伸臂动作快，控制面宽，但不易控制垫球的方向、弧度和落点，准确性不高。

(3) 技术难点。

击球点的选择（体侧前方）；击球动作（向侧跨步侧前伸臂，向内转体提肩击球）。

3. 背垫球

背垫球是指背对垫球目标、从身前向背后双手垫球的一种垫球方法。

(1) 技术要领。

背向垫球时，要判断好球飞行的方向，迅速移动到球的落点前，背对出球方向，两臂夹紧伸直，击球点最好高于肩。击球时要抬头挺胸，展腹后仰，直臂向上方摆动抬头(如图 4–22)。

图 4–22

(2) 技术特点。

垫击点较高，由于背对垫球不易控制方向和落点，故准确性较差。

(3) 技术难点。

击球点的选择（高于肩）；击球动作（抬头挺胸，展腹后仰，直臂向上方摆动）。

（三）传球

传球是指通过手指与手腕的弹击动作，将球传至一定目标的击球方法。传球是排球运动中最基本、最重要的一项技术，是组织战术的基础。传球是由准备姿势、迎球、击球、手型、用力 5 个动作组成。其中较难掌握的是触球时的手型。因为触球时手型正确与否，直接影响手控制球的能力和传球的准确性。对初学者来说，掌握了正确手型，才能保证正确的击球点和较好的运用手指、手腕的弹力。

传球动作多种多样，其基本的动作分为正面传球、背向传球、侧传球、跳传球四种，下面介绍前两种传球。

1. 正面传球

正面传球是指正面对准出球方向的传球动作。它是传球中最基本的方法，是掌握和运用其他各种传球技术的基础。

(1) 技术要领。

准备姿势：稍蹲姿势，面对来球，双手自然抬起，放松，置于脸前。

迎球：当球下降至额前时，蹬地、伸膝、伸臂、两手向前上方迎击来球。

击球：击球点在额前上方一球距离处。这有利于看准来球和控制传球方向。

手型：两手自然张开成半球形，两拇指相对成“一”字形，用拇指内侧、食指全部、中指二和三关节触球的后下部，无名指和小指在两侧辅助控制传球方向（如图4–23）。

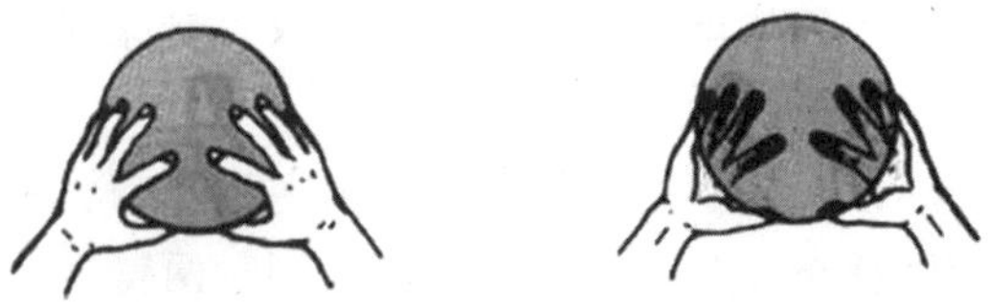

图4–23

用力：当手和球接触时，各大关节应继续伸展，最后通过手指、手腕的紧张力和弹力，以及蹬地伸臂等身体协调力量将球传出（如图4–24）。

（2）技术特点。

控制球的面积大，手和全身动作容易协调配和，传球的准确性和稳定性高。

（3）技术难点。

击球点的选择（额前一球的距离）；正确的手型（十指自然张开呈半球状）；击球动作（蹬地伸臂和手指、手腕的全身协调用力）。

图4–24

2. 背向传球

背向传球是背对传球目标的传球动作，简称背传。

（1）技术要领。

准备姿势：上体比正面传球时稍直立或后仰。

迎球：抬上臂，挺胸，上体后仰。

击球：击球点在头上方，比正面传球略偏后。

手型：与正面传球相同，但触球时手腕要稍后仰。

图4–25

用力：利用蹬地、展腹、抬臂、伸肘和手指、手腕的弹力（如图4–25）。

（2）技术特点。

采用背传，可以变化传球路线，迷惑对方，组织多变的进攻战术。但是，由于背对目标，所以准确性稍差。

（3）技术难点。

击球点的选择（头上方比正面传球略偏后）；正确的手型（十指自然张开成半球状，手腕要稍后仰，掌心向上）；击球动作（蹬地伸臂和手指、手腕的全身协调用力）。

（四）发球

发球是队员在发球区内自己抛球后，用一只手将球直接击入对方场区的一种击球方法。它是比赛的开始，也是进攻的开始。准确而有攻击力的发球，是先发制人、克敌制胜的重要手段。发球，按照发出球的性能，主要分为发旋转球和发飘球。发旋转球主要有正面上手发球、勾手大力发球、跳发球、正面下手发球、侧面下手发球、侧旋球和高吊球。发飘球主要有正面上手飘球、勾手飘球和跳发飘球。

1. 正面上手发球

正面上手发球是指发球队员面对球网，利用蹬地、收腹和转体动作带动手臂，在右肩的前上方用全手掌击球过网的发球方法（如图 4–26）。

图 4–26

（1）技术要领。

准备姿势：队员面对球网，两脚自然开立，左脚在前，左手持球于身前。

抛球：左手用掌平稳而准确地将球抛至体前右肩前上方，高度适中。

挥臂击球：抛球的同时，右臂抬起，屈肘后引，肘与肩平，上体稍向右侧转动。击球时，利用蹬地使上体向左转动，同时收腹带动手臂挥动。在右肩前上方伸直手臂的最高点，用全手掌击球的中下部。击球时手指自然张开吻合球，手腕紧张并迅速做主动推压动作，使击出的球呈上旋飞行，击球后随着重心前移，迅速入场比赛。

（2）技术特点。

发球的准确性大，易于控制落点，并能充分地利用蹬地、转体、收腹动作带动手臂加速挥动，以及运用手腕的推压动作，可以加大发球的力量和速度，同时使球体上旋飞行，不易出界。

（3）技术难点。

抛球点的选择（右肩前上方）；击球动作（挥臂呈弧形状，全手掌击球中下部，手腕做推压动作，全身协调用力）。

2. 正面上手飘球

正面上手飘球是指采用正面上手发球的形式，击球力量通过球体重心，使发出的球不旋转而是不规则的飘晃飞行的一种发球方法。

（1）技术要领。

准备姿势：同正面上手发球动作。

抛球：同正面上手发球的动作。但上抛的最高位置距上身一臂左右，其高度比上手发球的高度稍低，稍靠前些。

挥臂击球：同正面上手发球一样做鞭甩动作。但击球前手臂的挥动轨迹不呈弧形，而是自后向前做直线运动。击球时，五指并拢，手腕稍后仰，用掌根平面击球的中下部，作用力通过球体重心。击球瞬间，手指、手腕紧张，手型固定，不加推压动作，手臂并有突停动作。

（2）技术特点。

面对球网站立，便于观察情况和瞄准目标，准确性较高，飞行路线和落点很难判断，攻击性较强。

（3）技术难点。

抛球点的选择（右肩前上方）；击球动作（挥臂呈直线，手掌根部击球后中下部，力量集中通过球体重心，击球后手臂突然停止或下拖）。

3. 正面下手发球

正面下手发球是指发球队员面向球网站立，手臂由后下方向前摆动，在体前腹部高度击球过网的发球方法（如图 4–27）。

图 4–27

（1）技术要领。

准备姿势：面对球网，两脚前后开立，左脚在前，两膝微屈，上体稍前倾，重心偏后脚，左手持球于腹前。

抛球：左手将球轻轻抛起在体前右侧，离手高约 20 厘米。在抛球之前，右臂伸直，以肩为轴向后摆动。

击球：借右脚蹬地力量，身体重心随着右手向前摆动击球而移至前脚上，在腹前以全手掌、掌根或虎口击球的后下方，随着击球动作重心前移，迅速入场。

（2）技术特点。

动作简单，容易掌握，失误少，准确性高。但由于击球点低，球速慢，力量小，攻击性较差。

（3）技术难点。

抛球点的选择（体前右侧）；击球动作（直臂摆动以肩为轴，击球时不屈肘，掌根部位击准球）。

4. 侧面下手发球

侧面下手发球是指发球队员侧对球网站立，利用蹬地转体的力量，带动手臂向前上方摆动，在腹前击球过网的发球方法。

（1）技术要领。

准备姿势：队员左肩对网，两脚左右开立，约与肩宽，两膝微屈，上体稍前倾，重心落在两脚间，左手持球于腹前。

抛球：左手将球平稳抛至胸前，距身体约一臂远，离手高约 30 厘米。

击球：在抛球的同时，右臂摆至右侧下方，接着利用右脚蹬地向右转体的力量，带动右臂向前上方摆动，在腹前用全手掌、掌根或虎口击球的右下方，击球后顺势使重心前移，迅速进场。

（2）技术特点。

动作较简单，容易掌握，可借助转体力量带动手臂挥动击球，比较省力，稳定性好，但攻击性较差。

（3）技术难点。

抛球点的选择（胸前，距身体约一臂远）；击球动作（转体带动手臂挥摆，全手掌、掌根或虎口击球后下部）。

（五）扣球

扣球是指队员跳起在空中，用一手或手臂将本方场区高于球网上沿的球，有力地击入对方场区的击球方法。扣球是排球基本技术中攻击性最强的一项技术，它在比赛中占有重要地位，是得分的主要手段，也是进攻中最有效的武器。扣球技术按动作可分为正面扣球、勾手扣球、单脚起跳扣球；按区域可分为前排扣球、后排扣球；按用途变化可分为快球类、自我掩护扣球类、其他变化类。下面重点介绍正面扣球。

正面扣球是指身体正对球网的扣球动作。它是扣球技术中最基本的一种方法（如图 4–28）。

图 4–28

1. 技术要领

准备姿势：一般采用稍蹲准备姿势，站在距离球网 3 米左右处，两臂自然下垂。

助跑：助跑时可采用一步、两步或三步助跑。下面以两步助跑为例加以说明：先左脚向前迈出一步，紧接着右脚跨出一大步，左脚及时并上，踏在右脚之前，两脚尖稍向右转，两臂由体前经体侧摆至体后上方，上体前倾，重心前移并降低重心，两膝弯曲并内扣，准备起跳（如图 4–29）。

图 4–29

起跳：在助跑跨出最后一步、左脚并上踏地制动的同时，两臂自后积极向前摆动，随着双腿蹬地向上起跳，两臂配合起跳有力地向上摆动。

空中击球：起跳后，挺胸展腹，上体稍向右转，右肩向上方抬起，身体成反弓形。挥臂时，以迅速转体、收腹动作发力，依次带动肩、肘、腕各关节成鞭甩动作，向前上方弧形挥动，在右肩前上方最高点击球。击球时，提肩、伸臂，五指微张呈勺形，以全掌包满球，击球的后中部，力量通过球体中心，手腕有推压动作，使球向前下方旋转飞行（如图 4–30）。

图 4–30

落地：空中完成击球后，身体自然下落，尽量用双脚的前脚掌先着地，同时顺势屈膝收腹，以缓冲身体与地面的撞击力，落下时保持平衡。

2. 技术特点

面对球网，便于观察，准确性较高。运动员可根据对方防守布局，随时改变扣球路线、力量，有利于控制球的落点，是最好的进攻方法。

3. 技术难点

助跑起跳动作的连贯性，起跳点、起跳时机的选择；挥臂击球动作（利用转体、收腹带动肩、肘，腕各关节向前上方成鞭甩动作挥动）；击球手法（五指微张，全掌包满球，击球后中部，同时主动用力屈腕、屈指向前推压）。

（六）拦网

拦网是在网前的队员，将手伸向高于球网处阻挡对方来球的动作。它既是防守技术，也是进攻手段（如图 4-31）。拦网技术一般分为单人拦网、双人拦网和三人拦网，下面只介绍单人拦网和双人拦网。

图 4-31

1. 单人拦网

(1) 技术要领。

准备姿势：面对球网，两脚平行开立，约与肩宽，两手自然置于胸前。

移动：可采用并步、跨步、滑步、交叉步、跑步等，将身体重心移动到拦网位置，准备起跳。

起跳：移动后立即制动，使身体正对球网后起跳，或在起跳过程中在空中使身体转向球网。起跳时，膝关节弯曲，两脚用力蹬地，两臂在体侧划弧用力上摆，带动身体向上垂直起跳。

空中击球：起跳后稍收腹，控制平衡，两手从额前沿网向上方伸出，两臂伸直，两肩尽量上提。拦击时，两手尽量伸向对方上空，接近球，两手自然张开，屈指、屈腕呈勺形。当手触球时，两手要突然紧张，手腕下压盖在球的前上方。

落地：拦网后自然落回地面，落地时屈膝缓冲。

(2) 技术特点。

不仅可以减轻后排防守的压力，而且可以直接将球拦死，具有一定的攻击性。

(3) 技术难点。

拦网队员的选位；起跳时机的选择；拦网的动作（伸臂动作和拦球动作）

2. 双人拦网

双人拦网是指两名队员相互靠近，同时起跳组成的拦网。

(1) 技术要领。

双人拦网主要由 2、3 号位或 3、4 号位队员组成。根据对方不同的进攻位置，其具体分工也不同。当对方从 4 号位组成拉开进攻时，应以本方 2 号位队员为主，3 号位队员移动靠拢协调配合拦网。如果球在网中央位置，则以 3 号位队员为主，2 号位队员进行配合拦网；

若对方从 2 号位进攻，则以本方 4 号队员为主，3 号位队员进行协调配合拦网（如图 4–32）。

图 4–32

（2）技术特点。

双人拦网是比赛中最常用的一种拦网形式，主要在对方大力扣球时采用。它比单人拦网多了一个人，所以攻击力更强。

（3）技术难点。

两人间的协作配合。

三、排球基本战术

（一）排球战术概述

1. 排球战术概念

排球战术是指运动员在比赛中根据排球运动的比赛规则，比赛双方的具体情况和临场变化，合理运用个人技术和全队队员相互协调配合的组织形式和方法。

自由人

新设置的自由人将是一名防守专家，可以在后排进行任意的替换，帮助本队抵御对手的进攻。自由人不得发球，拦网或是绕到前排，所以一般由一名身材矮小但是动作灵活的，能够迅速倒地救球使得比赛得以继续的球员担当。自由人可以自由替换，为了易于区别，自由人将穿上与其他队员不同颜色的衣服。

2. 排球战术的分类

排球战术可分为个人战术和集体战术两大类。个人战术又分为发球战术、接发球战术、二传战术、扣球战术、拦网战术、防守战术六个战术系统。集体战术又进一步分为接发球及其进攻（简称一攻）、接扣球及其进攻（防反）、接拦回球及其进攻（保攻）、接传、垫球及其进攻（推攻）四个战术系统。

（二）阵容配备

阵容配备是指合理地使用本队队员的一种组织手段。其目的在于把全队的力量有效地组织起来，最大限度地发挥每一个队员的特长和作用。根据各队不同的技术水平和战术特点，一般有以下三种阵容配备：

1.“四二”配备

由两名二传队员、四名进攻队员（其中两个主攻队员、两个副攻队员）组成，他们分别站在对角的位置上(如图 4–33)。这样每一轮次前排都有一个二传队员和两个进攻队员，便于组织前排二传传球的两点进攻和后排二传插上传球的三点进攻。

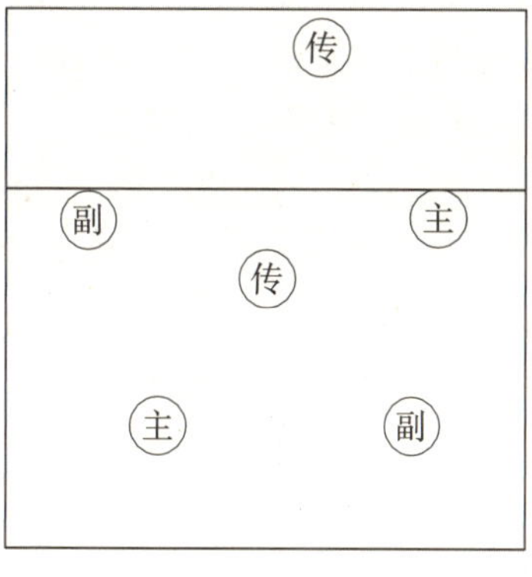

图 4–33

2.“五一”配备

由一个二传队员、五个进攻队员组成（如图 4–34）。为了弥补有时主要二传队员来不及传球所出现的被动局面，通常在二传队员的对角位置上，配备一名有进攻能力的接应二传队员。接应二传队员在前排时采用两点进攻，在后排时采用插上传球的三点进攻，由于前排三个都是攻手，可以加强进攻和拦网的力量。

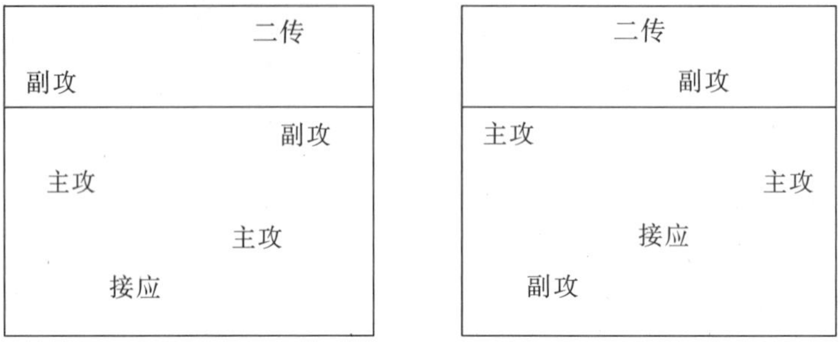

二传 2 号位　　二传 3 号位

图 4–34

3.“三三”配备

三名进攻队员与三名二传队员间隔站位，使每一轮次都有传有扣，是初学者常用的一种阵容配备。

（三）排球集体战术

排球集体战术是指运动员在比赛中，为突破对方防守或抑制对方进攻，灵活地运用合理的攻防技术，按照一定的形式，采取有组织、有目的、有针对性的集体配合行动。

1. 进攻战术

进攻战术是指在接对方发过来、扣过来、拦过来和传、垫过来的球后，全队所采取的有目的、有组织的配合进攻行动。进攻战术通常有三种进攻阵型。

（1）“中一二”进攻。

“中一二”进攻阵型，也称“中二三”进攻阵型，是指由 3 号位队员作二传，将球传给 2、4 号位队员或后排，三名队员进攻的组织形式（如图 4–35）。其优点是：一传的目标明确且容易掌握，有利于组织进攻；二传在网前接应一传的移动距离近，向 2、4 号位传球的距离较短，准确性较高。缺点是战术变化少，进攻点不多，对方容易识破进攻意图。

（2）“边一二”进攻。

“边一二”进攻阵型，也称“边二三”进攻阵型，是指由 2 号位队员作二传，将球传给 3、4 号位队员进攻或后排队员进攻的组织形式（如图 4–36）。优点是：两名进攻队员的位置相邻，便于组织各种进攻配合，战术变化较多。缺点是：对一传的要求较高，如 5 号位接一传时，向 2 号位垫球距离较远，控制球的难度大；对二传的传球及分配球的能力要求较高。

（3）“插上”进攻。

“插上”进攻阵型，也称“插二三”进攻阵型，是指二传队员从后排插上到前排做二传，把球传给前排 4、3、2 号位队员进攻的组织形式（如图 4–37）。

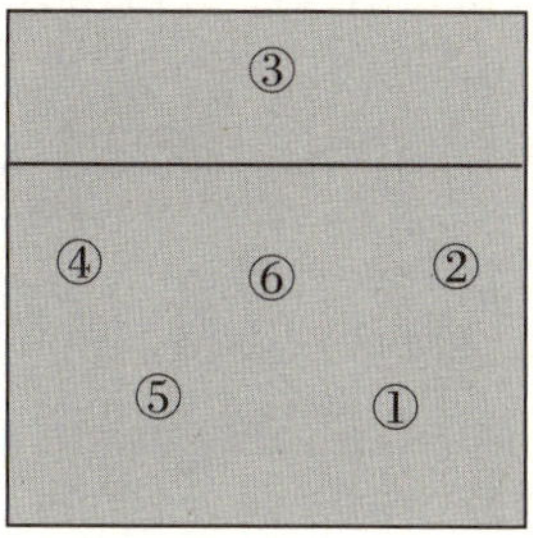

图 4–35

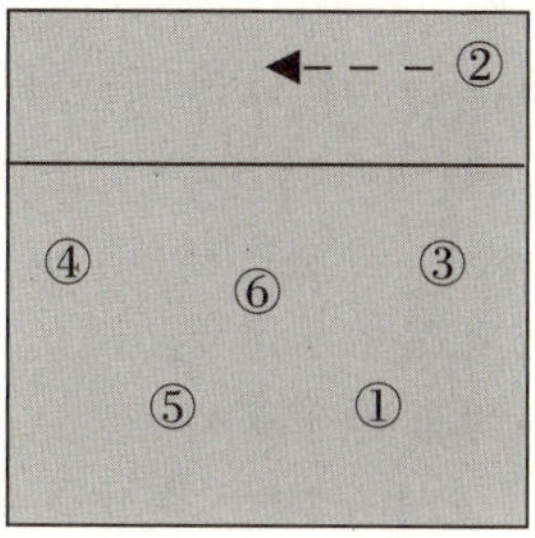

图 4–36

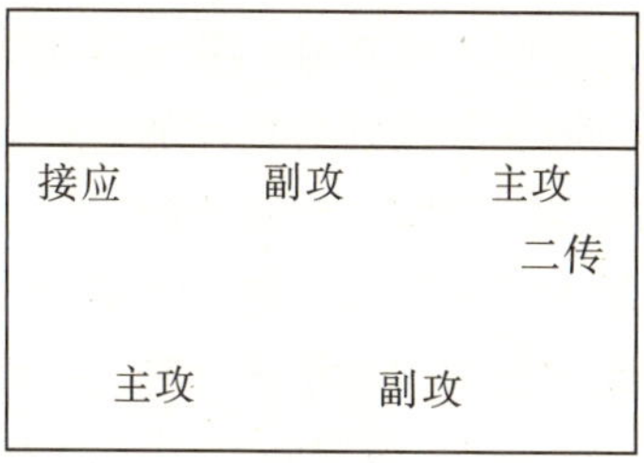

图 4–37

2. 防守战术

防守战术分为接发球防守、接扣球防守、接拦回球防守和接传、垫球防守战术。

(1) 接发球的防守战术。

接发球阵型的种类按其接发球人数，可分为 5 人接发球、4 人接发球、3 人接发球、2 人接发球。这里重点介绍 5 人接发球。

5 人接发球站位阵型，指除 1 名二传队员站在网前或从后排插上准备二传不接发球外，其余 5 名队员都负担着一传任务的接发球站位阵型。其优点是：队员分布均衡，每人接发球的范围相对减小；接发球时，已站成了基本的进攻阵型，组织战术比较方便，适合接发球水平不太高的球队。其缺点是：二传队员从 5 号位插上时距离较长，组织各种进攻难度加大；3 号位队员接球时，不便组成快攻战术，不利于队员间的及时换位，队员之间中间地带较多，配合不默契时，容易互相干扰。

场上队员的位置，根据本方采用的进攻战术及对方采用的发球战术的情况，常用下面两种基本站位。

“一三二”阵型站位（如图 4–38），其特点是 5 名队员分布均衡，每名队员接球的范围相对减小，职责分明。缺点是队员之间的交界点增多，会出现互相干扰、互抢互让的现象。

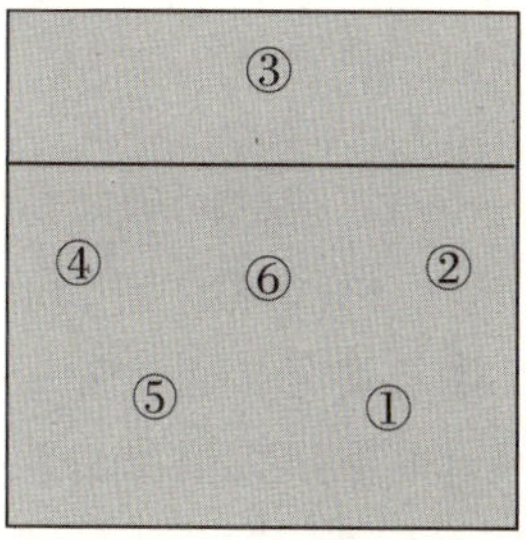

图 4–38

“一二一二”阵型站位，其特点是队员分布均衡，分工明确，有利于接边、角的发球和弧度高、速度慢、落点分散的球。缺点是不利于接对方发到场地中后区的大力球和飘球。

(2) 接扣球的防守战术。

根据前排拦网队员的多少，可将接扣球的防守阵型分为：无人拦网、单人拦网、双人拦网和三人拦网防守阵型。

①无人拦网的防守阵型。

无人拦网下的防守阵型是一种最简单的防守阵型。适用于初学者或在对方攻击力不强时，以及对方战术变化多导致本方无人拦网时采用。其站位方法与 5 人接发球的站位基本相同。

②单人拦网的防守阵型。

当对方进攻能力较弱时，或对方战术多变来不及组织集体拦网时，可采用单人拦网的防守阵型。单人拦网下的防守阵型主要有以下两种：

与对方队员相对应位置队员的拦网防守阵型。例如对方 4 号位队员进攻，应由本方 2 号位队员拦网，而 3 号位队员后撤防吊球，其他队员负责各自区域。

固定 3 号位队员拦网的防守阵型。

③双人拦网的防守阵型。

对方水平较高、进攻力量较强、进攻线路变化较多时，多采用这种防守阵型，即双人拦网。通常分为“边跟进”和“心跟进”两种防守阵型。

“边跟进”防守阵型：在对方攻击力较强、战术变化多、吊球较少时采用。例如，当对方 4 号位队员进攻时，我方 2、3 号位队员拦网，其他 4 名队员负责防守各自的区域。如遇对方吊前区，由边上 1 号位队员跟进防守（如图 4–39）。其优点是加强了拦网，防守对方大力扣球较为有利。缺点是球场中间空隙较大，防守较为困难。

“心跟进”防守阵型：在本方拦网能力强、对方采取打吊结合时采用。当对方 4 号位队员进攻时，我方 2、3 号位队员拦网，后排中心的 6 号位队员在本方拦网时跟在拦网队员之后进行保护，其余 3 名队员组成后排弧形防守（如图 4–40）。其优点是：加强了网前的防守能力；缺点是：后排防守队员之间的空当较大，防守力量减弱。

图 4–39

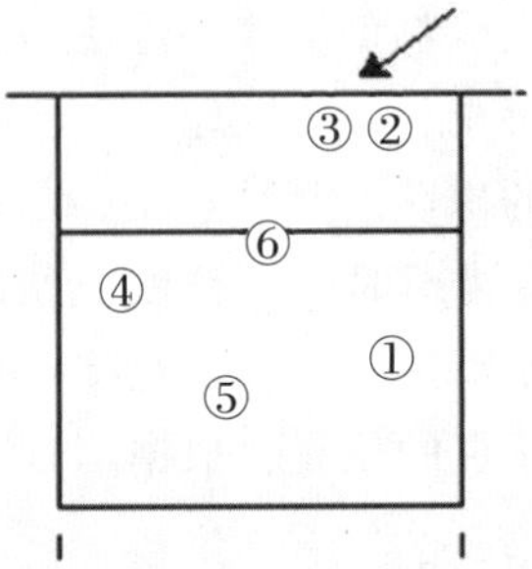

图 4–40

（3）接拦回球的防守战术。

接拦回球的防守阵型，应根据本方的进攻战术和对方拦网队员的情况，以及参加防守的人数来确定。通常采用 5 人、4 人、3 人等阵型。这里重点介绍 5 人接拦回球。

根据扣拦情况，5 人接拦回球可采用不同的站位：

①“三二”站位。这种站位的使用较为普遍，在对方拦网强、拦回球落点大多集中在网前时采用。以 4 号位进攻为例，3、5、6 号位队员组成第一道防线，1、2 号位队员组成第二道防线（如图 4–41）。

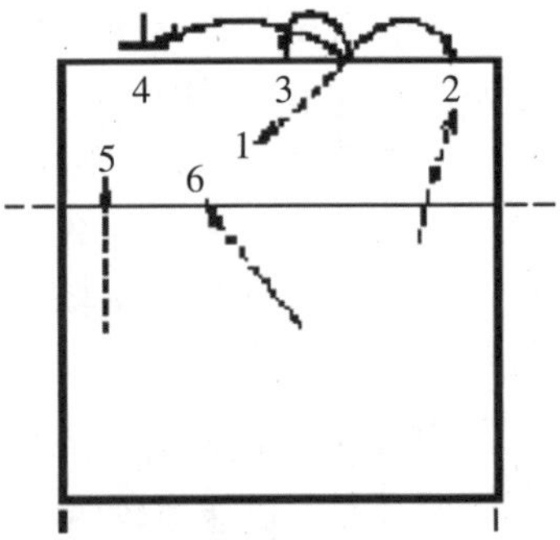

图 4–41

②“二二一”站位。这种站位在对方拦网球落点比较分散时采用。以 4 号位进攻为例，3、5 号位队员组成第一道防线，2、6 号位队员组成第二道防线，1 号位队员组成第三道防线。

③“二三”站位。这种站位在对方拦网能力一般，拦回球落地比较分散时采用。以 4 号位进攻为例，3、5 号位队员

组成第一道防线，1、2、6号位队员组成第二道防线。

(4) 接传、垫球的防守战术。

当对方无法组织进攻，被迫将球传、垫、挡过网时，本方的防守便称之为接传、垫球的防守。这种情况在初学者中出现较多，高水平比赛偶尔也会出现。可以采用“中、边一二”或“心二传”阵型，以利于组织各种进攻战术。

四、排球竞赛规则简介

(一) 比赛场地和设施

排球比赛场地包括比赛场区和无障碍区。比赛场区为18米乘9米的长方形。国际排联组织的世界性大型比赛场地边线外的无障碍区至少宽5米，端线外至少宽8米，比赛场区上空的无障碍空间从地面量起至少高12.5米。比赛场地的地面是浅色的，由木质或合成物质构成。比赛场区和无障碍区为两种不同的颜色，场区上所有的界线为白色，宽为5厘米。球网架设在中线上空，高度为男子2.43米，女子2.24米。球网为黑色，宽1米，长9.5~10米，网眼直径10厘米。球网上有两条宽5厘米、长1米的白色带子为标志带，分别系在球网的两端，垂直于边线。标志杆是有韧性的两根杆子，长1.8米，直径为10毫米，由玻璃纤维或类似质料制成。两根标志杆分别设置在标志带外沿球网的不同两侧。

(二) 比赛规则简介

1. 球队组成及基本规则

排球是一项集体比赛项目，每队由12名队员组成，两队各派6名队员在由球网分开的场地上进行比赛。

比赛的目的是各队遵照规则，将球击过球网，使其落在对方场区的地面上，而防止球落在本方场区的地面上。每队可击球3次（拦网触球除外），将球击回对方场区。比赛由发球开始，发球队员击球使其从网上飞至对方场区，比赛由此连续进行，直至球落地、出界或某一队不能合法地将球击回对方场区。

2. 五局三胜制

排球比赛采用五局三胜制，胜三局的队胜一场。比赛中，某队胜1球，即得1分（每球得分制）。接发球队胜1球时得1分，同时获得发球权，队员按顺时针方向轮转一个位置。每局比赛（决胜局第五局除外）先得25分并同时领先对手2分的队胜一局。当比分24:24时，比赛继续进行至某队领先2分（如26:24、27:25）为止。决胜局先得15分并同时领先对手2分的队获胜。当比分为14:14时，比赛继续进行至某队领先2分（如16:14、17:15）为止。

3. 发球犯规

发球犯规包括发球击球时的犯规和发球击球后的犯规。

(1) 发球击球时的犯规。

①发球次序错误；

②发球队员在击球时或击球起跳时踏及场区（包括端线）或发球区以外的地面；

③发球队员在第一裁判员鸣哨允许发球后8秒钟内未将球击出；

④球未被抛起或持球手未清楚地撤离就击球；

⑤双手击球或单手将球抛出、推出；

⑥将球抛起准备发球却未击球。

（2）发球击球后的犯规。

①球触及发球队其他队员或球的整体没有从过网区内通过球网的垂直平面；

②球越过发球掩护的个人或集体（在发球时，某一队员或两名以上队员密集站位或挥臂跳跃、移动遮挡接发球队员，且发出去的球从他或他们上空飞过，则构成个人或集体发球掩护犯规）；

③界外球。

4. 位置错误

排球规则规定，当发球队员击球时，如果场上队员不在其正确位置上，则构成位置错误犯规。下列情况均为位置错误犯规：

（1）发球队员击球时，场上其他队员未完全站在本场区内；

（2）发球队员击球时，场上队员未按“每一名前排队员至少有一只脚的一部分比同列后排队员的双脚距中线更近”的规定站位；

（3）发球队员击球时，场上队员未按“每一名左边（右边）队员至少有一只脚的一部分比同排中间队员的双脚距左（右）边线更近”的规定站位。

5. 击球时的犯规

（1）连击犯规。

排球比赛时，运动员身体任何部分均可触球，但一名队员（拦网队员除外）连续击球两次或球连续触及其身体的不同部位即为连击犯规。但在第一次击球时，允许队员在同一击球动作中，球连续触及其身体的不同部位。

（2）持球犯规。

排球运动员在比赛中，身体的任何部位均可触球，但球必须被击出，不得接住或抛出，否则即为持球犯规。

（3）四次击球犯规。

一个队连续触球四次（拦网除外）为四次击球犯规。队员不论是主动击球还是被动触及，均算该队员击球一次。

（4）借助击球犯规。

队员在比赛场地内借助同伴或任何物体的支持进行击球，皆为借助击球犯规。

6. 队员在球网附近的犯规

（1）队员在球网附近的犯规包括过网击球犯规、过中线犯规、触网犯规和网下穿越进入对方空间妨碍对方比赛犯规等。

（2）对方进攻性击球前或击球时，在对方空间触及球为过网击球犯规。

（3）比赛进行中，队员整只脚、手或身体其他任何部位越过中线并接触对方场区，为过中线犯规。

（4）比赛过程中，队员触网或触标志杆不是犯规。但队员在击球时或干扰比赛情况下的触网或触标志杆为犯规。队员击球后可以触及网柱、全网长以外的网绳或其他任何物体，但不得影响比赛。

(5) 比赛过程中，在不妨碍比赛的情况下，允许队员在网下穿越进入对方空间。若网下穿越进入对方空间的队员妨碍了对方比赛，则为犯规。

7. 同时击球

双方队员或同队队员可以同时触球。同队的两名或两名以上队员同时触到球，被计为两次或两次以上击球（拦网除外）。双方队员在网上同时击球后，如果球落入场内，应继续比赛，获得球的一方仍可击球三次。

8. 拦网犯规

拦网犯规包括过网拦网犯规、后排队员拦网犯规、拦发球犯规和从标志杆外伸入对方空间拦网犯规几种情况。

(1) 在对方进攻性击球前或击球时，在对方空间拦网触球为过网拦网犯规。判断过网拦网的依据是进攻队员与拦网队员触球时间的先后。

(2) 后排队员或后排自由防守队员完成拦网或参加了完成拦网的集体，为后排队员拦网犯规。

(3) 拦对方发过来的球为拦发球犯规。

(4) 从标志杆外伸入对方空间拦网并触球为拦网犯规。

名人录　郎平，汉族，1960年12月10日出生，原中国排球队著名运动员。凭借强劲而精确的扣杀而赢得“铁榔头”绰号。曾入选第二届中国体育劳伦斯奖十佳名单（1980年）。1982年获得世界女子排球锦标赛“MVP”。1984年获全国“三八红旗手”。1996年获得国际排联颁发的“世界最佳教练”，正式入选排球名人堂，成为亚洲排球运动员中获此殊荣的第一人。2013年出任中国女排国家队主教练，2014带领中国女排获得女排世锦赛亚军，2015年带领中国女排获得女排世界杯冠军。

第三节 足球运动

学习要点：

1. 了解足球运动基本知识；
2. 掌握足球基本技术和战术；
3. 能够把所学技战术运用到比赛中。

一、足球运动简介

足球，有“世界第一运动”的美誉，是全球体育界最具影响力的单项体育运动。它是参加竞赛的两个队以球门为攻守目标，以争夺、控制球为前提，在特定规则规定的场地上，运用个人或整体的各种战术配合和特长构成总体攻守阵势，开展以控制球、踢进球、守护球门以及在瞬间转换攻守，以求进球得分多而取胜的一项体育项目。

现代足球起源地是在英国。传说在 11 世纪，英格兰与丹麦之间有过一场战争，战争结束后，英国人在清理战争废墟时发现一个丹麦入侵者的头骨，出于愤恨，他们便用脚去踢这个头骨，一群小孩见了便也来踢，不过他们发现头骨踢起来脚痛，于是用牛膀胱吹气来代替头骨——这就是现代足球的诞生。1862 年，在英国成立了第一个足球协会（英足总），并统一了足球规则。从 1900 年的第 2 届奥运会开始，足球被列为奥运会正式比赛项目，但它不允许职业运动员参加。1904 年 5 月 21 日，国际足联在巴黎成立。1904 年，英国、法国、荷兰、比利时、西班牙、瑞典和瑞士七个国家的足球协会在法国成立了国际足球联合会。1930 年起，每 4 年举办一次世界足球锦标赛（又称世界杯足球赛），比赛取消了对职业运动员的限制。

足球运动具备良好的群众基础，其趣味性、健身性的特点，吸引了广大青少年的热心参与，是人们进行身体锻炼的主要运动项目之一。

二、足球基本技术

（一）进攻技术

1. 踢球

（1）脚内侧踢球。

技术要领：踢球时脚内侧部位要正对出球方向，踝关节要紧张固定；踢球脚在触球时脚掌要保持与地面平行；支撑脚的脚尖要与球的前缘保持平行。练习中容易出现的问题有：踢球腿、膝、踝关节外展不充分，影响击球效果；踢球腿直腿踢球，出球乏力；脚型不固定，出球不顺畅。开始练习时，踢球的力量可小些，等踢球动作熟练一些时，可逐渐加大踢球的力量（如图 4–42）。

图 4–42

技术特点：脚与球接触的面积大，出球准确平稳，易于接球和掌握，而且使用方便，是保持控球权的有效手段。但传球的力量相对较小，不宜长距离传球和射门，且传球的隐蔽性差，同时在快速奔跑中完成此类传球也是不易之事。

(2) 脚背正面踢球。

技术要领：踢球脚在触球时踝关节要紧张固定，脚跟提起，脚尖正对出球方向，膝关节微屈，两臂自然张开。练习中容易出现的问题有：支撑脚选位不当，影响发力；脚型不正确，影响出球力量和方向；踢球腿摆踢球线不直，出球方向不正（如图 4–43）。

技术特点：脚背部位与球的接触面较大，传球力量大，准确性较高，隐蔽性强，常用来做长传和射门。但是，出球方向的变化相对较小，踢出的球一般都是直线球，较少用于搓球或抽击性的旋转球。

图 4–43

(3) 脚背外侧踢球。

技术要领：踢球脚在触球时踝关节要紧张固定，脚跟提起，脚尖向内扣斜下指，踢球腿的膝关节要弯曲并且稍向内扣。踢直线球时脚背外侧面要向出球方向摆出；踢弧线球时踢球腿要向支撑脚的侧前方摆动，脚背外侧要略侧对出球方向摆出。练习中容易出现的问题有：摆腿时髋关节内转或直腿击球，击球发力不足；膝、踝内旋不够，影响击球准确性；击球一刹那，脚型不稳（如图 4–44）。

图 4–44

技术特点：该类动作隐蔽性较强，它可以传各种距离的弧线球、非弧线球、地滚球、空中球、反弹球等。比赛中脚背外侧踢球较多的用于各种长传、隐蔽性的短传配合。

2. 接停球

(1) 脚内侧接停球。

技术要领：身体重心要稳，接停球脚要能够自由摆动。在接停球触球过程中，接停球前触球脚要先向前迎球，当球即将触及脚时快速回撤，在回撤过程中触球。触球脚在触球时踝关节要适当紧张，触球部位要正确，两臂要自然张开，保持身体的平衡（如图 4–45）。

技术特点：脚内侧接触球面积大并且运用频率最高，动作简单，较易掌握，在比赛中经常使用这种技术去

脚适当放松，并随球一起后撤。

从球的下面切削球，把球停止在自己的控制范围内。

在接球的一瞬间脚后撤。

图 4–45

接停各种地滚球、平空球、反弹球、空中球。但脚内侧接停球时，脚必须外转。

（2）脚底接停球。

技术要领：当球接近于体前时，一条腿支撑维持平衡，另一条腿脚尖翘起，脚跟稍离地面，以脚掌对准来球方向，当球刚接触脚掌时，脚踝轻轻下压，支撑腿膝关节配合做适当弯曲以缓冲来球力量。练习中容易出现的问题有：抬脚的高度与角度控制好，使球漏掉；对球的落点判断不准；踏压时机掌握不好（如图4–46）。

图 4–46

技术特点：在接停身前的高球和反弹球时常用该技术，脚底控球时要触球的后上部，使球同时接触脚底和地面。此动作便于掌握，使用方便，但不足之处是接停球后的运行方向变化小，隐蔽性差。

（3）大腿接停球。

技术要领：面对来球，停球腿以大腿中部对准来球，屈膝稍抬大腿，当大腿触球的刹那，随球后撤，使球落在与下一个动作衔接所需要的位置上。练习中容易出现的问题有：膝、踝关节外展不够，影响触球角度；控球不稳；重心跟进慢；接、控动作脱节（如图4–47）。

图 4–47

技术特点：接触球的面积大，缓冲性好，接停球平稳。比赛中一般可以用来接抛物线较大的高空球和略高于膝盖的低平球。技术动作既容易掌握，成功率又高。

3. 运球

（1）脚背正面运球。

技术要领：上体稍前倾，正对运球方向，支撑脚的位置一般要在球的侧后方，步幅不宜过大，运球腿提起，膝关节稍屈，髋关节前送，提踵，在着地前用脚背正面部位触球后中部将球推送前进。练习中容易出现的问题有：运球脚推拨球部位不当，难以控制运球的力量和方向；膝、踝关节僵硬，控球困难；支撑脚偏后，重心滞后，导致人球分离（如图4–48）。

图 4–48

技术特点：用脚背正面部位触球后中部推拨球前进，由于运球向前时，是正常跑动姿势，故可以发挥出较快的速度，因而多用在前方一定距离内无对手阻拦时。但是，由于脚背正面运球往往是直线快速推进，技术动作单一，变化较少，所以运球时不易改变方向。

（2）脚背外侧运球。

技术要领：身体重心要稳并紧随球走，上体稍前倾，侧对运球方向，步幅不宜过大，运球腿提起，膝关节稍屈，髋关节前送，提踵，在运球脚落地前用脚背外侧推拨球的后中部。练习中容易出现的问题有：运球脚直腿前摆，难以控制推拨球力量；身体重心偏高或滞后，影响重心跟进（如图 4–49）。

图 4–49

技术特点：脚背外侧运球时，身体姿势与正常跑动时相同，因而可以发挥出较快的速度，故与脚背正面运球有相同的用途。另外，利用脚踝的动作可以很快改变脚背外侧面所正对的方向，故在运球脚一侧改变方向时也多采用这种运球方法。

(3) 脚背内侧运球。

技术要领：身体稍侧转，并自然协调放松，步幅小，上体前倾，侧对运球方向，运球腿提起外展，膝盖微屈外转，提踵，脚尖外转，支撑脚的位置要在球的侧后方，在运球脚落地前用脚背内侧推拨球，使球随身体前进。练习中容易出现的问题有：身体中心过高或侧倾不够，影响运球变向；推拨球动作不稳定，影响控球效果（如图 4–50）。

图 4–50

技术特点：脚背内侧运球由于身体稍侧转，因而不能采用正常跑动姿势，不适用于高速运球。但由于接触部位和支撑位置的特点易于完成向支撑一侧的转动，故多用于向支撑脚一侧的转动变向运球。

4. 射门技术

技术要领：步法、步点要准确；脚法和击球部位要准确；击球一瞬间要集中力量；在门前对球的动向、对手动向、同伴的动向等方面要能正确预测与判断（如图 4–51）。

图 4–51

技术特点：射门方法较多，可以根据场上的情况，包括防守队员的位置、守门员的位置以及射门角度，选择有效的射门方法。由于比赛场上变化较快，要在短时间内做出正确选择，不仅要求队员能够掌握较多的方法，而且必须熟练掌握，才能在比赛中运用自如。

(二) 防守技术

1. 断球技术

技术要领：对于对方的传球路线、传球的时间、力量、落点要有预见性；起动要迅速果断，动作要突然；断球的技术动作是踢球、顶球、铲球、接停球等的综合运用。一般凡要直接传、射或破坏的断球，均需要用踢球、顶球、铲球动作来完成。

技术特点：断球是抢球技巧中最积极、最主动的方法，但也是难度最大的抢球手段。它要求防守队员具有丰富的经验、敏锐的观察和判断能力。

2. 抢球技术

（1）正面抢球。

技术要领：当进攻者迎面运球而来，防守者抢球腿向前跨步，脚内侧对准球堵抢。该技术动作防守面积大，在比赛中运用较多（如图 4–52–1）。

图 4–52–1

（2）侧面抢球。

技术要领：当防守者处于控球者体侧时，运用合理冲撞，使对手失去对球的控制（如图 4–52–2）。

图 4–52–2

（3）背身抢球。

技术要领：背身抢球用于攻防队员背向进攻方向控制球时，背身抢球的首要目的是竭力限制进攻队员转身（如图 4–53）。

图 4–53

抢球练习中容易出现的问题有：时机把握不好；动作缺乏力度；重心跟进不及时。

抢球技术特点：抢球是在争球过程中运用身体对抗获得球权的方法，是争夺控球权的主要手段。抢球成功，意味着进攻开始。抢球技术在每个位置上的运用各有不同。抢球要稳、准，如果盲目抢球会给球门带来威胁。

3. 封堵技术

（1）正面封堵。

技术要领：正面封堵可以控制对方展开快攻，为本队及时回防争得时间。正面封堵，可分为封堵内线，迫使对手走边路，不让其推进到本方门前；封堵边路，迫使对方走中路，抑制对方的边路进攻；封堵进攻方向前、向边的进攻路线，迫使其横向移动，阻止其向前渗透和威胁性进攻。

（2）背身封堵。

技术要领：不能贴盯对手太紧，要与之保持适当距离，以便看清对手脚下的球，而不受对手身体、下肢假动作的晃骗，避免盲目乱抢、推拉，造成犯规。

封堵技术特点：封堵是常用的防守手段，当对球失去控制转入防守的时候，封堵能够阻止对方发动快速反击，赢得调整防守的时间。运用时应准确掌握封堵时机，如运用不当，容易造成犯规。

4. 铲球技术

（1）脚内侧铲球。

技术要领：防守队员准确判断距离和铲抢时机，以靠近对手的腿作为支撑腿，铲球时支撑腿用力蹬地，铲球腿迅速前伸下滑，上体后仰，用脚内侧或脚底部位击球，使进攻队员失去对球的控制（如图 4–54）。

图 4–54

（2）脚外侧铲球。

技术要领：防守队员判断好铲球的时机和距离；用靠近持球队员的那侧脚作为铲球脚；铲球时，支撑腿用力后蹬，铲球腿迅速下滑前伸，上体后倾，用脚外侧部位击球（如图 4–55）。

图 4–55

铲球技术特点：铲球技术能够有效地扩大防守范围，已被广泛的运用到现代足球比赛中。但是危险性较大，初学者不宜使用，应具有一定自我保护能力后逐步尝试。另外，如果动作不规范，也会给对方带来伤害。

（三）守门员技术

1. 接球

（1）接地滚球。

技术要领：两手掌靠拢，两小指平行且靠拢，手触球后将球收入胸部（如图 4–56）。

图 4–56

（2）接高球。

技术要领：接高空球时两臂向上方伸出，两拇指相对呈“八”字形，手指微屈，当手触球时，手指、手腕有力将球接住，并顺势屈肘、张腕，将球收于胸前 （如图 4–57）。

图 4–57

练习中容易出现的问题有：屈臂收球不夹肘，导致漏球；引撤缓冲时机不好；手型太小，接球不稳。

2. 击、托球（如图 4–58）

（1）双拳击球。

技术要领：面对来球，运用双拳形成的平面，击球的下部，将球击向高远处。

（2）单拳击球。

技术要领：一般对横向来球抢空间时采用，应该以同侧拳去击球。单拳击球，动作灵活，手臂摆动幅度大，击球力量大。

图 4–58

（3）托球。

技术要领：手指张开，手掌向上翻，用手掌前部触球，使球改变运行轨迹。

练习中容易出现的问题有：用手掌前部托球，力度不够；伸臂和顶托动作脱节，影响动作发力。

3. 扑接球

（1）扑地面球。

技术要领：异侧脚用力蹬地，身体充分伸展，向同侧脚方向倾倒，落地时以小腿外侧、大腿外侧、臀、上体侧面依次着地。身体倾倒时，手快速向球伸出，保持手型，一手置于球的后部，另一手置于球的后上方，接球后身体随势侧移（如图 4–59）。

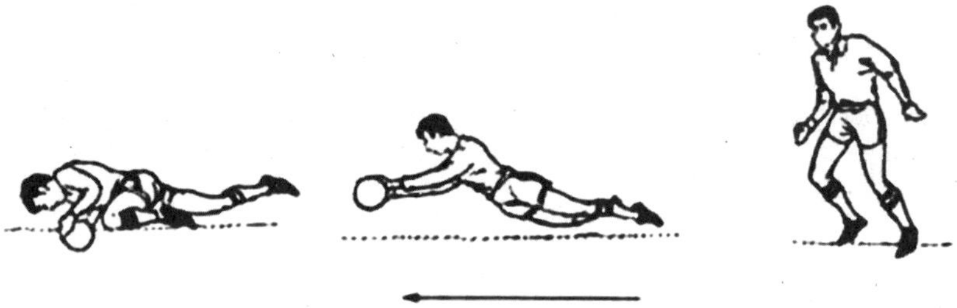

图 4–59

（2）扑脚下球。

技术要领：用小步幅，低重心封住和缩小对手的射门角度。当对手运球着地瞬间，守门员近侧脚用力蹬地扑向球，落地顺序为肘、肩、上体侧面并尽可能团身将球收至胸前（如图 4–60）。

图 4–60

（3）扑平、高球。

技术要领：用近侧脚用力蹬地，两手向脚用力方向伸展，带动身体向空中跃起，接球后以肘、肩、上体外侧依次着地（如图 4–61）。

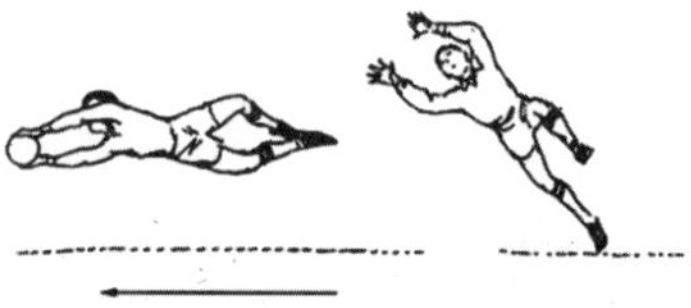

图 4–61

练习中容易出现的问题有：迎球侧跨步时，上体不做压扑动作，影响倒地速度；手臂伸出不一致，影响手型，接球不稳；侧蹬发力时身体重心倾移速度慢，影响蹬离速度。

二、足球基本战术

（一）进攻战术基础配合

1. 传切配合

传切配合是指通过控球队员的传球与无球队员的空切，突破对方防守的一种战术配合方法，是两人之间最为简单、也是比赛中运用最为普遍的配合形式。传切配合，又叫“一传一切”配合。配合时，控球队员要把握传球的时机，并控制好传球的方向与力量；跑位队员要明示切入的方位、时间，起动要突然、快速，并用身体掩护住球。

（1）局部传切配合。

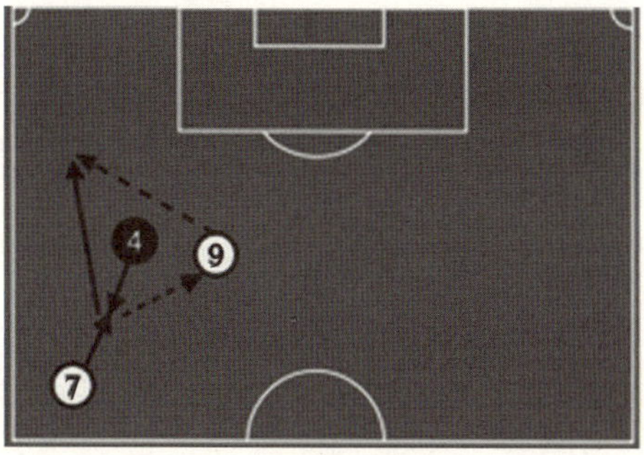

图 4–62

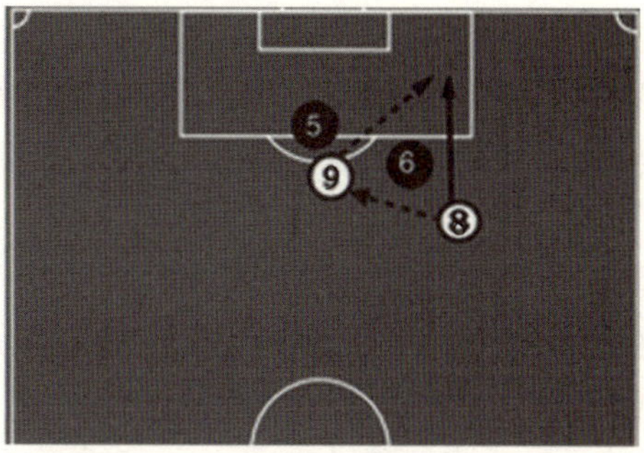

图 4–63

按传切的线路可分为直传斜切、斜传直切和斜传斜切。边路进攻多采用直传斜切和斜传直切配合方法（如图 4–62）⑦号运球逼近黑色④号，传球给⑨，⑨接球传，⑦摆脱④号直跑接球；中路进攻多采用斜传直切和斜传斜切的配合方法（如图 4–63）。⑧传球给同伴⑨，⑨接球后斜传，⑧再直插接球。

（2）转移长传切入。

一侧进攻受阻，长传转移到另一侧，切入队员得球后展开进攻。

传切配合成功的要素：控球队员要在跑位队员刚一起动时传球，并且控制好传球的力量与方向；跑位队员要在控球队员传球的一刹那起动，并且突然加速。

2. 交叉掩护配合

交叉掩护配合是指在局部地区两名进攻队员在运球交叉换位时，以自己身体掩护同伴越过防守队员的配合方法（如图 4–64）。

交叉掩护配合成功的要素是：(1)运球队员必须用自己的身体护住球，并挡住两名防守队员，将球交递给同伴后，要继续向前跑动。(2)接球队员必须主动迎面跑向运球同伴，交叉距离贴近，接球后快速向前运球。(3)持球队员用远离防守者的脚带球，将身体置于球与对手之间保护球，完成配合后要继续跑位进攻。(4)接球切入队员要靠近运球同伴，以接应之势迷惑对手，选择有利时机突然起动，接着带球越过对手。

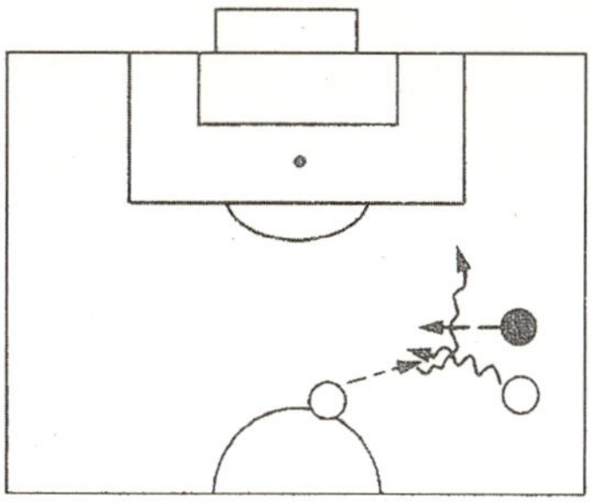

图 4–64

3. 二过一配合

二过一配合是指在局部地区两名进攻队员通过两次连续传球配合，越过一名防守队员的配合方法。二过一配合的基本形式有：传切配合二过一、踢墙式二过一、交叉掩护二过一、回传反切二过一等。

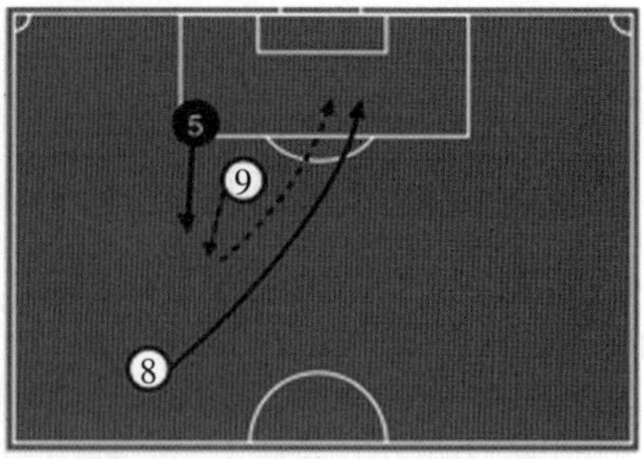

图 4-65

（1）踢墙式二过一。

是指两名进攻队员通过两次不停顿的传切配合传球，越过一名防守队员的配合方法（如图 4-65）⑧将球传给⑨一次触球把球传给插上的⑨。

踢墙式二过一对带球队员的要求：①带球逼近防守队员，吸引防守队员上前，距离防守队员 2~3 米处时传球。②最好传地滚球，力量适当，方向准确。③传球后立即快速切入准备接球。

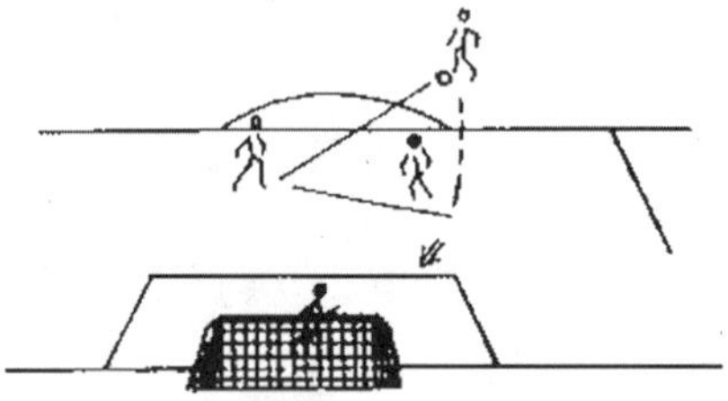
图 4-66

踢墙式二过一对接应队员的要求：①当控球同伴带球逼近防守队员时，接应队员要突然摆脱防守者，与持球同伴和起动点形成三角形站位，并侧对进攻方向，有利于观察传球方向。②一次触球，力量适当，传球到位，尽量传地滚球。③传球后立即跑位，寻找再次进攻配合的有利位置。

（2）回传反切二过一。

是通过三次传球构成的配合方法。（如图 4-66）

回传反切二过一对持球队员的要求：①持球队员距接球队员 8~10 米处传球。②要向接球队员脚下传球，力量应稍大些。③接回传后，迅速转身，插向防守队员身后的空当。

回传反切二过一对反切队员的要求：①回撤接球要逼真，以引诱防守队员实施紧逼，制造防守队员身后的空当。②回传球应传脚下球，传球力量稍大些。③回传后，迅速转身，插向防守队员身后的空当。

图 4-67

4. 边路进攻

边路进攻是指在对方半场两侧地区发展的进攻。特点是能充分利用场地的宽度，拉开对方的防线，进而突破对方的防线，然后采用传中等手段，创造中路射门得分机会。边路进攻传中的方式有外围传中、边路传中、下底回扣传中、两肋突破传切配合(如图 4-67)。

（1）传中的时机。

①防守方队员与进攻方队员同时面向球门跑动时。

②突破边后位的防守，补防的中后卫尚未封堵住传中路线时。

③对方后卫线与守门员之间有较大空当、本方队员有可能切入时。

④当防守队员贸然出击、选位不当时。

⑤本方队员已经插上和包抄到位时。

(2) 传中的落点

传前点球应低平有力，传后点球应有一定高度。除高度外，传中球还应加侧旋，有利于包抄射门。

5. 中路进攻

中路进攻是指在对方半场中部发动的进攻。特点是：进攻投入的人数多，层次深，配合点多，面广，射门角度大，破门机会多。但防守人员较密集，纵深保护有力，突破难度大（如图 4–68）。

图 4–68

中路进攻方式：①运球突破。要求在很小的范围内，具有接、传、突一气呵成的运球技术，抓住空当突然射门。②踢墙式二过一配合，中场突破空间小、时间短，要求有针对性地突然转换传球方向、高度，在对方人缝中传切配合，突破射门。③运球交叉掩护配合，中锋与前卫或边锋利用斜向运球交叉换位掩护同伴突破射门。

6. 转移进攻

转移进攻是指中路进攻受阻转移到边路组织进攻，或者边路进攻受阻转移到中路，或另一侧边路组织进攻。其特点是充分利用场地的空间和足球比赛进攻没有时间和传球次数限制的规则，及时转移攻击点，迫使对方防线横向扯动，出现空当，从而成功地突破防线。

(1) 进攻受阻的明显标志，是防守局部人数明显超过进攻局部人数，而且防守能力很强，进攻难以奏效，应及时转移。

(2) 队员的视野要广，转移进攻点的意识和观察分析、审时度势的能力要强，才能及时把握转移的时机。

(3) 转移进攻最好有组织者和信号。组织者一般应是突前前卫或拖后前卫。

(4) 转移进攻全队思想要统一，行动要积极，特别是一侧边路进攻转移到另一侧边路进攻时，前卫、边后卫要及时插上。

(二) 防守战术基础配合

1. 保护

保护是指在逼抢持球对手的同伴身后，选择适当位置协防并阻止对方突破的战术配合行动。

(1) 保护队员与逼抢队员的距离，根据不同场区应有所不同：后场 3~5 米，中前场 4~8 米。根据持球队员的不同特点，也应有所变化：对技术型队员距离应近些，对速度型队员距离应稍远些。

(2) 保护队员与逼抢队员的角度一般应选位 45 度角，偏向球的一侧。如果同伴堵内放外，保护队员选位角度偏向外线；如果同伴堵外放内，保护队员选位角度应偏向内侧。

(3) 二防一时，全力保护、夹击。二防二时，既要保护同伴防突破，又要兼顾自己应盯防的对方接应队员二防三时　主要是延缓对方进攻速度，争取其他队员的回防时间。

2. 补位

补位是指防守队员弥补同伴在防守中出现漏洞时所采取的相互协助的战术配合。

(1) 弥补插上的卫线队员的防守空位。当前卫或后卫队员插上进攻退守不及时，邻近的队员应暂时弥补它的空位，以防对方利用这一空当进行快速反击。

(2) 当同伴被突破后，保护队员要及时补位防守，将球夺回来或阻断其进攻路线。被突破的队员应立即后撤，选择适当位置，转化为保护队员。

(3) 守门员出击时，后卫队员要及时回撤到球门线附近，选位弥补守门员的位置，防止守门员出击失误。

3. 围抢

围抢是指在特定场区，两个以上的防守队员突然、快速、有效地多方位夹击对方控球队员，把球抢夺回来或破坏掉的战术配合。

(1) 要想围抢成功，围抢一方不可疏漏。因为一旦被突破，就会在其他区域形成以多攻少的被动局面。

(2) 围抢时应贴身紧逼，但不可犯规。特别是在门前，一旦犯规被罚点球，将造成不可挽回的损失。

4. 区域盯人防守

由攻转守时，根据场上位置的分布和职责分工，每个防守队员负责防守一定区域。当对方某一队员跑入该区时，就负责盯防；离开这个区域，就不再跟踪盯防。这种防守战术较为节省体力，能防守住进入本防区的进攻队员。但是，对方可以任意交叉换位，容易造成局部地区以少防多的被动局面，并且在邻近位置的结合部容易出现漏洞。因此，在比赛中已经很少采用这种防守方法。

虽然区域盯人防守规定了每名防守者的防守区域，但防守队员之间必须有协防的意识。当某一区域防守失败时，邻近区域的防守者必须及时补位，被突破者则应与他及时换位，以求得整体防守的平衡。另外，值得注意的是区域与区域之间结合部的防守，这一部位往往由于防守者对职责不清或防守不够默契，容易造成混乱，给进攻者造成机会。

5. 人盯人防守

人盯人防守是指每个防守人各自都有明确的防守对象，对手跑到哪都要紧跟盯防到哪。人盯人防守，分为全场人盯人、半场人盯人和后场人盯人防守。人盯人防守的特点是：分工明确，责任具体，盯防效果好。但体能消耗大，防守队形、防线容易被拉乱。一旦突破，不易弥补。因此，目前比赛很少有单纯采用人盯人防守方法的（如图 4-69）。

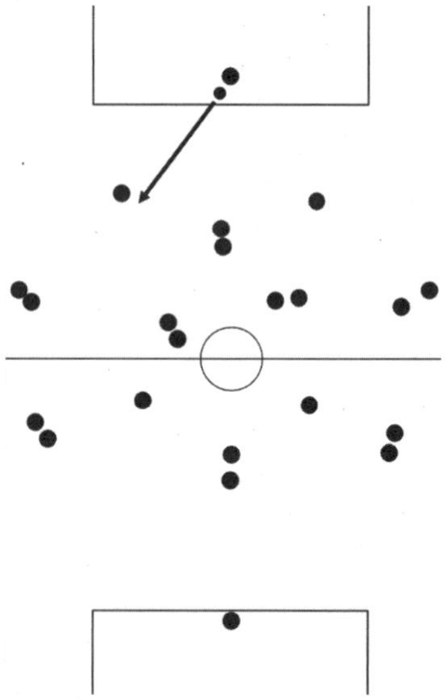

图 4-69

6. 混合盯人防守

混合盯人防守是指盯人防守与区域防守相结合的防守方法。在比赛中场常被采用。它集中了盯人防守和区域防守的优点。对对方中场组织队员和前场攻击队员进行人盯人冻结防守，其他队员采取区域盯人防守。

三、足球竞赛规则简介

（一）比赛场地

足球比赛场地可采用天然草皮或人造草坪。边线外要有大于 2 米的草皮边缘，在中线的两侧还要各配置一个距边线至少 6 米的带顶棚的替补席。比赛场地线与广告牌的距离不得小于 4 米，离球门线后不少于 5 米，至角旗处不得少于 3 米。

（二）比赛规则简介

1. 比赛时间

正式的国际足球比赛分为上、下两个半场，每半场 45 分钟，中间休息 15 分钟。

2. 队员人数与换人

每队上场 11 名队员，其中包括一名守门员。如果一队的场上队员少于 7 人，则判该队弃权。一场比赛每队最多能换 3 名队员；场外和场上队员未经裁判员许可不能擅自进出场地。比赛时，守门员和其他队员的位置不能随意交换，如需要交换，须经过裁判员同意。

3. 裁判员

一场正式的足球比赛由 4 名裁判员担任裁判工作：一名主裁判员，两名助理裁判员，一名替补裁判员（第四官员）。

（1）主裁判员的职责：有场上最终判决权，决定比赛时间是否延长、比赛是否推迟和中止。

（2）助理裁判员的职责：示意越位及球出界，协助主裁判员的场上判罚，但没有最终判决权。

4. 比赛判罚

足球比赛的判罚分两种：一种是直接任意球的判罚。主要是针对恶意踢人、打人、绊倒对方的行为；另外用手拉扯、推搡对方，手触球也属于这一类；还有辱骂裁判员、辱骂他人也要判罚直接任意球。这种任意球可直接射门得分。如果这些行为发生在禁区内，就要判罚点球；另一种是间接任意球的判罚。危险动作、阻挡、定位球的连踢就属于这一类。这种任意球不能直接射门得分，必须经第二个人触球后进球才算有效，禁区内这种犯规不能判罚点球。

无论是直接任意球还是间接任意球，防守方都要退出 9.15 米线以外。如果不按要求退出 9.15 米，裁判员可出示黄牌。

点球：在禁区内直接任意球的犯规要判罚点球。罚点球时，双方队员不能进入禁区。如防守方进入禁区，进球有效，不进则重罚；如进攻方进入禁区，进与不进球均无效，由对方罚任意球。在罚点球时，守门员可以在球门线上左右移动，但不可以向前移动。

5. 红、黄牌

足球裁判员在判罚时，根据犯规性质不同可出示两种不同颜色的牌。

（1）对于足球比赛中出现的一些严重犯规，裁判员要出示红、黄牌。如果是恶意的犯规或暴力行为，要出示红牌。

故意手球、辱骂他人或同一场比赛同一人得到两张黄牌时，也要被出示红牌。

（2）比赛中，有违反体育道德行为，用语言和行为表示不满的就要被出示黄牌。连续犯规、故意延误比赛、擅自进出场地的队员也要被出示黄牌。

6. 伤停补时

足球比赛有时根据场上情况，在比赛时间上需要补时。有时是1~2分钟，最长时可达5~6分钟，时间长短的确定由主裁判员决定。造成补时的原因主要有：

（1）处理场上受伤者；

（2）故意拖延比赛；

（3）场内外出现了意外事件。

7. 越位

足球比赛构成越位要满足以下条件：在同伴传球时脚触球的瞬间，在对方半场内如果同伴的位置与对方最后一名后卫的位置相比更靠近对方底线，同时该队员处于球的前方，这时就判越位。需要说明的是与对方最后一名后卫处于平行时不判越位。

在2004年的欧锦赛上，国际足联对越位条款又有了新的解读——如果判越位，不是巡边员举旗就鸣哨，而是越位队员触球后再鸣哨。

8. 暂停比赛

正式足球比赛一般场上不能暂停，只有在极特殊的情况下，如队员受伤或发生意外纠纷，才鸣哨暂停。恢复比赛一般是将球踢给哨声前的最后控球方。

现在足球比赛队员道德水准普遍很高，通常一方如看到场上有受伤队员，都会将球踢出界。恢复比赛时，对方也会将球踢回。

9. 进球

足球比赛的进球是以球的整体越过球门线为准。有时在比赛中会看到球打到横梁后落地又弹回场内，裁判员可以根据自己的观察来确认球是否越过球门线，这种判决有时会引起很大争议。

10. 计胜方法

（1）进球得分。

若规则没有另外规定，则以下情况应判为进球得分：当球的整体从两球门柱间及横梁下越过球门线，而此球并非由进攻方队员（包括守门员）以手掷入、带入或故意以手臂挡入。

（2）获胜的队。

在比赛中进球较多的队为胜者。如两队进球数相等或均未进球，则比赛为平局。

（3）加时赛。

竞赛规程应说明，若比赛结果为平局，是否采用加时赛或踢点球决出比赛的胜者。

第四节　乒乓球运动

学习要点：

1. 了解乒乓球的基本知识，掌握并运用乒乓球基本技术和基本战术；
2. 通过参加乒乓球运动，发展力量、速度等素质，提高上下肢的运动能力；
3. 在练习和比赛中，提高自身的灵敏性和协调性。

一、乒乓球运动简介

乒乓球运动起源于英格兰，是从中世纪网球运动直接派生出来的一项运动。这项运动经过英国媒体的报道，逐渐向世界各地传播，并日益兴旺起来，成为深受男女老少喜爱的一项体育活动。乒乓球运动是集技能、体能和智能为一体的隔网对抗的运动项目。运动员打出的每一个球，都包含了速度、旋转、力量、弧线和落点五个竞技要素，具有很强的观赏性。

经常参加乒乓球运动能提高视觉的敏锐性、神经系统的灵活性以及改善心血管系统和呼吸系统的机能，具有多方位、高层次的健身效果。

二、乒乓球基本技术

乒乓球技术是在比赛中运动员为了得分而采用的各种动作方法的总称。主要包括基本站位和姿势、基本步法、发球和接发球、推挡球、攻球、削球、搓球和弧圈球等。

（一）握拍法

1. 直拍握拍法

直拍握拍法在亚洲比较流行，较适合亚洲人的体形特点。在这里主要介绍直拍快攻型的握拍法（以右手握拍为例，如图 4–70）。

图 4–70

握拍方法：以食指第二关节压住球拍右肩，拇指第一关节压住球拍左肩，指距一指，钳住球拍，虎口贴住拍柄，其他三指自然弯曲重叠，中指第一关节抵住球拍背面。击球时，各指节应随击球动作的需要做适当的移动，以保证击球的方向、旋转及力度等。

图 4–71

2. 横拍握拍法

虎口卡在拍柄两侧，贴住拍肩，中指、无名指、小指自然弯曲握住拍柄，拇指置于球拍正面靠近中指，食指自然伸直斜放在球拍背面。握拍的深浅和力度要适中，拇指和食指应做

适当移动，以提高击球的准确性。（如图 4–72）

（二）发球

发球是唯一一项不受对方制约的乒乓球技术。可以选择自己最合适的站位，按照自己的意图，把球发到对方球台的任何位置上去，用以控制对方，为自己进攻创造有利条件。

1. 正手发平击球

（1）技术要领：发球开始时，持球手将球向上抛起，同时执拍手臂自然向侧后伸肘引拍，拍面垂直。当球从高点下降至稍高于球网时，上臂带动前臂向前迅速挥拍，手腕内旋，拍形稍前倾，触球中上部。

（2）技术特点：平击发球发出的球一般不带旋转，速度中等。熟练后可以发平击快球。其击球动作简单易学，是最基本的发球方法。

（3）技术难点：抛球和引拍的时机准确。

2. 正手发下旋加转与不转球

（1）技术要领：持球向上抛球，同时持拍手臂将拍引至后上方略高，肘部后移，带动手腕内旋，球拍呈横状，拍面垂直，重心后移。当球回落时，肘关节加速运动，前臂带动手腕猛然加力向外旋，在胸腹前右约一臂距离处，拍形后仰，用球拍下部偏左的部位触球正后位底部。发不转球时，球拍触球瞬间，突然减慢手臂的前进速度，并减小拍形后仰的角度，用球拍中部偏右的地方去碰球的中下部，使作用力接近球心，由于力矩小，使球的旋转弱，很像不转球。

（2）技术特点：这种发球发出的球速度比较慢，前冲力小，但旋转变化大，动作隐蔽。通过旋转变化来迷惑对方，造成对方失误或者为自己的下一步抢攻创造有利条件。

（3）技术难点：发球的假动作逼真，致使对方判断失误，从而创造得分机会。

3. 正手发左侧上（下）旋球

（1）技术要领：发左侧下旋球时，手臂自右后上方向前下方挥摆，球拍从球的右侧中下部向左侧下部摩擦。发右侧上旋球时，手臂自右上方向左下方挥摆，球拍从球的右侧中下部向左侧面摩擦、触球瞬间。如果加上腕力，可以增大球的旋转。

（2）技术特点：用近似的发球方法发出两种旋转方向完全不同的球，非常容易迷惑对方，发出的球具有强烈的左侧旋。

（3）技术难点：引拍充分，发挥出身体转动的力量，身体各个部位的发力协调一致。

4. 反手发下旋加转与不转球

（1）技术要领：球从高点下落时，持球手臂从身体左后上方向右前下方挥动迎球，落至网高时，持拍手前臂加速，前臂和手腕发力，击球中下部并向底部摩擦球。球击出后第一落点在中台。

反手发下旋不转球的方法大致与旋转球相同，区别在于：手臂内旋幅度小，减小拍面后仰角度，击球中部或者稍下位置，减少摩擦力，稍加向前的推力，尽量使作用力接近球心，从而形成不转球。

（2）技术特点：发出的球速度比较慢，前冲力小，但旋转变化大，动作隐蔽。通过旋转变化来迷惑对方，造成对方失误或者为自己的下一步抢攻创造有利条件。

（3）技术难点：发球的假动作逼真，只是对方判断失误。

（三）接发球

在乒乓球比赛中，接发球和发球的机会是均等的。随着发球技术的不断创新，发球在比赛中已经显出了很大的威胁性。因此，接发球技术的重要性日益明显。

1. 技术要领

接发球时存在着一般的规律，就是用某单一接发球方法才可以接稳对方所发的某种性能的球。但是熟练掌握各种接发球技术后，则可以根据自己技术打法的特长和技战术的需要，打破一般接发球的规律去接对方任何来球。

（1）接发球时，首先选好合适的站位，一般离台约 30~40 厘米。而后根据发球方的站位预测来球落点和准备采用何种方法接球。

（2）准确识别发球的旋转和落点。接发球的关键是始终注视来球，尤其是对方球拍与球接触瞬间的动作，包括触球部位、球拍移动方向、用力的程度等，然后根据获得的信息做出相应的对策。

2. 技术特点

接发球的基本技术是由点、拨、带、拉、攻、推、搓、削，摆短等技术综合组成。对于初学者接发球，就是用某单一接发球方法才可以接稳对方所发的某种性能的球。

3. 技术难点

接发球的技术难点，主要表现在对来球性能的判断。它包括：

（1）从对方发球时拍面所朝方向和挥臂发球方向判断来球的斜、直线。

（2）从对方发球时摆臂振幅大小和手腕用力程度判断来球落点远近和旋转强弱。

（四）推挡球

推档球是我国直拍快攻打法的主要技术之一。它具有站位近、动作小、速度快、变化多等特点。比赛中常用来控制和调动对方，为正手攻球和侧身抢攻创造有利条件（如图 4–72）。

挡球　　推球

图 4–72

1. 加力推

（1）技术要领：击球前，前臂上提，球拍后引，肘部贴近身体，球拍位置高于击球点，拍面稍前倾；击球时，中指顶住拍背，持拍手由后向前推压，同时配合伸髋转腰的动作，在来球上升后期或最高点时击球中上部。

（2）技术特点：回球力量大，速度快，变化突然，能有效地牵制对方，夺取主动。

（3）技术难点：触球时手腕控制好弧线。

2. 减力挡

（1）技术要领：击球时，再触球的瞬间手臂前移的动作稍微回缩，以减弱来球的反弹力。

（2）技术特点：回球弧线低，球速慢，落点近，能缓冲来球的反弹力，借以控制对方的进攻。

(3) 技术难点：引拍距离小，位置略高。

3. 推挤

(1) 技术要领：击球时，持拍手向前下方挥动，腰髋随之左移。在上升期击球，拍面稍前倾击球的左侧中上部，向前下方用力推挤，同时腰髋左移配合发力。

(2) 技术特点：回球带左侧下旋，弧线低，回球飞行斜线角度大，从而增大对方接球难度，是对付弧圈球的有效办法。

(3) 技术难点：动作向外侧推，准确击球的外侧中上部。

(五) 攻球

1. 正手拉攻

(1) 技术要领：球从高点开始下降时，前臂由后向前上方挥动。再将触球时，前臂加速用力向左上提拉，同时配合手腕动作向上摩擦球，在下降期击球中部或者中下部，拍形接近垂直。遇来球较低或下旋较强时，腰部应配合向上用力。

(2) 技术特点：站位稍远，动作较小，路线活，依靠主动发力摩擦回击来球，是还击下旋球的有效办法。

(3) 技术难点：击球点控制在身体的侧前方。

2. 中远台对攻

(1) 技术要领：击球时，上臂带动前臂向前上方挥拍，同时右脚蹬地，身体左转，在来球至下降前期或最高点时击球的中部并向前上方摩擦。

(2) 技术特点：站位稍远，照顾面大，主动发力击球，动作大，力量重。对攻中，发挥力量及配合落点变化，能争取主动和得分。

(3) 技术难点：蹬地、转体、腰髋左转配合发力，集中于一点。

3. 反手拉攻

(1) 技术要领：击球时，腰髋向右转，手臂向前上方迎球，当球从高点下降时，肘关节内收，上臂带动前臂向前还击，手腕外旋并加速向右上方提拉，拍面垂直或稍后仰击球的中部或者中下部。

(2) 技术特点：站位稍远，动作较小，线路活，力量较轻，靠自己主动发力还击。在还击下旋时，可作为过渡技术为扣杀创造条件，是对付下旋球的一种有效办法。

(3) 技术难点：蹬地、转体、腰髋右转配合发力，拍面前倾的时机要准确。

(六) 搓球

搓球是近台还击下旋球的一项基本技术。由于搓球站位近、动作小、回球落点短且在台内多，可增加对方回球的困难。另一方面，搓球技术运用比较稳健，其旋转和落点变化比较多。因此，既可以作为过渡技术，也可以为进攻创造机会。

1. 快搓

(1) 技术要领：引拍时，手臂自然弯曲，拍面稍后仰，将球拍引至身体左前上方（正手右前上方）。当来球在上升期时，持拍手臂向前下方用力挥送，借来球的冲力还击。手指配合使拍面稍后仰，切击球的中下部。

(2) 技术特点：动作幅度小，回球速度较快，回球旋转强度一般，主要靠来球的前冲力进行回击。

(3) 技术难点：在来球的上升期击球，并借球的前冲力回击。

2. 搓球摆短

(1) 技术要领：与快搓基本相同，只是回球落点短。一定要根据对方来球性能及时调整好拍面角度，稍稍加快回球时间，手臂和手腕发力很小，主要借助来球反弹力回击。

(2) 技术特点：动作小，回球快，落点短，弧线低，对方难以有抢攻、抢拉、抢冲的机会，多用来对付近网下旋球。

(3) 技术难点：摩擦球的动作快而小，掌握好手腕用力的感觉，并借好力。

3. 搓转与不转

(1) 技术要领：搓转与不转，主要取决于作用力线是远离球心，还是接近球心或通过球心。在搓转球时，加大拍面后仰角度，击球中下部，向前下方切球，使击球时的作用力线远离球心，这样回击的球侧旋转强；反之，减少拍面后仰角度，击球中部，靠下向前推球，这样回击球，形成相对的不转。

(2) 技术特点：用近似手法搓出转与不转两种性质不同的球，使对方难以判断，增加其回球难度或者直接导致其回球失误。

(3) 技术难点：击球的瞬间改变拍形，动作快而准。

4. 搓侧旋

(1) 技术要领：球拍向右前方迎球（正手位左前），当球从高点下降时，拍面稍后仰，手腕用力切击球的中下部并向右摩擦球（正手为左）。

(2) 技术特点：回球飞行路线侧向偏拐，球触对方球拍后侧向反弹，对方容易回高球，为自己下一拍抢攻创造条件。

(3) 技术难点：判断好来球的旋转，搓完后迅速还原，准备抢攻下一板。

知识窗

从20世纪50年代至今，我国涌现出了许多世界一流水平的乒乓球明星。国际赛场上无数次升起五星红旗，国人为此深感自豪和骄傲。也正因为这个原因，乒乓球在我国被尊为“国球”。

三、乒乓球基本战术

乒乓球战术，是指运动员根据对方的类型打法及技术特点，并结合临场的发展变化情况，而采用各种技术的原则和方法。乒乓球的战术是由各项基本技术组成的，技术是战术的基础，只有全面掌握了技术，才能灵活运用各种战术。对不同的对手、不同的打法，要有针对性地使用相应的技战术，做到有的放矢，才能取得良好的效果。

乒乓球战术主要分为发球抢攻战术、接发球战术、推攻战术、拉攻战术、搓攻战术、削中反攻战术和两面攻战术。

（一）发球抢攻战术

1. 战术要领

(1) 正手发近网短球，配合发长球伺机抢攻。发球至对方中路偏右近网处为佳，使对方正手搓球不易控制；有时可发出台急球，由于有反差较大的旋转变化，可造成对方直接失分。

(2) 侧身低抛发左侧上下旋球进行抢攻。采用此战术，站位偏左角，发球落点以左大角为主，迫使对方不能侧身抢攻而只好用反手搓或挤，然后再进行抢攻。同时，要尽量做到落点深、角度大，控制对方拖拉回接。如果对方回球质量不是很高，便可主动反攻或者主动发力。

(3) 反手发右侧上下旋近网短球，配合底线长球抢攻。反手发右侧上下旋球至对方正手近网处，迫使对方用搓回球或者轻拉，伺机抢攻。

2. 战术特点

发球抢攻战术，是以旋转、线路、落点以及速度不同的发球来增加对方回击的难度，从而出现机会球，或降低回球质量，然后抢先进攻，以争取主动或直接得分。这是乒乓球所有打法特别是进攻型打法的主要战术和得分手段。

3. 战术难点

发球的假动作逼真，并能干扰对方。

(二) 接发球战术

1. 战术要领

(1) 接发球抢攻、抢冲、抢拉。对方发近网略高的短球，可用快攻、快点；对方发底线长球或半出台球时，果断抢拉或抢冲。关键要判断对方发球的旋转方向、速度、落点，脚步移动迅速，保证取得合理击球位置。

(2) 正手挑、劈或撇，角度大，线路长，准备进入对攻。

2. 战术特点

由多项技术组成，一方面抑制、扰乱或破坏对方运用发球抢攻的战术，降低发球抢攻的质量，形成相持状态；另一方面从被动中求主动，看准时机，积极采用接发球抢攻。

3. 战术难点

对发球性质有比较准确地判断，并能准备至少两种技术去接发球，以应对高质量地发球。

(三) 推攻战术

1. 战术要领

(1) 压制对方的正手位，结合变线进行抢攻。在压反手时，要求在速度上快于对方，同时还要把角度加大，使得对方不可能变直线，此时是侧身抢攻的好机会。如果对方试图侧身抢攻，则可以先变直线，再进行抢攻。

(2) 在采用推攻时，先主动变线到对方正手位，把对方调到正手并离开球台时，再压对方的反手位，使对方不能发挥近台进攻的速度优势和侧身进攻的优势。在对方离台回击反手位的来球时，技术质量相对比较低，此时有利于抢攻。

2. 战术特点

站位近台，反手推出球快，突然性强，线路变化和节奏变化比较多。主要运用正手攻球和反手推挡的速度和力量，并结合落点变化和节奏变化来压制和调动对方，以争取主动或得分。

3. 战术难点

推攻战术要坚持近台，又不能死守近台，学会近台和中台的位置转换，掌握对手节奏。

（四）拉攻战术

1. 战术要领

（1）拉两角杀中路。交叉拉对方两角，迫使对手忙于两边奔跑，伺机扣杀中路。

（2）拉中路杀两角。拉追身球至对方中路，伺机扣杀两角。中路来球不好削，难于削出落点刁的球。因此，突击的机会比较多。

（3）拉长球配合搓、吊短球，伺机突击。此又称拉搓结合战术。拉底线长球，迫使对方远离球台，这时，突然搓一个短球，使其被动近台扑救，从而找机会扣杀空当。

2. 战术特点

连续运用正手或反手快拉创造进攻机会，然后采用突击和扣杀作为得分手段。它能较好地把速度和旋转结合在一起，不仅适用于前三板，也适用于打相持球。

3. 战术难点

拉球要有线路和落点变化，以调动对方。处理好弧圈球技术和其他技术的衔接，突出弧圈球的使用。

（五）搓攻战术

1. 战术要领

（1）搓攻与转球（配合侧旋）迷惑对方，伺机进攻。先加转，再搓不转；或先搓不转，突然加转。

（2）用搓球控制落点，调动对方，伺机进攻。交叉搓两角，突击两角或中路；连续搓一角，突击另一角；先搓短球，突然搓底线长球，伺机突击或拉弧圈。

（3）在对搓短球时，突然加力搓左角长球，然后侧身拉加转弧圈球找机会扣杀。

2. 战术特点

主要运用"转、低、快、变"的搓球控制对方，以寻找战机。然后采用低突、快点或拉攻等技术展开攻势并进入连续进攻；在搓球中遇到机会球时进行扣杀，常常带有突然性，往往可以直接得分。搓攻战术是乒乓球各种打法都不可缺少的辅助战术。

3. 战术难点

旋转、落点地控制和变化服务于抢拉技术；养成少搓的习惯，培养出现机会尽快上手拉的战术意识。

（六）削中反攻战术

1. 战术要领

（1）削长短球反攻。运用削短弧线球至近网，削长弧线球至底线的削球技巧，频繁调动对手前后移动，制造机会反攻、反拉、反冲。同时与旋转变化配合，削近网转球，削底线不转球，为反攻制造机会。

（2）削逼两角，伺机反攻。采取先逼左角，再逼右角，或先逼右角、再逼左角的战术方法。右侧攻势强，就先逼左角；左侧攻势强，先逼右角，使对手在大幅度跑动中，难以取得稳定的位置，从而创造机会，反攻对方的空当。

（3）逢直变斜，逢斜变直，伺机反攻。如果对手步法不够迅速灵活，突击位置比较单一，可采用对方拉直线则削斜线、拉斜线则削直线的策略，迫使对方不能站在固定的位置上击球，加大其连续进攻的难度，一旦变线创造出机会，伺机扣杀、拉冲。

2. 战术特点

由削球和攻球结合而成，常以逼角加转、削球为主，伺机反攻；或以转、低、稳、变的削球，迫使对手在走动中拉攻，从中寻找机会，予以反攻。这种战术有“逼、变、凶、攻”的特点，是攻、削结合打法的主要技术。

3. 战术难点

正、反手削球都要注意旋转强度的变化。在削加转后用削加转球相似的手法削不转球，使对方拉出高球，以进行反攻。

（七）两面攻战术

1. 战术要领

（1）反手攻结合侧身攻。以反手攻球压住对方反手，伺机侧身扣杀斜、直线；对方侧身进攻时，用反手攻或推挡变直线反袭对方正手空当，然后用正手扣杀。

（2）正、反手连续进攻。以正、反手连续进攻对手较弱的一角，然后伺机重扣；以正手连续攻对方左、右两角，伺机扣杀。

2. 战术特点

主要利用正、反手攻球技术的速度和力量压制对方，争取主动和创造扣杀机会。近台时，动作快，突然性强，以速度和落点取胜。中远台时，动作大、力量强，以力量取胜。

3. 战术难点

两面攻战术对付弧圈球打法时，应坚持近台，用快带顶住对方的弧圈球，伺机采用近台反拉或中等力量扣杀弧圈球，然后转入连续进攻。

四、乒乓球竞赛规则简介

（一）发球

1. 发球开始时，球自然地置于不持拍手的手掌上，手掌张开，使球保持静止。

2. 发球时，发球员须用手将球几乎垂直地向上抛起，不得使球旋转，并使球在离开不执拍手的手掌之后上升不少于 16 厘米，球下降到被击出前不能碰到任何物体。

3. 球从抛起的最高点下降时，发球员方可击球，使球首先触及本方台区，然后越过或绕过球网装置，再触及接发球员的台区。双打中，球应先后触及发球员和接发球员的右半区。

4. 从发球开始到球被击出，球要始终在台面以上和发球员的端线以外，而且不能被发球员或其双打同伴的身体或衣服的任何部分挡住。

5. 在运动员发球时，球与球拍接触的一瞬间，球与网柱连线所形成的虚拟三角形之内和一定高度的上方不能有任何遮挡物，并且其中一名裁判员要能看清运动员的击球点。

（二）击球

对方发球或还击后，本方运动员必须击球，使球直接越过或绕过球网装置，或触及球网装置后再触及对方台区。

（三）失分

1. 未能合法发球；

2. 未能合法还击；

3. 击球后，该球没有触及对方台区而越过对方端线；

4. 阻挡；

5. 连击；

6. 用不符合规则条款的拍面击球；

7. 运动员或运动员穿戴的任何物件使球台移动；

8. 运动员或运动员穿戴的任何物件触及球网装置；

9. 不执拍手触及比赛台面；

10. 双打运动员击球次序错误；

11. 执行轮换发球法时，发球一方被接发球一方或其双打同伴，包括接发球一击，完成了13次合法还击。

（四）一局比赛

在一局比赛中，先得11分的一方为胜方；10平后，先多得2分的一方为胜方。

（五）一场比赛

单打的淘汰赛采用七局四胜制，双打淘汰赛和团体赛采用五局三胜制。

（六）次序和方位

1. 在获得2分后，接发球方变为发球方，依此类推，直到该局比赛结束，或直至双方比分为10平，或采用轮换发球法时，发球和接发球次序不变，但每人只轮发1分球。

2. 在双打中，每次换发球时，前面的接发球员应成为发球员，前面的发球员的同伴应成为接发球员。

3. 在一局比赛中首先发球的一方，在该场比赛的下一局中应首先接发球，在双打比赛的决胜局中，当一方先得5分后，接发球一方必须交换接发球次序。

4. 一局中，在某一方位比赛的一方，在该场比赛的下一局应换到另一方位。在决胜局中，一方先得5分时，双方应交换方位。

（七）间歇

1. 在局与局之间，有不超过1分钟的休息时间。

2. 在一场比赛中，双方各有一次不超过1分钟的暂停。

3. 每局比赛中，每得6分球后，或决胜局交换方位时，有短暂的时间擦汗。

名人录 邓亚萍，1973年2月6日生于河南郑州，原中国女子乒乓球队运动员，奥运冠军，乒乓球大满贯得主。中国奥运历史上第一个夺得四枚奥运金牌的人。邓亚萍在14年的运动生涯中，共拿到18个世界冠军，她在乒坛排名连续8年保持世界第一，是乒乓球史上排名“世界第一”时间最长的女运动员。

第五节　羽毛球运动

学习要点：

1. 掌握羽毛球的基本技术；
2. 掌握羽毛球的基本战术；
3. 了解羽毛球的竞赛规则。

一、羽毛球运动简介

现代羽毛球运动起源于1873年，在英国格拉斯哥郡的伯明顿镇有一位叫鲍弗特的公爵，在庄园里进行了一次“蒲那游戏”的表演。因这项活动极富趣味性，很快就风行开来。此后，这种室内游戏迅速传遍英国。

随着我国社会经济、文化及体育事业的进步与发展，羽毛球运动已受到越来越多群众的爱好。作为休闲健身活动，它不受场地条件限制，运动量因人而异，随个人的年龄长幼和体质强弱自我调节，因此，羽毛球运动具有广泛的群众基础；作为竞技项目，它具有速度快、技术复杂、战术灵活多变的特点，从1992年第25届巴塞罗那奥运会开始，羽毛球被列入正式比赛项目，世界各体育强国更加重视羽毛球运动的开展和水平的提高，竞争将更加激烈。

二、羽毛球基本技术

（一）握拍方法

1. 正手握拍

先用左手拿住球拍杆，使拍面与地面垂直，然后张开右手，使手掌下部靠在球拍握柄底托，虎口对着球拍柄窄面内侧的小棱边，小指、无名指、中指自然地并拢握住球拍，食指与中指稍稍分开，并与拇指相对，掌心与拍柄应留有空隙。在击球之前，握拍一定要放松、自然，在击球的一刹那才紧握球拍（如图4–73）。

正手握拍正面　　　　正手握拍反面

图4–73

2. 反手握拍

反手握拍有两种形式：一种是在正手握拍的基础上，把球拍稍微外旋，拇指伸直贴在拍柄的宽面上，食指、中指、无名指、小指并拢。另一种是正手握拍把球拍稍微外旋，拇指贴在球拍柄的内侧窄棱上，食指、中指、无名指、小指并拢。反手握拍时，手心与球拍柄之间要留有空隙，这样握拍有利于手腕力量和手指力量的灵活运用（如图 4–74）。

反手握拍正面　　反手握拍反面

图 4–74

（二）发球技术

发球是羽毛球运动中一项十分重要的基本技术。发球是组织进攻的开始，发球质量的好坏，直接影响战术实施的效果。

发球根据握拍方法，可分为正手发球和反手发球。根据球的空中飞行轨迹，又可分为发高远球、平高球、平快球（抽球）及网前球（短球）。除发高远球采用正手发球的方法外，其余采用正手和反手发球均可。

1. 正手发高远球

（1）发球站位：站在靠中线附近，离前发球线约 1 米左右；双打发球站位可靠近前发球线。

（2）准备姿势：两脚自然分开约与肩同宽，左脚在前，脚尖对网，右脚在后，脚尖稍向右侧，重心放在右脚上；左手拇指、食指和中指轻持球，自然抬举于胸前；右手正手握拍，自然屈肘举至身体的右后侧。

（3）技术要领：放球，左手将球在身体的右前方自然放下，使球垂直下落；引拍，上体由侧面转向正面，身体重心前移至左脚，右脚跟提起，同时右手持拍，大臂带动小臂，由后向前引拍至身体右侧前下方，右手手腕后伸；挥拍击球：当球落到右手臂向前下方伸直触到球的一刹那，手臂内旋，手指紧握球拍，利用手腕的闪动力量向上方发力击球。随前动作：击球之后，球拍顺势向左上方挥动缓冲（如图 4–75）。

准备姿势　　引拍　　击球　　挥拍

图 4–75

（4）技术特点：发高远球多用于单打中，特点是发出的球又高又远，垂直下落到对方的后底线。高远球发得好，可以延缓对方的进攻速度和加大对方回击时的困难，从而减少对本方的威胁。

（5）技术难点：球的落点要接近底线（界内），飞行弧度要高。

2. 正手发平射球

（1）技术要领：准备姿势同发高远球。站位比发平高球稍后些（防对方很快回到本方后场）充分利用前臂带动手腕向前方用力，球直接从对方的肩稍上高度越过，直攻对方后场。

(2) 技术特点：球的飞行弧度几乎是擦网而过，直射对方后场。由于速度极快，突击性很强，是单、双打中发球抢攻战术常用的一种发球技术。

(3) 技术难点：出手的动作要小而快，保证相当的速度，飞行路线要合理、恰当，球直接从对方的肩稍上高度越过，直攻对方后场。

3. 反手发网前球

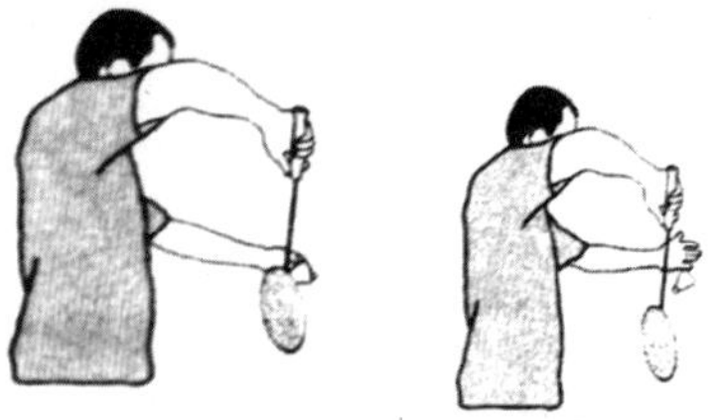

图 4-76

(1) 发球站位：站在靠中线，距前发球线较近的位置上。

(2) 准备姿势：面向球网，右脚在前，左脚在后并提起脚跟，重心放在右脚，上体稍微前倾；右手反手握拍，肘关节抬起，手腕前屈；左手拇指和食指捏住羽毛，球托向下，斜放在拍面前。

(3) 技术要领：击球时，握拍要放松，大臂动作要小，主要靠小臂带动手腕向前切送，用力要轻。发网前球时应注意手腕不能有上挑动作，另外，落点要在前发球线附近，发出的球要贴网而过，这样可免遭对方扑杀（如图 4-76）。

(4) 技术特点：由于它的飞行弧度低，距离短，可以有效地限制对方直接进行强有力的进攻，是双打中较常见的一种发球技术。

(5) 技术难点：发球时，握拍要放松，不需要大弧度摆动小臂。当球和拍弦接触时，利用小臂摆动和手腕的闪动将球由后向前推送，落点要在前发球线附近，发出的球要贴网而过。

（三）击球技术

击球，即把对方打出的各种弧度的来球，回击到预想的战术位置上。击球法按拍面的不同，可分为正拍面击球法和反拍面击球法；根据技术动作的特点，可分为高手击球、低手击球和网前击球三大类。

1. 高手击球

(1) 正手击高远球。

运用正手的击球方式，以较高的弧线将来球击到对方场区底线附近的击球技术，称为正手击高远球（如图 4-77）。

准备动作　　转体引拍　　挥拍击球　　随前动作

图 4-77

①技术要领：首先判断来球的方向和落点，侧身后退使球在自己右肩稍前上方的位置，准备动作：左肩对网，左脚在前，右脚在后，重心在右脚上，左臂屈肘，左手自然高举，右手持拍，大小臂自然弯曲，将球拍举在右肩上方，拍面正对球网，两眼注视来球；引拍击球：由准备动作开始，大臂后引，随之关节上提，明显高于肩部，将球拍引至头后，自然伸腕（拳心朝上），然后在后脚蹬地、转体和腰腹的协调用力下，以肩为轴，大臂带动小臂，快速向前上方甩动手腕，在手臂伸直的最高点击球；随前动作：击球后，持拍手臂顺惯性往前下方挥动并收拍至体前，同时，左脚后撤，右脚向前迈出，身体重心由后脚移到前脚。

②技术特点：击球点高，击球力量大，对步法技术和体力要求较高。

③技术难点：选择最佳的击球点，击球点要靠后一点；击球时，要以肩关节为轴挥臂、甩腕，靠“爆发力”把球击出。

(2) 反手击高远球

当对方将球击到本方左后场，以反手的击球方式将球击回到对方底线的高远球击球技术，称为反手击高远球。

①技术要领：首先判明对方来球的方向和落点，迅速将身体转向左后方，步法到位后，右脚前交叉跨到左后方，背对网，身体重心在右脚上，使球在身体的右肩上方。击球前，由正手握拍迅速换为反手握拍，并持拍于胸前，拍面朝上。挥拍击球时，以大臂带动小臂，通过手腕的闪动、自上而下地甩臂将球击出（如图 4–78）。

②技术特点：攻击力小，节省体力，对步法要求也不高，可以帮助自己重新调整站位。

③技术难点：转身要快，击球点要准确，正手握拍换为反手握拍要迅速，拇指的侧压力与甩腕配合要协调。

转体引拍　　　　挥拍击球

图 4–78–1

(3) 头顶击高远球

在自己的左后场区，用正手在头顶中间部位或在左肩上方将来球击到对方底线去的高远球击球技术，称为头顶击高远球。

①技术要领：击球前的准备姿势以及击球动作，与正手击高远球基本一致。不同的是，头顶击高远球的击球点在左肩上方（因为球是飞向左后角的）。准备击球时，侧身（左肩对网）稍左后仰。击球时，大臂带动小臂使球绕过头顶，从左上方向前加速挥动，在用力击球时，注意发挥手腕的爆发力和充分利用蹬地以及收腹的力量。击球后，左脚在身后着地并立即回蹬，同时右脚前移，重心移至右脚。

②技术特点：它较反手击球主动性强，具有更大的攻击性。

③技术难点：击球点在左肩上方，要发挥手腕的爆发力和充分利用蹬地以及收腹的力量击球。

(4) 平高球

①技术要领：同击高远球一样，平高球也可以用正手、反手或头顶击球技术来完成。其

动作要领与正手、反手或头顶高远球一样。所不同的是，最后用力主要向前方，而不是向前上方。

②技术特点：平高球的弧线较低，速度较快，这是一种在较主动情况下运用的击球技术。在实践中，质量较高的平高球常可以调动对方的站位，使其失去身体平衡，回球质量差，从而为自己创造更有力的进攻机会。

正手底线抽球

图 4-78-2

反手底线抽球

图 4-79

③技术难点：选择恰当的击球线路，以避免对方的拦截，最后发力要向前方。

（5）吊球

运用劈切、拦截等技术动作，把对方击来的中后场高球还击到对方的网前区内的击球技术称为吊球。

①劈吊（快吊）技术要领：击球前期，动作同正手击高远球。击球时，拍面正面向内倾斜，手腕做快速切削下压动作，击球托的后部和侧后部。若劈吊斜线球，则球拍切削球托的右侧，并向左下方发力；若劈吊直线，则拍面正对前方，向前下方切削。

②轻吊（拦截吊）技术要领：击球前期，动作同正手击高远球。击球时，一种是轻吊时的拍面变化同劈吊基本一致，但用力要更轻些；另一种是击球时，拍面正击球托或借助于来球的反弹力用球拍轻削，使球过网后贴网而下。后者多用于拦截对方击来的平高球和半场高球。

③反手吊球技术要领：击球前的动作同反手击高远球，不同处也在于触球时拍面的掌握和力量运用。吊直线球时，用球拍反面切削球托的后中部，向对方右网前发力；吊斜线球时，用球拍反面切削球托的左侧，朝对方左网前发力。

④头顶吊球技术要领：头顶吊球也可作劈吊和轻吊。其击球前的动作同头顶击高远球技术动作相同，不同的是球拍触球时拍面变化和力量的运用。吊直线球的动作同正手吊直线球基本一致，只是击球点不同；吊斜线球时，球拍正面向外转，切削球托的左侧，朝右前下方发力。

⑤吊球技术特点：调动对方站位，制造空位，打乱对方节奏。在后场，若将吊球与高球或杀球结合起来运用，就能给对方以很大的威胁。

⑥吊球技术难点：动作隐蔽困难，落点准确性不易控制。

（6）杀球

把对方击来的球在尽量高的击球点上，全力向下扣压的击球技术称为杀球。它是速度最快而力量最大的一种击球技术。杀球分正手杀球、反手杀球和头顶杀球。

①正手杀球技术要领：其击球前的准备姿势和击球动作，与正手击高远球基本一样。不同的是，最后用力的方向朝下，而且要充分利用蹬地、转体、收腹以及手臂和手腕的爆发力全力地将球向下击出，击球的一刹那要紧握球拍。

②反手杀球技术要领：其准备姿势和击球动作与反手击高球一样。但最后用力的方向朝

下，而且要加快手臂和手腕朝下的闪动。击球点应尽可能高些、靠前些，这样便于力量的发挥。

③头顶杀球技术要领：准备姿势和击球动作与头顶击高球一样。不同的是击球时要充分利用腰腹力量，以大、小臂带动手腕快速下扣。

④杀球技术特点：力量大、速度快，是主动进攻的重要技术。

⑤正手杀球的技术难点：最后用力的方向朝下，而且要充分利用蹬地、转体、收腹以及手臂和手腕的爆发力。

⑥反手杀球的技术难点：其准备姿势和击球动作与反手击高球一样。但最后用力的方向朝下，而且要加快手臂和手腕朝下的闪动。

⑦头顶杀球的技术难点：击球时要充分利用腰腹力量，以大、小臂带动手腕快速下扣。

2. 低手击球

一般将击球点低于肩部的击球技术称为低手击球。

(1) 底线抽球。

底线抽球，主要是为了对付长杀球、平推球或对方突然回击的平高球使自己较被动地退到底线去接球时采用的一种击球技术。它可以分正手底线和反手底线两种抽球。

①正手底线抽球（如图 4–78）。

技术要领：右脚先向右后场区迈一小步，身体也随之转向右后方，左脚用并步或交叉步向右后场移动一步，右脚再向右后场跨一大步并成弓箭步，重心在右脚上。在移动的同时，持拍臂往右后方拉，拍面稍后仰，击球时，以躯干为竖轴，作半圆式挥拍击球。

技术特点：回球速度快，弧度低，是一种攻击性的技术。

技术难点：击球时，以躯干为竖轴，做半圆式挥拍击球。

②反手底线抽球（如图 4–79）。

技术要领：右脚先向左脚靠一小步，然后左脚向左后场跨一步，右脚向左后场跨一大步，身体重心在右脚上。击球前，背朝网，大臂往左后方拉；击球时，利用大臂带动小臂及手腕从左后方向前上方发力并利用蹬地、转腰的力量将球击出。

技术特点：底线反手抽球多在单打被动时或双打比赛中运用。

技术难点：击球前，背朝网，大臂往左后方拉，击球时利用大臂带动小臂及手腕从左后方向前上方发力并利用蹬地、转腰的力量将球击出。

(2) 挑球。

把对方击来的吊球或网前球还击到对方后场的击球技术称为挑球。

①正手挑球（如图 4–80）。

以肘关节为轴，伸拍向前并以前臂带动手腕由下向上挥动。

②反手挑球（如图 4–81）。

以反手握拍法握拍，击球时，肘关节稍抬高，并以肘关节为轴，前臂带动手腕由下向上挥动。

图 4–80

技术要领：不论是正手挑球还是反手

挑球，最后一步应是右脚在前。

技术特点：它是在被动情况下为了争取回场时间而采取的一种过渡性质的击球。它虽然不能给对方造成威胁，但如果能将球挑得高，挑得远（靠近对方场地底线），就能为自己回到场地中心位置赢得时间。

技术难点：挑球时，以肘关节为轴，以前臂带动手腕、手指内旋发力击球。

图 4–81

3. 网前击球

一般将击球点靠近球网的击球技术称为网前击球。网前击球又分为扑球、搓球、放网前球。

（1）扑球。

将对方击来弧线较高或刚高于网顶的网前球迅速扑压下去的击球技术称为扑球。

技术要领：击球时，拍面前倾，前臂带动手腕和手指的快速闪动发力，击球后立即收拍，以免触网犯规。扑球时要求判断准、上步快、抢点高、动作小。

技术特点：速度快，飞行路线短。

技术难点：判断准、上步快、抢点高、动作小，击球后立即收拍。

（2）搓球。

在网前，利用手腕和手指的力量向前“切削”球托底部或向后“提拉”，使球击出后旋转或滚动过网的击球技术称为搓球。

技术要领：击球时，拍面稍前倾，利用手腕和手指的力量向前“切削”球托底部或向后“提拉”，使球击出后旋转或滚动过网。

技术特点：搓球的轨迹异常，给对方回击造成困难，从而创造进攻机会。

技术难点：争取较高的击球点，出手快。

（3）放网前球。

当对方击来网前球时，运用球拍轻轻将球托过网，使球恰好过网后朝下坠落的击球技术称为放网前球。

技术要领：击球时，拍面稍朝前下方倾斜，前臂带动手腕和手指用前送动作托球底部。

技术特点：控制对方进攻节奏。

技术难点：精确控制托球力量和回球落点。

（四）移动技术

1. 上网步法

不论用哪种步法上网，其上网前的站位及准备姿势都是一样的。即站位取中心位置，两脚左右开立（稍有前后），约同肩宽，两膝微屈，两脚前脚掌着地，后脚跟稍提起并左右微动；上体稍前倾，右手持拍于体前，两眼注视对方的来球。

（1）蹬跨步上网。

两脚轻轻向上弹跳将重心调制右脚，左脚迅速蹬地向前迈一步，当左脚刚着地时，右脚加速蹬地向前跨出。左脚用力使右脚向前大跨一步，着地时按右脚跟、脚掌外侧的顺序着地，上体前倾，右脚成弓箭步，前腿用力缓冲，制动住身体保持正确的击球姿势（如图 4–82）。

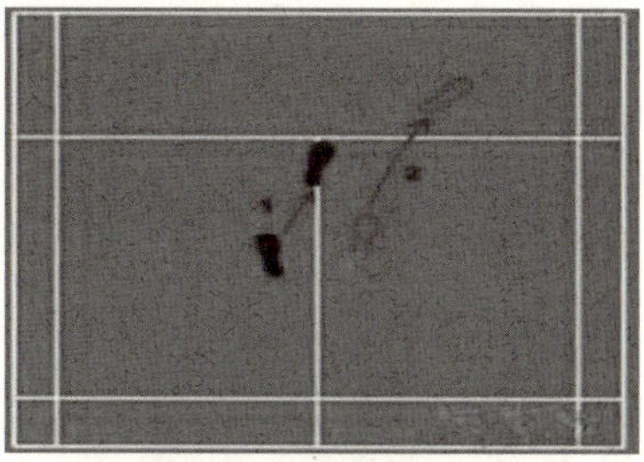

正手区两步蹬跨步上网步法

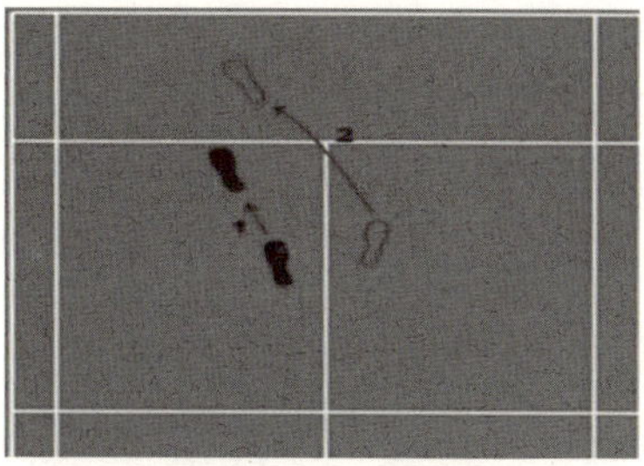

反手区两步蹬跨步上网步法

图 4–82

(2) 垫步或交叉步上网。

右脚先迈出一小步，左脚立即向右脚垫一小步（或从右脚后交叉迈出一小步），左脚着地后，脚内侧用力蹬地，右脚再向网前跨一大步成弓箭步，身体重心在前脚（如图 4–83）。

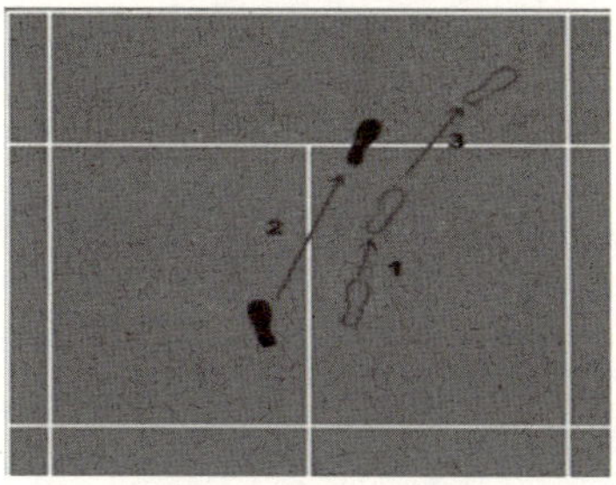

正手区垫步加蹬跨步上网步法

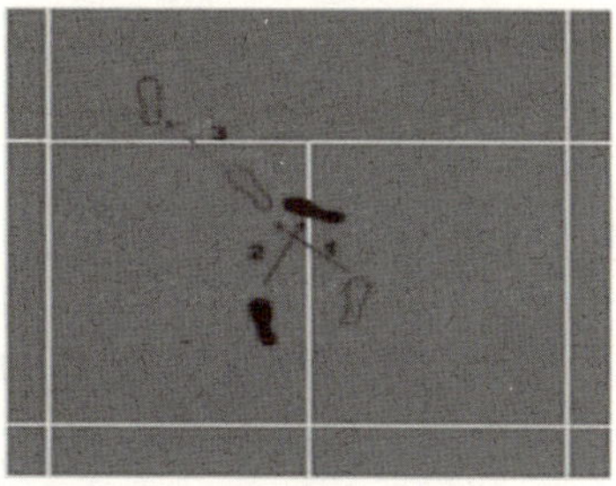

反手区交叉步加蹬跨步上网步法

图 4–83

(3) 蹬跳上网。

当判断来球落点是网前球时，两脚轻跳将重心调至左脚，同时左脚用力蹬地，右脚向来球方向大步跨出，使身体迅速向来球方向移动。

2. 后退步法

(1) 正手后退步法。

先调整重心至右脚，然后右脚蹬地迅速向右后撤一小步，同时上体右转，左肩对网，接着左脚用并步靠近右脚（或从右脚交叉后撤一步），右脚再向后移至来球位置。在移动的同时，必须完成挥拍击球前预备动作（如图 4–84）。

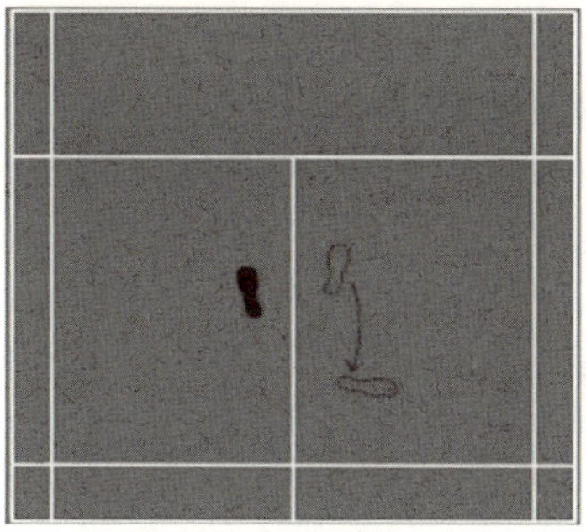

侧身后退一步步法

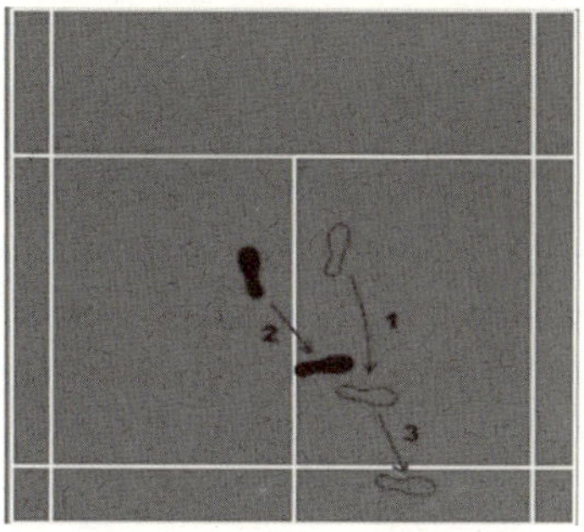

侧身并步后退步法

图 4–84

(2) 头顶后退步法。

判断准来球后，右脚蹬地撤向左后方。同时，髋关节及上体向右后方转动（转动的幅度比正手后退要大些），且稍有后仰。接着左脚用并步或交叉步后撤，右脚再退至来球位置，用头顶击球技术击球。击球后，迅速回到中心位置（如图 4–85）。

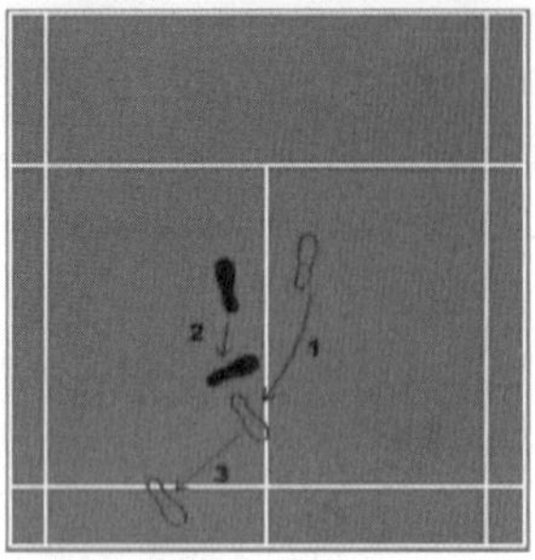

头顶并步后退步法

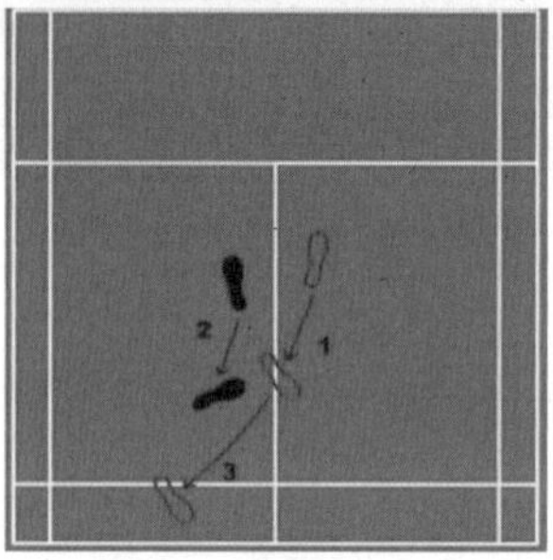

头顶交叉步后退步法

图 4–85

(3) 反手后退步法。

右脚先向左脚并一步，左脚再向左后方撤一步，同时上体左转，右脚再向左后方跨一步至来球位置，背对球网，作反手击球（如图 4–86）。

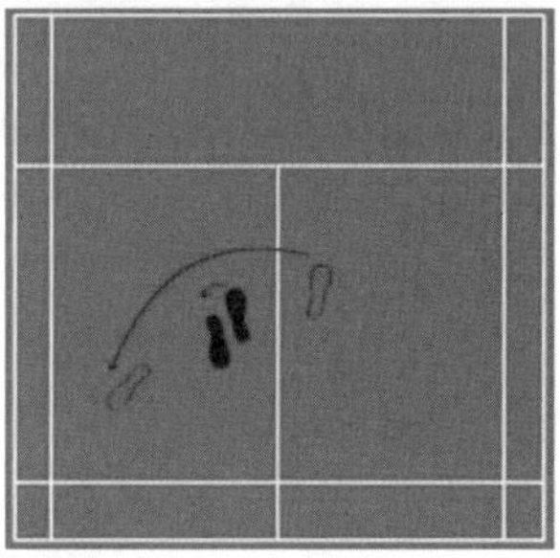

蹬转一步反手击球步法

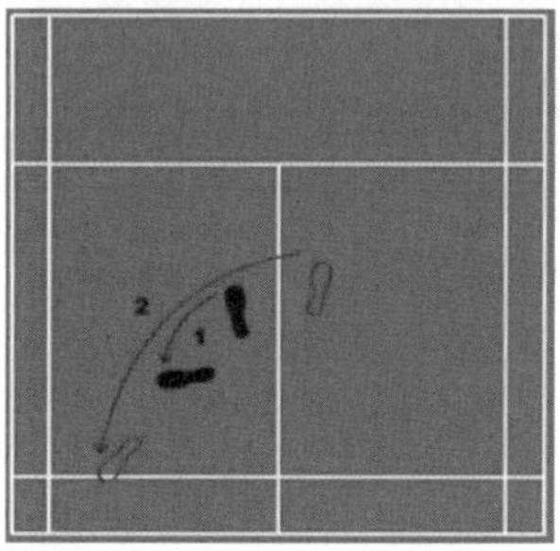

垫步蹬转反手击球步法

图 4–86

3. 两侧移动步法

(1) 向右移动步法。

上体稍倾倒向右侧，用左脚掌内侧用力蹬地，右脚同时向右侧跨大步，髋关节随之右转，上体稍倾倒向右侧，重心在右脚上（如图 4–87）。

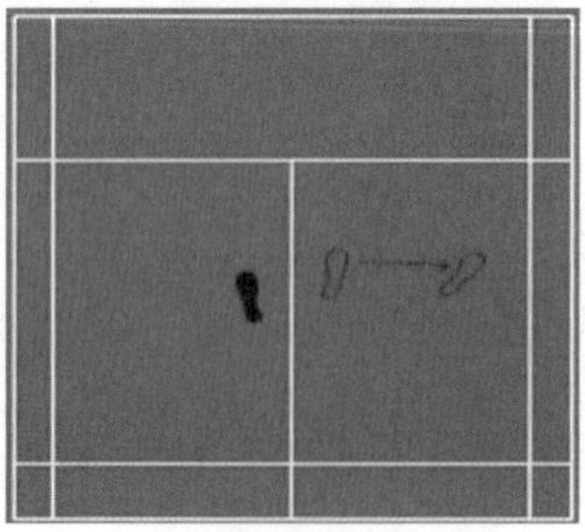

向右侧蹬跨步

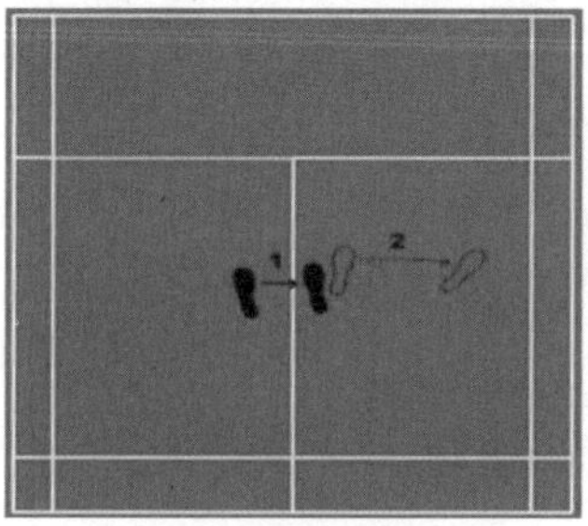

向右并步加蹬跨步

图 4–87

(2) 向左移动步法。

上体稍倾倒向左侧，用右脚掌内侧用力蹬地，左脚随髋关节的转动同时向左侧跨大步(如图 4–88)。

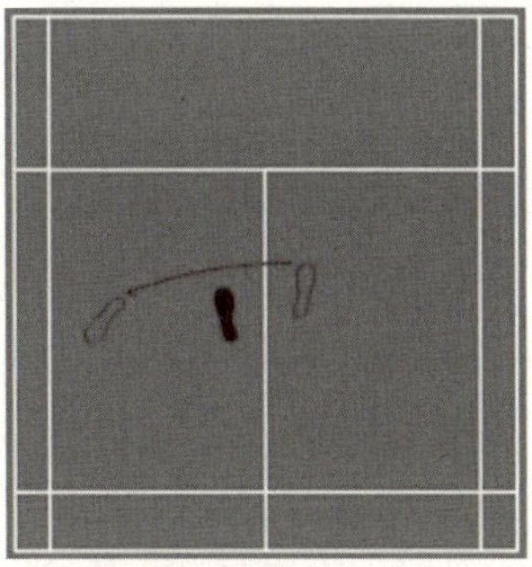

向左蹬转跨步

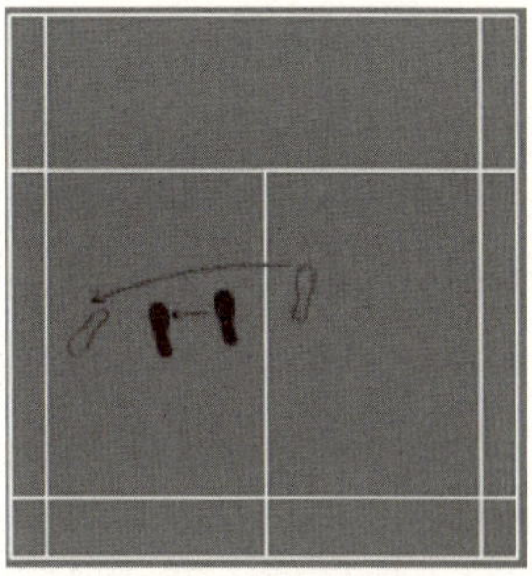

向左垫步加蹬转跨步

图 4–88

(3) 起跳腾空突击步法。

右脚先向后跨一步，接着左脚向右侧后蹬地，右脚起跳，身体向右侧后方跃起，截住来球，用正手击球技术扣杀或劈吊对方空当，当来球飞向左侧底线时，用右脚掌蹬地，左脚起跳，用特点击球技术突击对方。(如图 4–89)

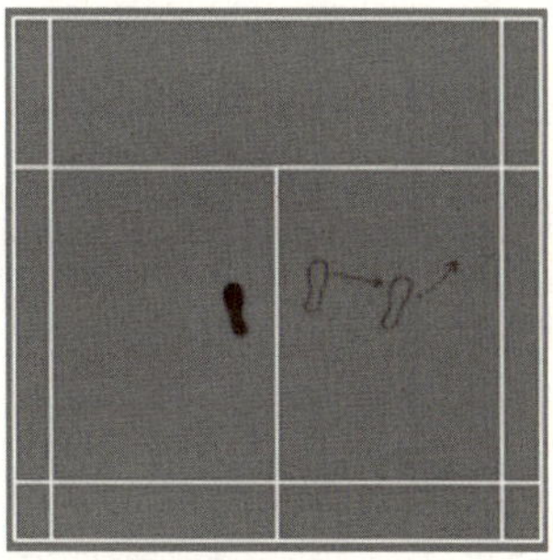

图 4–89

三、羽毛球基本战术

羽毛球基本战是指运动员在比赛中根据对手的技术、打法、体力和思想意志等因素所采取的争取比赛胜利的一种对策。任何战术的目的都是为了更好地发挥自己的技术特长，制约对方特长的发挥，控制和掌握比赛的主动权，从而争取比赛的胜利。

(一) 单打战术

1. 发球战术

采用变化多端的发球战术，常常能起到先发制人、取得主动的作用。在采用发球战术时，眼睛不要只看自己的球和球拍，应用余光注视对方的情况，找出对手的薄弱环节。发各种球的准备姿势和动作要一致，以给对方的判断带来困难，使其处于消极被动的状态。

(1) 发后场高远球。

这是单打中常用的发球。它要求把球发到对方端线处，迫使对方后退还击，给对方进攻制造难度。发高远球，虽然弧线高，飞行时间长，但由于离网距离远，球从高处垂直下落，后场进攻技术差的对手较难下压进攻。把球发到对方左、右发球区的底线外角处，能调动对方至底线边角，便于下一拍打对方对角网前，拉开对方的站位。特别是左场区的底线外角位是对方反手区，更是主要攻击的目标。但发右场区的底线外角时，要提防对方以直线平高球攻击自己的后场反手区。如把球发到对方接发球区底线的左、右半区的内角位，能避免对方从快速的直线攻击自己的两边。

(2) 发平高球。

发平高球时，球的飞行弧线较低，但对方仍然必须退到后场才能还击。由于球的飞行速度快，对方没有充裕的时间考虑对策，回球质量会受到一定的影响。对于球飞行弧线的控制，应看对方站位的前后和人的高矮及弹跳能力而定，以恰好不给对方半途拦截机会为宜。落点的选择基本与发高远球相同。

（3）发平快球。

发平快球属于进攻性发球，球速很快，作为突袭手段，如运用得当，往往能取得主动。但当接球方有所准备时，也能半途拦截，以快制快，发球方反会处于被动。发平快球时，球的落点一般应在对方反手区，或直接对准接发球人的身体，使对手措手不及。

（4）发网前球。

发网前球能减少对方把球往下压的机会，把球发到前发球线内角，球飞行的路线较短，容易封住对方攻击自己后场的角度。发球到前发球线外角位能起到调离对方的作用。特别是在右场区发前发球线外角位，能使对方反手区出现大片空当。但对方也能以直线推平球攻击发球者的后场反手。如果预先提防，可用击头顶球还击。

2. 接发球战术

接发球虽然处于被动、等待的状态，但由于发球时受到规则诸多的限制，使发球者不能给接发球者带来太大的威胁。发球者发球只能发到对角线的接发球区内，而接发球者只需防守半个不到的区域，却可还击到对方整个场区。所以，接发球者若能处理好这一拍，也可取得主动。

（1）接发高远球、平高球。

当对方发出高远球、平高球时，一般可用平高球、吊球或杀球还击。但如对方发球后站位适中，进攻时就要注意落点的准确性。若用杀球、吊球还击，自己的速度要跟上；如果对方发球质量很好就不要盲目重杀，可用高远球、平高球还击，伺机再攻，或者用点杀、劈杀、劈吊下压抑制对方。

（2）接发平快球。

当对方发出平快球时，借用对方的发球力量将球快杀空当或追身，也可借助反弹力拦吊对角网前。要观察对方的发球意图，随时要做好准备。

（3）接发网前球。

当对方发出网前球时，可用平推球、放网前或挑高球还击。当对方发球过网较高时，要抢先上网扑杀。接发网前球的击球点应尽量抢高。

3. 进攻战术

（1）发球抢攻战术。

采用发网前球或平快球技术，限制对方进攻，争取控制对方，迫使对方出高球，然后运用扑球、杀球、吊球等技术攻击对方的弱点或空当。

（2）控后突前战术。

采用后场的高远球和平高球，网前的推球和挑球等技术，重复压对方后场两角，造成对方被动，然后伺机采用杀球、吊球、搓球、勾对角球等技术攻击对方前场空当。

（3）控前突后战术。

采用发网前球和吊、放网前球等技术，重复压对方的网前，将其吸引到网前，造成失误或被动，然后伺机采用杀球、扑球、推球、高平球攻击对方后场空当。

(4) 拉开突击战术。

采用后场高球、吊球、放网前球等技术，以快速而准确的落点控制对方场区四个角落，迫使对方前后左右地来回奔跑，当对方来不及回中心位置或失去身体平衡时，伺机采用杀球、吊球、推球、高平球等技术攻击对方空当。

(5) 杀、吊上网战术。

采用后场轻杀、点杀、劈杀配合吊球技术，把球下压到对方场区两侧，迫使对方被动回球。若对方还击网前球时，迅速上网搓球、勾对角或快速平推球，创造半场扣杀机会；若对方在网前挑高球，可在其向后退的过程中把球直接杀向对方身上。

(6) 对角线球路战术。

无论在进攻或防守，前场或后场，都是以打对角线球路为主，从而迫使对手在移动中多做转体，多走曲线，然后伺机攻击对方空当或弱点。

(7) 重复球战术。

针对对手的某一个技术薄弱点，或击球后回中心位置较快的特点，重复地将球攻击到对方场上的某一区域，然后伺机采用杀球、吊球、推球、高平球等技术攻击对方空当。

(8) 逼反手战术。

采用正手直线和反手斜线击球技术，将球回击到对方的反手位。迫使对手采用反手击球，使其身体远离中心位置，然后伺机采用杀球、吊球、推球、高平球等技术攻击对方空当。

(9) 过渡球战术。

采用在网前或后场底线击出高远球技术，以赢得时间，恢复身体重心，调整自己的处境，从而摆脱被动的局面，然后伺机采用杀球、扑球、推球、高平球攻击对方后场空当。

(10) 防守反攻战术。

防守反攻战术，是在对方主动进攻、我方被动防守时，所采用的开始固守、然后伺机反攻的后发制人的战术。

知识窗

羽毛球战术指导思想

“以我为主”、“以快为主”、“以攻为主”是我国羽毛球战术的指导思想。

1. “以我为主”：不要脱离自己的技术、身体条件、身体素质、心理素质和打法特点等去选择战术。

2. “以快为主”：在战术的变化和转换上，要体现“快”的特点。如发现对方技战术的优、缺点后，改变战术要快、要及时；由攻转守、由守转攻或由过渡转为进攻，由进攻转为过渡的速度要快，要抓住有利时机迅速转换。

3. “以攻为主”：在制定战术时，要强调进攻的主导思想。在防守时也要强调积极防守。

（二）双打战术

1. 发球战术

由于双打的后发球线比单打短，在双打中若发高远球，接发球方可以大力扣杀，直接争取主动，同时又较少有后顾之忧。因此，接发球者站位往往压在靠近前发球线处，对发球者造成很大的心理上和技术上的威胁。所以，发球质量、线路的配合、弧线的制造、落点的变化，对整个双打比赛的胜负意义极其重大。

（1）发球站位。

发球的站位不同，对发球的飞行路线、弧线、落点和第三拍的击球都有影响。

发球者站位紧靠前发球线和中线：这种站位始于反手发网前内角，球过网后球托向下，不易被对方扑击。由于站位靠前，也便于第三拍封网。但站位靠前不利于发平快球，一般是发网前内角位球配合发双打后发球线的外角位平高球。

发球者站位离前发球线半米、靠中线：这种站位发球的选择面较广，正、反手都可发网前球、平快球、平高球，并且各种路线都可以发。缺点是球的飞行时间长，对方有较多时间判断处理，发球后，如果抢网较慢也容易失去网前主动权。

发球者站在离中线较远处：这种站位主要用于在右场区以正手和左场区以反手发平快球，攻对方后发球线的内角位和发网前外角。但这种发球只能作为一种变换手段。因为这种发球只对反应慢、攻击力差的对手有一定威胁，但对方有了准备时作用就不大了，而且还会使自己陷入被动。

（2）发球节奏。

接发球方在准备接发球时，思想虽然高度集中，但因受到发球方的牵制，要等球发出后才能判断、启动、还击。所以，发球动作的快、慢也应在规则允许的范围内有所变化，不要让接球方抓住规律。

2. 进攻战术

（1）攻人战术。

双打中常用的一种战术，采用各种击球技术，集中攻击对方中有明显弱点的人，迫使对方另一人协防，使其身体偏离防守位置，然后伺机攻击这一人的空当。

（2）攻中路战术。

利用精确的落点，集中攻击对方两人中间的空当，迫使两人抢接或让球，进攻者伺机攻击暴露空当。

（3）攻后场战术。

采用平高球、平推球、挑底线把对方一人紧逼在底线，使其在底线两角移动击球，在其还击出半场高球或网前高球时即可大力扣杀，取得该球的胜利或主动。

（4）后攻前封战术。

后场队员采用大力扣球技术，迫使对手接杀放网、挑高球或企图反击抽球，前场队员以扑、搓、勾、推控制网前，或拦截吊、点封住前半场，使整个进攻连贯而又有节奏变化，使对方防不胜防。

（5）压后场拉开反击战术。

采用平高球、平推球、吊球、挑后场球等技术，把对方一名队员紧逼在底线两角来回移动击球，并迫使其回击出质量不高的球，然后抓住有利时机反击。如在此过程中，对方处于前场的同伴欲后撤援助，则可伺机攻击网前空当或对其打追身球。

（6）前场打点封压进攻战术。

通过前半场积极抢点放网、推拨半场、平抽平挡和接杀球挡网跟进等技术，迫使对方被动起高球，从而有利于自己一方后压前封进攻得分。

（7）攻前半场战术。

通过采用发球、接发球和前半场的快打、高打、软打技术，重复压对方的网前，来控制前半场，迫使对手网前回击失误或伺机组织进攻。

（8）推压底线进攻战术。

通过采用硬打、快速平推或抽压两边底线战术，控制对方的底线，迫使对手回球质量下降，形成平抽快攻的局面或创造后攻前封的进攻机会。

（9）守中反攻战术。

通过采用各种防守技术，控制对方的进攻，然后伺机反攻，后发制人的战术。

技战术练习形式

1. 单球直线单边对练法

练习者在左区或右区用单球进行直线单边对练。

2. 单球对角单边对练法

练习者在对角区，使用单球进行对角单边对练。

3. 多球对练法

练习者双方均可用两个球，当失误时，不用去捡球，而将手中的球再发出去，以增加练习时间和击球次数。这是一种增加强度和密度的训练方法，适用于单、双打练习。

4. 多球单练法

练习者是一个人，采用多球训练。根据训练要求，采用不同的路线、速度和组数、个数，由教练员发多球给练习者练习，当一人练完一组之后，可休息一段时间，换另一名练习者练习。这种多球练习是增加难度和强度的一种好方法，为了保证有一定的密度，练习者最多不超过三人一组，最好是两人一组。

四、羽毛球竞赛规则

（一）比赛场地和设施

比赛场地呈长方形，长 13.4 米，单打场地宽 5.18 米，双打场地宽 6.10 米。奥运会羽毛球场地净空高度必须在 12 米以上，场地必须是铺在木板上面的塑胶羽毛球场地。球网的材料为拉伸性较小的编织尼龙绳。球网由边长为 15~20 毫米的方形网孔均匀分布而构成。球网的长度为 6.10 米，球网两端高度为 1.55 米，球网中间高度为 1.524 米。

（二）比赛规则简介

1. 挑边

赛前，采用挑边的方法（抛硬币）来决定发球方和场区。挑边赢的一方将优先选择是先发球或先接发球，还是在一个场区或另一个场区开始比赛，输的一方在余下的一项中选择。

2. 计分方法

国际羽联新的计分规则：除非另有规定（“礼让比赛”和“其他记分方法”），一场比赛以三局两胜定胜负，先得21分的一方胜一局，20平后，领先得2分的一方胜该局；29平后，先到第30分的一方胜该局。一局的胜方在下一局首先发球。

3. 站位方式

（1）单打：一局中发球员的分数为0或双数时，双方运动员均应在各自的右发球区发球或接发球；当发球方的分数为单数时，双方运动员均应在各自的左发球区发球或接发球。

（2）双打：

①一局中，发球方的分数为0或双数时，发球方均应从右发球区发球；发球方的分数为单数时，发球方均应从左发球区发球；比赛中，只有当一方连续得分时，发球员才必须在右或左发球区交替发球，而接发球方队员的位置不变。其他情况下，选手应站在上一回合的各自发球区不变，以此保证发球员的交替。

②双打比赛无论是在开始还是在赛中，皆为单发球权，也就是说每次一方只有一次发球权。发球方失误不仅丢失发球权也将丢失1分，如果这时的发球权的一方得分为单数时，则必须是位于左发球区的选手发球，如果此时的发球权的一方得分为双数时，则必须是位于右发球区的选手发球。

③双打比赛只有接发球队员才能接发球，若其同伴接发球或被球触及则“违例”，判发球方得分，当发球被回击后，球可由二人中任何一人击回，不得连击，如此往返直至死球。

④双打比赛发球时，发球队员和接发球队员必须站在规定的发球区和接发球区内发球和接发球，他们的同伴站位可以不受限制，但不得妨碍同伴。运动员发球和接发球顺序不得有误，一名运动员在同一局比赛中不得连续两次接发球（重发球除外）。

4. 比赛间歇

每局比赛，当一方先得11分时，允许有不超过60秒的间歇；所有比赛中，局与局之间允许有不超过120秒的间歇。

5. 比赛中常见的违例

（1）过手违例：发球时，在击球的瞬间，发球员的拍杆应指向下方，使整个拍头明显低于发球员的整个握拍手部。否则，将判违例。

（2）过腰违例：发球时，在击球的瞬间，整个球应低于发球员的腰部。否则，将判违例。

（3）挥拍有停顿：发球开始后，有不正当的延误击出发球或挥拍动作不连贯，将判违例。

（4）脚移动、触线或不在发球区内：自发球开始至发球结束，发球员或接发球员的两脚都必须有一部分与球场地面接触，不得移动，且都必须站在斜对面的发球区内，脚不得触及发球区或接发球区的界线。否则，将判违例。

（5）最初击球点不在球托上或发球时未能击中球，将判违例。最初击球点不在球托是指发球时，球拍先触及羽毛或同时击中羽毛和球托。

（6）发球时，球没有落在规定的接发球区内，将判违例。如：发出的球没有落于对角的场区内或不过网，或挂在网上、停在网顶等。

(7) 球从网上、网孔穿过触及天花板或触及运动员的身体、衣服，将判违例。

(8) 球触及球场或其他物体或人，将判违例。

(9) 击球点超过网的向上延伸面，即在对方场区上空击球，将判违例。

(10) 运动员的球拍从网上、网下侵入对方场区导致妨碍对方或分散对方注意力，妨碍对方、阻挡对方靠近球网的合法击球，将判违例。

(11) 同一运动员连续两次挥拍击中球，或双打的同方两名队员连续各击中球一次，将判违例。

(12) 球停在球拍上，紧接着被拖带抛出，将判违例。

(13) 运动员严重违反或屡次违反比赛的连续性的规定或运动员行为不端，将判违例。如：擅自离开比赛场地喝水、擦汗、换球拍、接受场外指导等，或故意改变球形、破坏羽毛球或举止无礼等。

6. 重发球

由裁判员或运动员（未设裁判员时）宣报“重发球”，用以中断比赛。以下情况为“重发球”：

(1) “重发球”时，该次发球无效，原发球员重新发球；

(2) 除发球外，球过网后，挂在网上或停在网顶；

(3) 发球时，发球员和接发球员同时被判违例；

(4) 发球员在接发球员未做好准备时，将球发出；

(5) 球在飞行时，球托与球的其他部分完全分离；

(6) 裁判员认为比赛被干扰或教练员干扰了对方运动员的比赛；

(7) 司线员未能看清，裁判员也不能做出裁决时；

(8) 出现意外情况，判重发球。

7. 交换场区

以下情况，运动员应交换场区：

(1) 第一局比赛结束；

(2) 第二局比赛结束；

(3) 在第三局比赛中，一方先得 11 分时，交换场；

(4) 如果运动员未按规则的规定交换场区，一经发现，在死球后立即交换，已得比分有效。

第五章　现代体操

第一节　健美操

学习要点：

1. 了解健美操运动基本知识；
2. 掌握健美操基本动作、基本套路；
3. 学习健美操竞赛规则，掌握健美操基本创编原则、基本步骤等。

一、健美操运动简介

早在19世纪，在欧洲一些国家开始出现身体运动和音乐伴奏相结合的韵律体操，并开办培养音乐体操教师的学校，将音乐体操作为体育教育的手段逐步传播。20世纪80年代，美、英、法及欧洲一些国家的健美操得到快速推广，电视节目中健美操形成“热点”，学校的体育教学大纲也将此列入其中。

现代健美操在我国发展的历史并不长，但发展速度却非常快。早在1937年就由康健书局出版了马约翰等人所著的《女子健美体操集》一书。书中以“貌美与体美”、“妇女健康的运动”、“中年妇女的美容操”、“增加体内美的五分钟美容操”、“女子健康柔韧操”等5个标题，阐述了人体美的价值、重要性和要求，介绍了徒手操的动作，其内容与现代女子健美操有诸多相似之处。随后，又出版了《男子健美操集》，这两本书以“增美之齐放”在我国流传。20世纪70年代末，健美操热再次传到我国。目前，健美操已成为我国各级各类学校体育课或课外活动中一项深受师生欢迎的教学内容和锻炼方式。1992年国务院颁布了《全民健身计划实施纲要》，健美操成为全民健身的重要项目之一。1992年9月中国健美操协会在北京成立。1992年2月，中国大学生体育协会健美操、艺术体操分会在北京成立，这些都标志着我国健美操运动已进入一个崭新的发展阶段。

健美操是在音乐伴奏下，以操化动作的方式，融入体操、舞蹈、武术等内容，组成单个动作做成套动作，通过参与者的身体练习，达到健身效果，从而追求完美体形的一项新颖的运动项目。

二、健美操基本功

（一）健美操的基本动作

基本动作是健美操练习和进行群众性健身锻炼的基础。通过基本功动作练习，可以掌握正确的动作技术，加大动作幅度，培养良好的动作体态。基本动作练习是按人体生理解剖结构分部位进行的一项专门性的练习，练习者可根据需要加以选择。

1. 健美操的常用手型

健美操手型有多种，是从爵士舞、芭蕾舞、西班牙舞、迪斯科、武术等手型中吸收和发展起来的。手型是手臂动作的延伸和表现，手形的变化不仅可以使手臂的动作更加丰富多彩，生动活泼，表现出美感，而且有助于加强动作的力量性。常用健美操手型有以下几种，其训练规范如下：

(1) 掌（如图 5–1 所示）。

A. 开掌：五指用力分开，并伸直。

B. 并掌：大拇指指关节弯曲内扣，其余四指并拢伸直。手腕伸直，使手臂成一条直线。腕关节与掌指关节适度紧张。

C. 立掌：手掌用力上屈，五指自然弯曲。

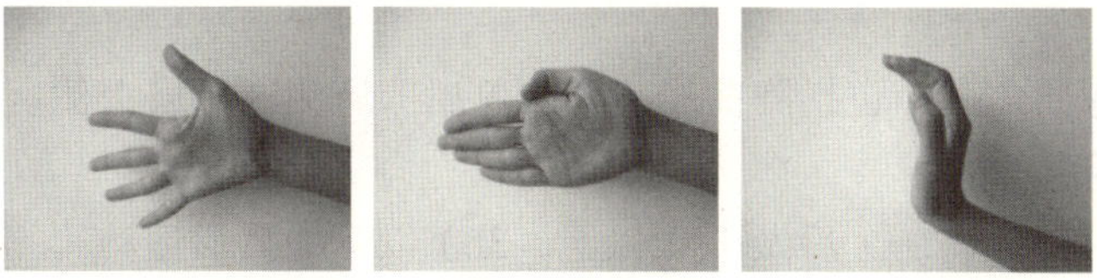

图 5–1

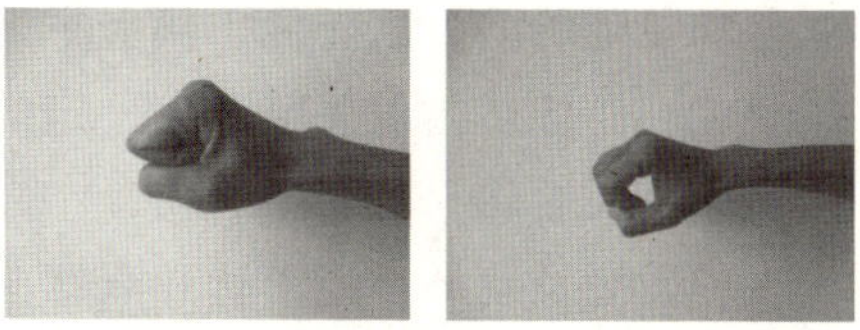

图 5–2

(2) 拳（如图 5–2 所示）。

A. 实心拳：四指卷握，大拇指末关节压住食指、中指的第二关节。

B. 空心拳：四指卷曲，大拇指末关节压住食指、中指的末关节，拳成空心装。

(3) 其他手型（如图 5–3 所示）。

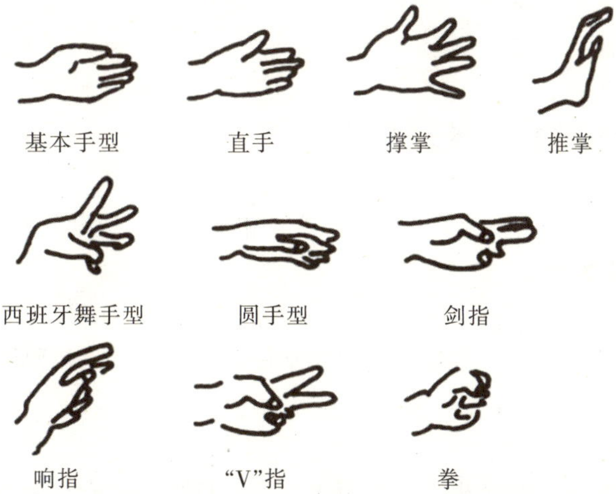

图 5–3

A. 西班牙舞手型：五指分开，小指内旋，拇指稍内收。

B. 剑指：食指和中指并拢伸直，拇指，无名指小指内收。

C. V 指：拇指与小指、无名指弯曲，食指与中指伸直并尽力分开。

D. 响指：无名指与小指屈握，拇指与中指、食指摩擦后，中指击打大鱼际处产生响声。

2. 头颈动作

形式：屈、转、平移、绕及绕环。

方向：向前、向后、向左、向右转和绕、绕环。

要求：做各种形式的头颈动作，节奏一定要慢，上体保持正直。

3. 肩部运动

形式：单肩的、双臂的提肩和沉肩；收肩和展肩；单肩的、双肩的绕和绕环；振肩。

方向：向前的、向后的绕及绕环。

要求：A.提肩、沉肩时，两肩在同一额状面上尽量上下运动。B.收肩、展肩的幅度要大，肩部要平。C.振肩动作要有速度、力度和弹性。

4. 上肢动作

形式：由举、屈伸、绕、绕环、振、旋等动作组成。

（1）举：指以肩关节为轴，臂的活动范围不超过 180°而停止在某一部位的动作，包括双臂和单臂的前、后、侧、侧上举。

（2）屈伸：指肘关节产生一定的弯曲角度，包括胸前屈、胸前单屈、肩侧区、肩上侧区和前屈、头后屈。

（3）绕及绕环：指单臂和双臂向内、外、前、后做 180°以上、360°以下的弧形运动。

（4）振：指以肩为轴，臂用力摆至最大幅度，

（5）旋：以肩或肘为轴做臂旋内或旋外的动作。

要求：A. 上体保持正直，位置要准确，幅度要大，力达身体最远端。B. 做臂的摆动、绕及绕环，拉开用力。

5. 胸部动作

形式：含胸、展胸、移胸。

要求：练习时收腹、立腰。

6. 腰部动作

形式：腰的屈、转、绕和绕环。

方向：向前、向后、向左、向右。

要求：A. 腰前屈、转时，上体立直。B. 腰绕和绕环时，速度放慢。

（二）健美操的基本步法

1. 踏步

大腿抬平，小腿自然下垂，落地时用前脚掌过渡到全脚掌，两臂屈肘前后自然摆动，身体保持正直，抬头挺胸。

2. 交叉步

有向前、向后、向侧的交叉步。一脚迈出，另一只脚在前或在后交叉，重心随之移动。

3. V 字步

有正 V 字步、倒 V 字步。一脚迈出，另一只脚随之迈出成一条直线，两脚距离略比肩宽，两膝自然弯曲，随后依次收回。

4. 开合跳

跳起分开落地，髋部、脚尖外开、膝关节在同方向弯曲。蹬地还原时，脚跟并拢，膝缓冲。动作要起伏、连贯、有弹性。

5. 弹膝腿跳

动力腿屈膝后摆，两膝之间要靠拢，前弹时不要过分用力，膝关节、髋关节运动伸展要

有控制，脚尖绷直，然后换另腿做。

6. 后踢腿跳

一腿屈膝后摆，髋和膝在一条直线上；跑跳过程中，膝、踝关节充分缓冲，手臂自然摆动。

三、健美操基本套路

（一）有氧健身操

有氧健身操是健身健美操的一种，通过长时间（15 分钟以上）在有氧代谢状态下持续运动，不仅使心肺功能增强，而且还锻炼了大肌肉群。

（二）搏击操

搏击健身操是欧美健身房里的最新热点。它是在节奏强劲的音乐伴奏下，集舞蹈、拳击、跆拳道、空手道、韵律操为一体的新型有氧健身操，具有减肥健美、娱乐强身等多重作用。

四、健身健美操创编

（一）健美操的创编原则

1. 全面性原则

在编排整套动作时，要考虑到尽可能使人体参与的部位全面，成套动作选择的内容，应包括增强肌肉群力量、各关节的灵活性、柔韧性的不同类型的动作，使上肢、下肢和躯干等身体各部分进行上下、左右、前后不同方向的交替活动；要注意使每个动作的幅度、速度和角度等符合人体解剖学原理和生理特征。同时还要注意选编一些能增强心血管系统功能的走步和跳跃动作，使心血管系统得到充分刺激并产生新的适应。

2. 针对性原则

在集体创编健美操时根据不同的任务、对象、场地、器材等情况和特点，创编切合实际的单个和成套动作。例如，以培养正确体态为主要任务时，应侧重于选择有利于培养良好基本姿态的动作；以提高体能、增强体质为主要任务时，应保证成套动作的时间、强度，并选择起伏大的动作；以愉悦身心为主要任务时，应选择新颖、趣味性强的动作，并讲究成套动作编排的艺术性和音乐选配的优美性。

不同年龄、性别、职业、身体状况、运动水平、文化层次的练习者对健身健美操的需求、爱好及接受能力都有所不同，因此在创编时要根据不同对象的生理、心理特点，在内容、风格、难度、速度、运动负荷等方面有所区别。例如，以女性为主要练习对象时应选择一些刚柔并济，优美协调、流畅多变的动作；以男性为主要练习对象时，应选择一些刚劲有力、豪爽大方的动作；以中老年人为主要练习对象时，应注意柔和，选择用力均匀和幅度变化不大、速度快慢适中、简单大方的动作，同时加强身体远端关节如手指、踝和肩的活动；以青年人为主要练习对象时，应选择一些富有朝气、节奏感强的动作。

3. 合理性原则

动作顺序设计与运动负荷安排的合理性是体现健身健美操的科学性，取得锻炼效果的一项重要原则。

健身健美操动作顺序的设计，必须遵循人体活动能力的变化规律，使人体运动的生理负荷由低到高，波浪形地逐渐发展，再逐渐恢复。为此，一套健身健美操的动作结构一般分为三个部分：

第一部分是准备部分。任务是成套做好生理上和心理上的准备，逐步消除人体内脏的生理懒惰，激发做操热情。可选择一些配合呼吸的脊柱伸展以及各种走步、小跑步等动作。

第二部分是主体部分。任务是全面锻炼人体的各部位。一般从人体远端开始，自头或足始，逐渐过渡到肩、胸、腰、髋，即整个上下肢和躯干运动。身体运动由局部到整体，由慢到快，由弱至强，高潮在跳跃运动。

第三部分是结束部分。任务是使心率逐渐恢复到做操前的安静状态。一般为全身放松和踏步调整，动作速度逐渐减慢，伴以深呼吸。

目前，国内外正流行一种有氧健身操，它的动作和设计与一般健身操基本相同，只不过都在走跑跳中进行，采用重复递进方式逐渐增加训练内容，最后以身体的伸展和牵拉作为结束。

4. 艺术性原则

健美操既是一种锻炼身体的手段，又是一种形体艺术。因此，在单个动作设计上，要健康、大方，力求体操动作艺术化，舞蹈动作体操化，在吸收一些现代舞、民族舞动作的同时，结合健美操的特点进行再创造，使动作活而不乱，美而不花，注意多方向、多角度、多层次的展开运动。在成套动作处理上，要注意动作的大小搭配、左右回旋、上下起伏、快慢交替。另外，音乐是健美操的灵魂，它影响着其风格、结构、速度、节奏，音乐选配的好容易激发练习者的锻炼激情，因此在选配音乐时，要注意音乐与健美操的风格统一。音乐的旋律要动听，力求新颖、富有变化，节奏鲜明、强劲、规整，速度适中。健身健美操的音乐一般是 26 拍/10 秒以下。

（二）健美操的创编步骤

1. 创编前准备包括：明确创编目的、任务和要求；了解练习者多方面情况（性别、年龄、职业、文化水平、身体状况、运动基础等）；了解锻炼时间、场地、器材、设备等条件；学习有关健美操创编的文字和音像资料。

2. 制定总体方案

在了解多方面的基础上，确定所编操的类别（健身健美操中的哪一种）、风格（活泼或稳健、优美或刚劲）、难度（大、中、小）、长度（若干个八拍）、速度（X 拍/10 秒）、结构顺序、主要动作类型（如头的屈、伸、转、绕、绕环）及高潮的安排。在有了基本构思后，编操者构思补充、修改整体方案。最后，总体方案表可将总体构思归纳出来，以便从整体上检查总体构思的完备性和合理性，并以此为纲进行下一步的具体动作设计。

3. 编排和记录

遵循健身健美操创编的原则，按照总体方案逐节设计具体动作，并用速记或速写的方法记录。

4. 练习与调整

按设计好的动作进行练习。在练习过程中要进行多方面的检查：包括对活动量和强度的测试，对整套操结构顺序的合理性和艺术性的检查等，根据测试结果、练习者的反馈信息及编创者的观察研究，对操进行适当的修改调整。

5. 撰写文字说明与绘图

文字说明的格式可参照基本动作说明。图解可根据实际情况绘制成详图或单线条简图。

五、健美操竞赛规则简介

（一）健身健美操竞赛规则

1. 比赛的内容包括规定动作和自选动作。

2. 成套动作时间为 2 分 30 秒至 3 分。

3. 音乐速度为 10 秒钟 22~26 拍。

4. 比赛场地为 10×10㎡的地板或地毯，标记带为 5 厘米的红色或黑色带，标记带是场地的一部分。

5. 服装与仪容

运动员可穿紧身健美服或适合运动的服装，服装上可有首饰（如花边、亮片等），但不许有悬垂物。比赛时，不许带任何首饰和手表（皮带和发卡除外），不许穿生活装、武术服装，中老年组可穿运动服装或适合运动的休闲服等。头饰要端庄大方，化淡妆。

6. 比赛程序通常分为预赛和决赛。凡参赛队均须参加预赛，预赛前 8 名者进入决赛，不足 8 名时递减一名录取。

7. 比赛中得分高者名次列前，如遇得分相等，艺术分高者名次列前，再相等名次并列，无下一名次。

8. 裁判组的组成

裁判组是由裁判长 1 人、艺术裁判 3~5 人、完成裁判 3~5 人、视线裁判 2 人、辅助裁判若干人组成。

9. 计分方法

比赛采用公开示分方法，裁判员精确到 0.1 分、运动员得分精确到 0.01 分。

10. 成套动作的评分因素包括艺术分 10 分和完成分 10 分，总分为 20 分。评分时，去掉最高分与最低分，所剩分数或所剩分数的平均数为运动员的艺术分或完成分，两个分数相加为总分。从总分减去裁判长的分数为最后得分。

（二）健身健美操竞赛裁判方法

成套动作的评分包括艺术分、完成分、裁判长减分。

1. 艺术分

（1）动作设计（5 分）。

健身健美操的动作设计应符合下面四个原则：健身、娱乐原则；安全无损伤原则；全面发展身体的原则；符合年龄特点的原则。

①基本步法、手臂动作及动作组合（2 分）。

动作设计必须包括七个基本步法：踏步、开合、吸腿、踢腿、弓步、弹踢腿跳、后踢腿跑，或类似形式；手臂动作要体现多样性及动作的不对称性；动作组合中应使身体的各部位（头、手、上臂、前臂、躯干、腿和脚）协调配合，共同参与的部位越多评价越高；同一动作组合允许出现一次对称动作；成套动作的设计要以操化动作为主，在融合现代舞蹈和传统武术等项目的动作时，必须符合健美操动作特点。成套动作中不允许出现任何清楚的显示其他项目特征的造型或静止动作（如芭蕾、健美、搏击等）；成套动作中不鼓励出现难度动作，如出现类似动作，不予加分，对出现的错误仍予以减分。开始和结束允许出现托举动作，但不允许出现违规动作。成套动作应出现两次运动员之间的交流配合动作。

②过渡与连接（2分）。

成套动作应合理、流畅地连接健美操基本步伐、动作组合；灵活和流畅的空中、地面的相互转换。运动员可以依次或分批做动作，但任何一名运动员不允许停顿1×8拍。

③强度（1分）。

包括动作的频率；动作的速度及幅度；完成动作的耐力；移动。

（2）音乐（1分）。

音乐的选择应完整并与成套动作的风格协调；音响效果应是高质量的，并有足够音量，必须和运动员成套动作相配合。

（3）队形与空间的运用（2分）。

成套动作的队形变化应自然、迅速、流畅、清晰、美观，成套动作的队形变化不少于5次；成套动作必须充分、合理、均衡的使用场地；运动员在比赛场地中必须移动至少4个方向（向前、向后、向侧及对角）；成套动作中至少出现2次空间的变化（地上和腾空均可）。

（4）表演（2分）。

运动员在完成动作时，充分显示出热情、活力、魅力，并传达给观众；运动员的动作必须与音乐的节拍相符，并与乐曲配合。

2. 完成裁判的评分

完成分从10分起评，对每个完成错误给予减分；完成裁判的评分因素为技术技巧和一致性。

（1）技术技巧。

在成套动作中准确完成动作，展示完美的姿态及身体各部分的正确位置。具体为：身体的正确姿态；技术规范、部位准确、方向清楚、控制完成；熟练、轻松、流畅；爆发力、力度和耐久力。

（2）一致性。

整体完成动作的能力，运动范围的一致性；所有运动员应体现出一致与均衡的运动强度；所有运动员应具有一致的表演技巧。完成裁判对于以上每类错误的减分标准如下：小错误，每次减0.1分（稍偏离正确完成）；中错误，每次减0.2分（明显偏离正确完成）；大错误，每次减0.3分（较严重偏离正确完成）；失误，每次减0.5分。

3. 裁判长减分

（1）裁判长的职责是记录评判整套动作，并根据技术规则负责监控在场全体裁判的工作。

（2）裁判长负责以下减分：时间不足（指整套动作时间少于2分30秒），扣0.2分；时间超过（指整套动作时间多于3分），扣0.2分；参赛人数不足或超过均扣0.2分；音乐速度不符合要求，扣0.2分；运动员被叫到后20秒未出场，扣0.2分；运动员的着装仪容不符合规定，扣0.2分；运动员身体触及线外地面，每次扣0.1分；违例动作减分，每次扣0.5分。

健美操比赛

1983 年美国举行了首届健美操比赛，1984 年首届远东区健美操大赛在日本举行。

由于两次大赛的成功，1984 年起健美操运动在世界各地全面兴起。每年国际上举办的活动有：健美操世界锦标赛、世界杯赛、世界冠军赛、世界巡回赛。国际健美操委员会力争在 2004 年将健美操项目带入奥运会。随着人民生活水平的不断提高，健美操所特有的保健、医疗、健身、健美、娱乐的实用价值受到越来越多的人们的重视。吸引了不同年龄的爱好者参与，形成了一定规模的消费群体。各级电视台纷纷制作以健美操竞赛、普及为内容的专题节目，其收视频率远远超过其他节目。由于健美操比赛可在体育馆和舞台上举行，加之健美操运动时场地运用集中的特点，给企业结合比赛进行广告宣传创造了机会。

第二节　形体训练

学习要点：

1. 了解形体训练的概念、意义及价值等基本知识；
2. 掌握形体训练基本动作；
3. 初步掌握形体训练组合动作。

一、形体训练概述

形体是指人在先天遗传变异和后天获得的基础上所表现出的身体形态上的相对稳定的特征。先天遗传对形体起着决定性的作用，后天的训练则起着改善的作用。女子的形体要求线条清晰、体态均匀、刚柔结合，具有曲线美、匀称美、协调美和弹性美。

（一）形体训练的定义

形体训练就是以人体科学理论为基础，通过徒手或利用各种器械，运用专门的动作方式和方法，以改变人的形体的原始状态、提高灵活性、增强可塑性为目的的形体素质基本练习。同时也是以提高人的形体表现力为目的的形体技巧训练。

根据形体训练的定义，形体课是在有限的课时内，在遵循运动人体科学理论的同时，利用艺术体操、舞蹈和健美操的内容为训练内容，在音乐的伴奏下按一定的节奏进行练习的过程，其中改变人的形体的原始状态、提高灵活性和形体表现力是教学的最终目标。

（二）基本术语

由于形体练习兼有芭蕾、舞蹈和体操的特性，因此，这些项目中的一些徒手动作的术语都适用于形体练习，我们把以下动作术语作为形体练习的基本术语。

1. 举：指手臂或腿以肩关节或髋关节为轴，由低向高抬起，停止在一定位置的动作

(其活动范围不超过 180°)。例如，左腿前举、两臂侧平举等。

2. 摆动：指以身体某一关节为轴，以相连的自由肢体为半径所做的钟摆式弧形动作。

3. 屈：通过关节的弯曲运动使身体某部位形成一定的角度。例如，屈膝、体前屈等。

4. 伸：指弯曲关节伸直的动作。例如，伸臂和伸髋。

5. 绕：身体某一部位移动范围在 180°以上、360°以下的弧形运动。例如，两臂经前向上绕至后上举。

6. 绕环：身体某一部位移动范围在 360°或 360°以上的圆形动作。

7. 弹动（性）：身体某一部位的关节有节奏地连续完成屈和伸的动作。例如：腿部弹动和腰部的弹动。

8. 波浪：身体某部位各关节按顺序做依次、柔和、连贯的屈伸动作。波浪动作有手臂波浪和身体波浪。

9. 平衡：指用单脚、单膝或臀部支撑在地上，身体保持某一静止的姿势。平衡动作有很多，例如，俯平衡、跪平衡、侧平衡等。

10. 转体：指围绕身体纵轴转动的动作。转体动作的名称是由转体时的身体姿势决定的。例如，单腿站立转体、蹲转、坐转、平转等。

11. 跳跃：指用单脚或双脚蹬离地面使身体腾空的动作。动作名称是由身体腾空时腿和躯干的姿势决定的。例如，向前大跨跳、挺身跳、向前屈膝交换腿跳等；根据跳的高度和空中动作幅度的不同，还可分为小跳、中跳和大跳。

12. 步法：指有特有节奏的脚步移动的方法。包括各种走、跑及舞步等。

二、形体训练基本动作

（一）基本站立姿势

头正，稍抬，目视前方，两肩放松下沉，两臂自然伸直体侧，挺胸，立腰，收腹，提胯，夹臀，两腿肌肉加紧内收。

要点：站立要挺拔，眼睛看前方并富有神态。

（二）手位和脚位

1. 手位（图 5–4）

图 5–4

(1) 一位：两臂体前自然下垂，指尖相对，掌心稍向内，两手间距约为一拳。

(2) 二位：两臂保持一位姿态至前举，稍低于肩，掌心相对。

(3) 三位：两臂保持一位姿态至上举（略偏前），掌心向下。

（4）四位：一臂前举，一臂上举。

（5）五位：一臂侧举，一臂上举。

（6）六位：一臂侧举，一臂前举。

（7）七位：两臂侧举，稍低于肩，掌心向前下方。

要点：肩部放松，肘、腕自然微屈，手臂成弧形。

2. 脚位

（1）一位：两脚跟靠拢，脚尖向两侧，两脚成一直线。

（2）二位：两脚跟间距约一脚，脚尖向两侧，两脚成一直线。

（3）三位：两脚跟在脚弓处相叠，脚尖向两侧，两脚平行横立。

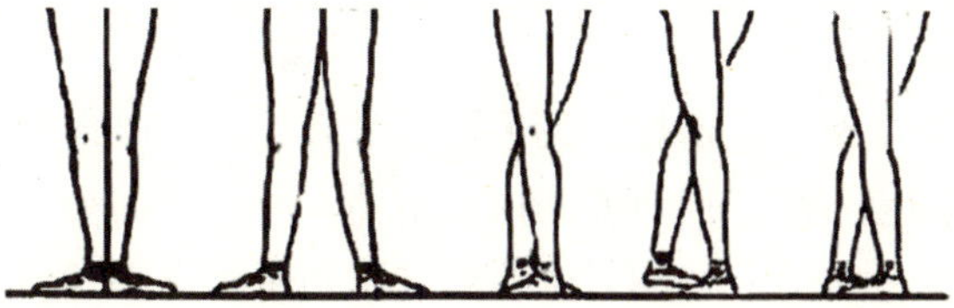

图 5–5

（4）四位：两脚前后平行站立，间距约一脚，脚尖向两侧。

（5）五位：两脚前后平行相靠，脚尖向两侧。

要点：髋、膝关节充分向外打开，身体重心在两脚上。

（三）基本步法

1. 柔软步

从自然站立开始，左腿伸直并向前下方伸出，脚面绷直向外，由脚尖过渡到全脚掌落地重心前移，换右脚做，两腿交替进行，两臂前后自然摆动（见图 5–6）。

要点：由脚尖过渡到全脚掌落地，重心前移，抬头挺胸，收腹立腰。

图 5–6

图 5–7

2. 足尖步

从并立提踵开始，左腿伸直向前下方伸出，脚面绷直向外，由脚尖过渡到前脚掌落地，重心前移，再换右脚做，两腿交替进行，两手叉腰（见图 5–7）。

要点：步幅均匀，重心平稳，充分立踵。

3. 变换步

以普通变换步为例。从自然站立两臂叉腰开始，右脚向前一步柔软步，重心移至右腿，两臂落至体前下举，左脚并右脚。右脚向前做柔软步，右脚站立，左腿伸直后点地。两臂由下摆至左臂前举，右臂侧下举（见图 5–8）。

要点：步幅均匀，动作不宜太大，站立时两腿外开，上体正直，重心移动连贯（变换步还可以向后、向侧、举腿、屈膝做）。

图 5–8

图 5–9

4. 弹簧步

从并立起踵、两手侧下举开始。左脚向前一步，同时稍屈膝半蹲，重心移至左腿。左腿伸直提踵，同时右腿向前下伸，膝与脚面绷直，然后换右腿做（见图 5–9）。

要点：出脚时由矫健过度到全脚掌柔和落地，有控制的依次弯曲踝、膝关节，接着依次充分伸直膝、踝，重心向上成提踵立。上体正直，收腹立腰，步幅不宜过大。

5. 华尔兹步

以向前华尔兹为例，从并立提踵，两臂侧举开始。左腿向前做一次柔软步，落地稍屈（见图 5–10）。

要点：步幅均等，不宜过大。身体稍有起伏，上体随之向左右屈（华尔兹步还有向侧、向后、转体等动作形式）（见图 5–11、图 5–12、图 5–13）。

图 5–10

图 5–11

图 5–12

图 5–13

6. 跑跳步

以向前跑跳步为例。节拍前，左脚蹬地跳起，同时右脚屈膝抬起低于 90°。第 1 拍上半拍，右脚向前落地下半拍，右脚随即蹬地起跳，同时左腿屈膝抬起低于 90°。换另一只脚做，两臂自然摆动。

要点：屈膝腿小腿和脚背外展。动作过程中身体重心始终向上，不后坐。跑跳步还可以向后、侧、斜方向做。

（四）转体

1. 双脚转体

以双脚直腿 180°转体为例。右脚向左脚前交叉提踵，两臂侧举，向右转体 180°，成左脚在前的提踵立（见图 5–14）。

图 5–14

要点：转体时重心上提，收腹立腰，摆臂领肩带动转体（双脚转体度数可大可小，还可以从屈膝开始做）。

2. 单脚转体

以吸腿向前转体 360°为例。从左脚站立，右脚前点地，左肩侧举，右肩胸前平屈开始。左脚蹬地，右脚提踵立，左腿旁吸，向左转体 180°，两肩上举。

要点：身体正立，收腹立腰，重心上提。右臂带动身体转动，转体时可以以主力腿前脚掌为轴（此动作体度数可大可小也可向后转体，或前后举腿转体）。

（五）平衡

平衡动作是指身体某部分支持于地上，控制身体重心，表现出某种动作姿态造型的静止动作。平衡动作很多，下面举例三种。

1. 跪撑平衡

以右脚支持为例。右腿屈膝跪撑，右脚向后上方用力伸直，抬头，挺胸，塌腰，静止不动。

2. 屈膝前举腿平衡

以左脚支持为例。左脚站立，右脚屈膝前举，膝关节高于髋部，大小腿成钝角，膝盖脚面外展，两手五位，静止不动。

要点：左脚充分伸直，重心在左脚，收腹立腰，上身正立。

3. 俯平衡

以右脚支撑为例。左脚站立，右腿伸直向后上方举起，同时上提前俯，抬头，挺胸，一臂前举，一臂后上举。

要点：腰、背、腹肌协调用力，使身体重心的垂直投影线落在支承面内。

（六）波浪

1. 手臂波浪

从自然站立，两臂侧举开始，肩部下沉，接着肘、腕、指关节依次弯曲再伸直还原为侧举（见图 5–15）。

图 5–15

要点：由肩部开始发力，肘、腕、指依次屈伸，形成连贯的波浪形动作（此动作亦可以前后做，两臂上下举时做）。

2. 全身波浪。

（1）向前波浪。由身体前屈开始，踝、膝、髋、腹、胸、颈依次向上伸挺，经上体后屈，伸直还原成直立，手臂经下向后绕至上举（见图 5-16）。

要点：身体各部分依次伸、屈，波峰在体前由下向上推移。

图 5-16

图 5-17

（2）向后波浪。由身体后屈开始，依次屈髋收腹含胸低头至上体前屈，两臂向后绕至上举（见图 5-17）

要点：身体各部分依次向后拱起，波峰在体后由下向上推移。

（3）向侧波浪。由上体左侧屈开始，右腿屈膝，经两腿屈膝向左顶髋，两腿依次蹬直，向左挺胸、抬头至上体右侧屈（见图 5-18）

要点：重心从右腿至左腿，身体依次向右侧上方伸展。

（七）把杆练习

1. 擦地

以一位擦地、右脚为例。预备时双手（或单手）扶把，一位站立。右脚向侧擦出至脚尖点地；再擦地收回一位（见图 5-19）

图 5-18

图 5-19

要点：

（1）擦地时支撑腿外开，伸直，立腰顶髋。重心在支撑腿上，身体正直。

（2）向前 、侧擦出时脚跟主动前顶，向后擦出时脚尖主动后伸，至点地位置时踝关节和脚面充分绷直。

2. 蹲

（1）半蹲。预备时两脚站立成一位（二位、五位）。屈膝下蹲至膝关节角度大于 90°；再用同样缓慢的速度站立至两腿伸直（见图 5-20）。

(2) 全蹲。在半蹲的基础上再继续下蹲，直至臀部触及被迫抬起的脚跟，膝关节弯曲小于 90°；再用同样的速度起立，两腿伸直（见图 5-20A）。

要点：

A 蹲、起时保持脚位正确，膝盖、脚尖外开向侧；上身正直，重心始终在垂直部位。

B 速度均匀、均衡，动作连贯、柔和。下蹲时被动屈膝，起立时主动伸腿。

图 5-20

3. 划圈

以右腿为例。预备时左手扶把，右手七位，右脚前一位站立，直腿划圈，向前擦地伸出至前点地；侧划至后点地：再向侧、向前划圈，经擦地收回一位。屈腿划圈时主力腿半蹲，同时右臂由七位至三位，最后一拍还原至一位（见图 5-21）。

图 5-21

要点：

(1) 上体保持正直，动作时身体不能晃动，重心在支持腿上。

(2) 立腰开胯，两膝外展，划圈幅度大。

4. 压腿

(1) 前压腿。预备时面对把杆站立，左腿绷直旋外放在把杆上，手臂上举成三位手。

1~2 拍立腰向前屈髋，以腹、胸、下颚依次贴左腿，手臂伸向脚尖前方，3~4 拍还原成预备时。

(2) 侧压腿。预备时左侧对把杆，左腿伸直放于把杆上，脚面向上，两臂侧举成七位手。1~2 拍右臂向上成三位手，上体拉长向左侧屈，左肩对右腿，3~4 拍立腰还原。

(3) 后压腿：预备时右侧对把杆，左腿后举，将脚背置于把杆上，两腿伸直，上体正直，手臂上举成三位手，挺胸抬头，1~2 拍上体后屈，同时支撑腿屈膝下蹲，3~4 拍还原成预备时。

要点：压腿时两腿绷直（后压腿支撑腿弯曲）外开，肩、胸、髋对正。

5. 踢腿

(1) 小踢腿：以右腿为例。预备时单（双）手扶把，右脚前五位站立。右腿绷直经擦地快速有力向前（侧、后）踢出至 25°位置急停；右脚尖下落点地，将擦地收回五位（见图 5-22）。

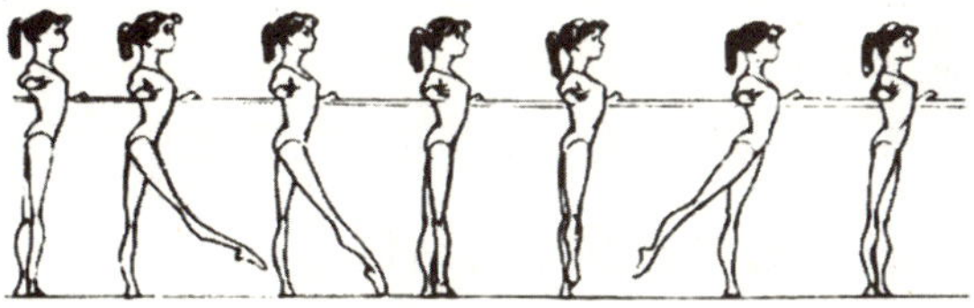

图 5-22

要点：踢出和收回时先要经过擦地过程；身体不能晃动，腿部保持伸直。

(2) 大踢腿：预备时左侧对把杆，左手扶把起立，右腿直膝擦地用力向前（侧、后）上方提起 135°以上，右腿轻落至点地，右脚擦地收回。

要点：基本同小踢腿，但是踢腿幅度大于 90°。

6. 压肩

两脚开立，面对把杆上体前倾，两手臂伸直放在把杆上，上体用力向前压，将肩关节拉开，压至最大限度时，腰部震动一次，如此反复。

要点：压肩时必须抬头、挺胸、塌腰，两臂伸直。

7. 下拉肩

背对把杆站立，距离把杆约 30cm，两手体后握把杆。1 拍手拉把杆，上体前倾，2 拍控制不动，3~4 拍重复，1~2 拍动作。

要点：练习时下肢不动，上体前倾，抬头挺胸，充分拉动肩关节。

(八) 垫上练习

1. 跪坐压脚背

预备时跪立，两腿两脚靠拢夹紧，脚面绷直贴于地面上，收腹，立腰，两手放在大腿两侧，接着臀部慢慢下坐至踝关节，同时用力压脚背。此动作也可以两膝打开做。

要点：脚面绷直，收腹，上、下压踝时动作柔和，有控制。

2. 跪坐半劈腿压腿

预备时左腿后伸，右腿大小折叠跪坐，上体正直，两手分别置于体侧，指尖扶地。两手臂带动上体后振，接着身体向前回呈低头含胸时，两手臂分别摆在体前。

要点：上体后振时保持抬头、挺胸、立腰、立背，后腿伸直。

3. 开胯练习

两腿屈膝，脚心相对，俯撑于地面。提臀，收腹，拱背，含胸抬头，然后压垮，塌腰，挺腹抬头。

要点：做动作时，一直保持直臂支撑，向下压胯压膝时，臀部下沉，两脚心贴紧，大腿开度尽量大。

4. 坐姿伸背

挺胸，收腹，直背坐立于地，两手分别放在两侧地上，屈右膝，右脚平踩在左腿旁地上。右手微屈置于体后，尽量靠近身体，左手放在右膝外侧。右膝慢慢向上体靠拢，头和上半身向右扭转到极限后，换方向做。

要点：做动作时头部和脊椎保持一直线，头略抬。

5. 向侧吊胸腰练习

上体正直，双臂呈三位手，并腿跪立。左腿向侧直膝点地，右腿跪立，向侧下腰，左手臂向侧伸展。

要点：做动作时，髋部要正，不能前倾后仰。手臂伸展时，尽量伸向远方。

三、形体训练组合动作

(一) 预备：正视前方，自然站立，两臂自然下垂，目视左前方。

1. 第 1 个八拍

1~2 右腿站立，左脚向前擦出，脚尖点地，两臂呈二位，头略左转，目视左前方。

3~4 左腿向侧后划弧至脚尖点地，同时右腿屈膝呈右弓步，两手臂向两侧打开至左手臂上举（掌心斜向后），右臂平举，头右转，眼看右前方。

5~6 左腿向前摆至于脚尖前点地，右腿不动，重心后移，两手臂经侧向后向前绕至上举（掌心向下），带动身体做一次波浪。头略抬，眼视左前方。

7~8 两腿直立提踵向后，小碎步至右腿在前，两手臂向左斜上前做小波浪一次，头左转，眼视左前方。

2. 第 2 个八拍

动作同第 1 个八拍，方向相反，且第 8 拍的后半拍时呈正立势，两臂下摆置于体侧。

3. 第 3 个八拍

1~2 左腿向右前方一步，屈膝半蹲，右腿在后，屈膝点地，两臂向内摆至屈臂体前交叉（掌心向后），头左转，眼看左前方。

3~4 左腿向左侧点地一次，右腿跟着点地一次，成分腿直立，两臂向两侧打开至侧平举。

5~6 左腿屈膝外展旁吸于右小腿旁，右腿提踵直立，左手置于腹前，右手上举，下旁腰，头左转。

7~8 左腿向前迈步成左弓步，左手后下举，右手前上举。

4. 第 4 个八拍

动作同第 3 个八拍，方向相反。

5. 第 5 个八拍

1~2 右脚向左前上步，同时向前踢左腿，右臂前摆，左臂后摆。

3~4 左腿落下屈膝支撑，右腿后踢，左臂斜前摆，右臂斜后摆。

5~6 右脚向右后一步，同时右臂经体前向外绕环，左脚并右脚半蹲，两臂下垂。

7~8 左脚侧出，身体向左侧波浪一次，两臂侧下举。

6. 第 6 个八拍

动作同第 5 个八拍，方向相反。

7. 第 7 个八拍

1~2 右腿向左腿至两腿并立起踵，两臂经侧摆至上举，两掌心相对，头左转。

3~4 左腿向左侧出一步，脚尖点地，两手臂小臂向内交叉环绕至左臂侧下举，右臂侧上举，向侧下旁腰。

5~8 左腿向前迈步成左弓步，右手臂向后、向前，左手臂向前、向后绕至左臂前上举，右臂后下举，抬头挺胸。

8. 第 8 个八拍

动作同第 7 个八拍动作，方向相反。

9. 第 9 个八拍

1~2 左腿向右腿收至屈膝半蹲，左手搭右肩。

3~8 两腿原地直膝，小碎步向左转体 90°，右手臂缓缓打开至斜上举（掌心向外），左手臂呈侧下举（掌心向下）。

10. 第 10 个八拍

动作同第 9 个八拍，方向相反。

11. 第 11 个八拍

1~8 右脚向左前上步，重心前移至右脚站立，左脚后点，同时左臂经体侧向前摆至前举，右臂置于体侧。

知识窗

形体训练能使人变聪明吗？

形体训练，是外环境对肌体的一种刺激。这种刺激具有连续、协调、速度、力量的特点，使肌体处于一种运动状态。这种状态下中枢神经将随时动员各器官及系统使之协调、配合肌体的工作。经常参加形体训练，就能使神经活动得到相应的提高。除此之外，形体训练还要求动作要迅速、准确；而迅速、准确的动作又要在大脑的指挥下来完成。脑是中枢神经的高级部位，形体训练时，脑和脊髓及周围神经要建立迅速而准确的应答式反应，而脑又要随时纠正错误动作，储存精细动作的信息。经过经常、反复不断的刺激，提高人的理解能力、思维能力和记忆能力，从而使大脑更加聪明。所以说，经常参加形体训练，可以加强肌体神经系统的功能和大脑的工作能力，使之更加健康和聪明。

第三节　体育舞蹈

学习要点：

1. 了解体育舞蹈的种类、基本舞步等基本知识；
2. 掌握体育舞蹈基本舞步练习方法。

体育舞蹈，又称“国际标准舞”，由社交舞转化而来，是体育与艺术高度结合的一项体育项目，是一种男女为伴的步行式双人舞的竞赛项目。

体育舞蹈的发展过程经历了原始舞蹈→公众舞→民间舞→宫廷舞→社交舞→新旧国际标准交际舞等发展阶段。经过半个多世纪的演变，随着当今科技、文化的发展，交谊舞发展成了一种艺术性高、技术性强的表演性的竞技性舞蹈。早在 1947 年，柏林就举行了首届世界交谊舞锦标赛，1960 年拉丁舞也正式成为世界锦标赛项目，人们称之为“当代国际标准交谊舞”，亦称为“体育舞蹈”。由于它具有高度的艺术性及技巧性，故每年在国际上都有不同地区、不同级别、不同规模的多种比赛，并将列入奥运会表演项目。

一、体育舞蹈的种类

体育舞蹈根据其风格特点分为摩登舞、拉丁舞两类。

（一）摩登舞

摩登舞（modern），又译为“标准舞”。特点是由贴身握抱的姿势开始，沿着舞程线逆时针方向绕场行进。步法规范严谨，上体和胯部保持相对稳定挺拔，完成各种前进、后退、横向、旋转、造型等舞步动作。具有端庄典雅的绅士风度。曲调大多抒情优美，旋律感强。服饰雍容华贵，一般男着燕尾服，女着过膝蓬松长裙。它包括华尔兹舞、探戈舞、狐步舞、快步舞、维也纳华尔兹舞。

1. 华尔兹舞。华尔兹舞起源于德国，英文字母缩写（W）。音乐节奏 3/4 拍，舞曲速度 30 小节/分钟左右，每小节 3 拍，跳三步。该舞蹈动作流畅、典雅大方、形如流水、波浪起伏有序、旋转性强，具有舞中之王的美称。

华尔兹舞基本技术包括：升降、摆荡、倾斜、反身等技术。

2. 探戈舞。探戈舞起源于阿根廷，后传入欧洲。体育舞蹈中探戈舞就是欧洲式的“闪视”探戈，英文缩写（T）。舞曲节奏为 2/4 拍，速度为 33 小节/分钟左右，动作潇洒奔放，静动闪视，顿挫有力。在摩登舞中，唯有探戈舞与其他舞蹈不同，无升降、摆荡。无论从持握方法，还是站位姿势都有很大的差异。该舞蹈持握站位要求细腻严谨，全脚掌、脚内侧、前脚掌内侧、脚跟、脚尖等是常用的脚法。其头部快速左右闪动，目光左右闪视，同时配合上身的转动，是该舞蹈又一独特的特点。

3. 狐步舞。狐步舞起源于 20 世纪初的美国，后流传至欧洲大陆及英国，英文缩写（F）。音乐节奏 4/4 拍，舞曲速度为 30 小节/分钟左右，每小节四拍。该舞蹈步幅平滑、优雅流畅，动作严谨而轻松，给人一种不慌不忙的感觉，形如狐狸跑步。其脚位和脚法与华尔兹舞相同。在跳舞时，上身随着升降而沿 S 形的轨迹线左右转动，下降不转，上升转动，以此保持身体的平衡。

4. 快步舞。快步舞起源于英国，后流传于欧、美各国，英文缩写（Q）。音乐节奏 4/4 拍，舞曲速度为 50 小节/分钟左右，每小节四拍，是一种欢快、活泼的舞蹈。该舞蹈节奏明快、逍遥，舞步轻快自由、简单易学，脚与身体的动作技术集合了华尔兹、探戈、狐步舞的精华。世界优秀的选手能根据音乐演绎出千变万化、错综复杂、令人眼花缭乱的舞步，使其在节奏上成为最富于魅力的舞蹈。

5. 维也纳华尔兹舞。维也纳华尔兹舞起源于奥地利，英文缩写（VW）。在 18 世纪末由阿尔卑斯地区的农民庆祝丰收的伦德列尔舞蹈演变而来。19 世纪中叶，奥地利著名作曲家约翰·施特劳斯为该舞蹈谱写了许多著名动听的圆舞曲，并使维也纳华尔兹舞在世界各地得到了空前的传播与发展。

该音乐节奏为 3/4 拍，舞曲速度为 60 小节/分钟左右，每小节三拍，第一拍为强拍，三拍或六拍组成一个舞蹈，步法不多，以不停地旋转为主。该舞蹈雍容华贵、旋转多姿、轻快流畅，深受人们喜爱。

（二）拉丁舞

拉丁舞（latin），舞伴之间可贴身，可分离，各自在固定范围内辐射式地变换方向角度，展现舞姿。步法灵活多变，各舞种通过对胯部及身体摆动不同的技术要求，完成各种舞步，表现各种风格。舞姿妩媚潇洒，婀娜多姿；风格生动活泼，热情奔放；曲调缠绵浪漫，活泼热烈，节奏感强；着装浪漫洒脱，男着上短下长的紧身或宽松装，女着紧身短裙，显露女性的曲线美。它可分为伦巴舞、恰恰舞、斗牛舞、牛仔舞、桑巴舞。

1. 伦巴舞。伦巴舞起源于古巴，英文缩写（R），由黑人舞蹈和民谣音乐演变而来。音乐节奏为 4/4 拍，舞曲速度 28 小节/分钟左右，动作节拍为 2，3，4/1。其前进、后退移动步，落在第 2，3 拍上，每 1/4 拍是髋关节做横向的转摆运动。该舞蹈情形交融，缠绵浪漫，形如一对热恋伴侣在表达爱慕之情。

2. 恰恰舞。恰恰舞起源于墨西哥，英文缩写（C）。音乐节奏为 4/4 拍，舞曲速度为 32 小节/分钟左右。动作为 2，3，4/1 拍，为三次并合步，即恰恰恰。它吸收了爵士舞的许多技法，节奏欢快、有趣，动作热烈激情，舞姿刚劲利落，是一种感染力与爆发力极强的舞蹈。

3. 桑巴舞。桑巴舞起源于巴西，英文缩写（S）。音乐节奏 2/4 或 4/4 拍，舞曲速度为 56 小节/分钟左右，该舞蹈上下起伏、富有弹性，对腹部的屈伸及臀部的围动要求极高。其风格别致，摇曳摆颤，如春风中飘扬的柳枝，舞态生动、热情奔放。

4. 牛仔舞。牛仔舞起源于美国，英文缩写（J），也称摩登吉特巴。音乐节奏为 4/4 拍，舞曲速度为 42 小节/分钟左右，是典型的跳跃性舞蹈。对选手的膝关节、踝关节、足关节以及趾关节的屈伸要求极高。该舞蹈舞姿豪放，步伐浪荡，无拘无束。音乐热烈奔放、节奏感强，把美国牛仔的性情、风格表现得淋漓尽致。

5. 斗牛舞。斗牛舞起源于法国，英文缩写（P）。该舞蹈由于融入了西班牙舞的风格及技法，所以也称西班牙斗牛舞。音乐节奏为 2/4 拍，舞曲速度为 60 小节/分钟左右。该舞蹈把男士比作斗牛士，把女士比作斗牛士手中的红布，引逗公牛发怒，动作强健威猛，舞态悍厉豪迈，音乐雄壮激烈，充分体现了斗牛士威猛、洒脱的阳刚之气。舞台基本形态：双脚前脚掌用力下踏，骨盆前移控制双腿，身体向上，颈椎向后靠，抬头，躯干略成反弓形。

二、体育舞蹈的基本知识

（一）舞程线

舞程线是指在跳体育舞蹈时，选手为了更好地展现各种舞步的优美姿态，同时为了避免碰撞，选手必须按逆时针方向前进、行步的一种路线（如图 5–23 所示）。

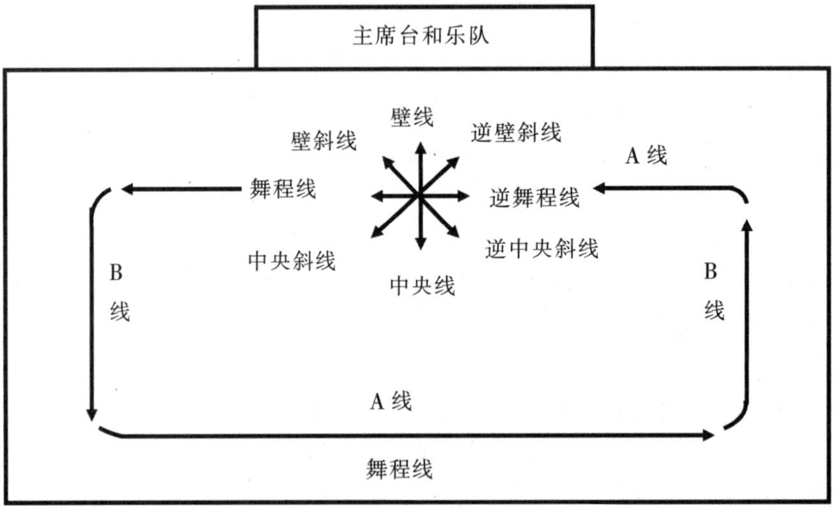

图 5–23

（二）角度与方位

每跳一种舞步都要记住开始和结束时的方向角度，以及在行步、旋转过程中动作的方位。学会辨别这些角度、方位，才能进行各种舞步的练习。不同的动作有不同的旋转角度，如图 5–24 所示。

方位是相对而言的，它根据选手站在哪一条舞程来确定。通常多以乐队或主席台的一面为“1”方位点，也可将任何一面定为“1”方位点，具体根据临场比赛而定。沿顺时针的方向每转动 45°，则就动一个方位，依顺序排列，分别为 2，3，4，5，6，7，8 号点，即场地中 2，4，6，8 为 4 个角。1，3，5，7 为 4 个方面，如图 5–25 所示。

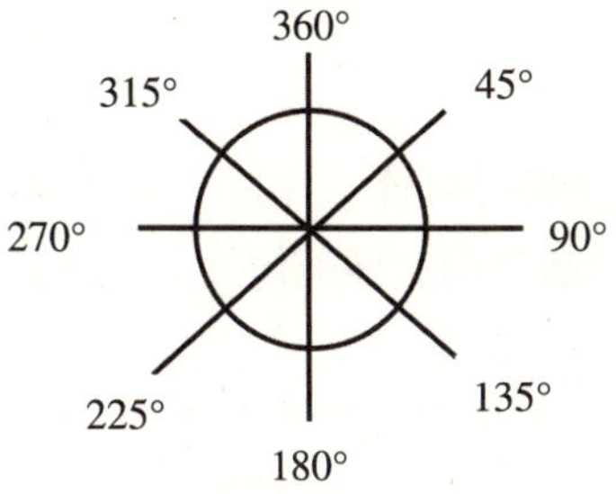

图 5–24

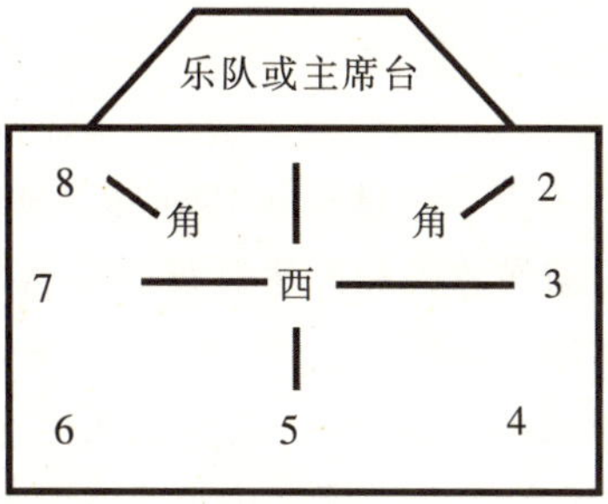

图 5–25

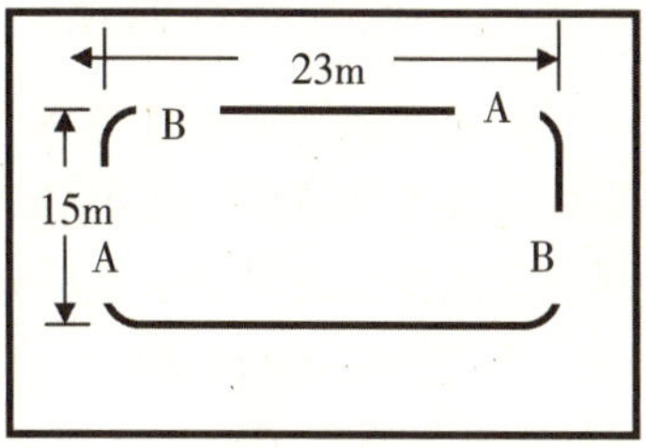

图 5–26

（三）比赛场地

正规的比赛场地应选在室内，长度为 23 米，宽度为 15 米，选手按逆时针方向前进，跳完 23 米长度的 A 线，再转入 15 米长度的 B 线，如图 5–26 所示。

知识窗

体育舞蹈发展概况

一、世界发展概况

体育舞蹈，又称国际标准交际舞，起源于西欧，第一次国际舞比赛是 1924 年在英国伦敦举行。1929 年成立了“舞会舞蹈委员会”并制定了比赛规则，这之后每年都会举行全英锦标赛和国际锦标赛。1947 年在柏林举行了首届世界交际舞锦标赛。1950 年“国际交际舞理事会”成立。英国 ICBA（世界舞蹈组织）主办了首届世界性的大赛——黑池舞蹈节，并把规范后的舞蹈命名为国际标准交际舞，以后每年的五月底，在英国的“黑池”举办一届世界性的大赛。1959 年完全按国际委员会制定的规则，举行了第一届业余和职业舞蹈世界锦标赛。1960 年拉丁舞正式列入比赛。1964 年增加了团体舞。

二、中国发展概况

中国体育舞蹈的发展主要受西方文化的影响。上世纪 30 年代交谊舞率先进入上海，但在 1956 年以后交谊舞陷入了困境。1979 年人民大会堂春节联欢会后交谊舞复出，1989 年中国舞蹈家协会正式成立了“中国国际标准舞总会”，90 年代后改名为“中国国际标准舞学会”，1987 年举办了第一届“全国国际标准舞锦标赛”。1991 年成立了“中国体育舞蹈运动协会”，1995 年国际奥委会给予体育舞蹈以准承认资格进入并认可。

第四节　健美

学习要点：

1. 了解健美运动的起源、法则等基本知识；
2. 掌握健美运动的有效练习方法。

一、健美运动概述

健美运动是通过健美操、韵律操、形体操等各种徒手练习或利用哑铃、杠铃、单双杠、拉力器等各种器械，运用专门的动作方式和方法进行锻炼，以发达肌肉、健美体魄、改善体型、陶冶情操为目的的一种人体运动。

近代健美运动是19世纪末在欧洲兴起的，由德国人尤金·山道首创，并于1901年9月4日在英国举办了世界上第一次健美比赛，因此山道被人尊称为近代健美运动的鼻祖。1949年加拿大人本·威德兄弟创建了国际健美协会，现已有172个会员协会，是国际体育联合会排名第六位的单项运动协会。国际健美协会每年定期举办洲际、世界业余和职业健美比赛。

女子健美运动起步较晚。20世纪40年代开始，首先在美国举行选美比赛。夺冠者被称为“美国小姐”或“美国皇后”。直至1977年10月，第一次世界女子健美比赛在美国举行，从此掀起了世界性的女子健美运动热潮。

我国健美运动始于20世纪30年代，由赵竹光首创的“沪江大学健美会”是中国乃至亚洲最早的健美组织。1944年6月，在上海举办了我国历史上首次“男子健美比赛”。此后一些大城市相继成立“健身学院”，间断性的开展健美运动。亚洲其他地区的健美运动始于20世纪40年代。1959年在现在的斯里兰卡国举办了第一次名为“亚洲先生”的健美锦标赛，并组成了亚洲地区的健美协会组织。1970年，“亚洲健美协会”被接纳成为国际健美协会委员。1986年11月，国际健美协会接纳中国为129个会员国。

二、健美训练法则

健美训练的目的是为了使肌肉丰满、发达或减少体内多余脂肪而达到体型健美的效果。要使健美训练更实用、更有效、更有乐趣，就必须根据个人的具体情况选用不同的训练方法。下面介绍几种常用的健美训练法则。

（一）定量间歇法则

定量间歇法则是指一个动作在一次训练课中，所用的重量、练习组数、动作次数、及间歇时间等基本固定的一种训练方法。这种方法具体明确，容易掌握，适于初学者使用。

（二）金字塔训练法则

金字塔训练法则是指在一次训练中，一个动作在练习时所用的重量由轻逐组加重，再由重逐组减轻的进行，其练习的重量呈现出下重上轻的塔型状，也称锥形训练法则。这种训练方法的特点是对局部的肌肉群有较大的刺激，能有效的增加肌肉的力量和体积，多适用于有一定锻炼基础的人采用。

（三）循环训练法则

循环训练法则是指在每次训练课中，把锻炼身体不同部位的动作组合编排好，并按顺序依次练习，即完成一个循环的练习。这种训练方法负荷较大，可使身体得到全面锻炼。

（四）组合训练法则

组合训练法则是指在一次训练中，把两个或两个以上动作组合成一组进行练习的一种训练方法。其组合的方式有两种，一是相对部位动作组合，另一种是相同部位动作组合。此法适用于有一定基础者。

（五）助力训练法则

助力训练法则是指在一次训练课中，练习某一动作时身体出现筋疲力尽的状况，而借助身体其他部位的力量或者外力完成更多次数的重复动作。

（六）重量递减训练法则

重量递减训练法则是指练习某一动作时用的重量逐组减少，而动作练习的重复次数相应增加，且每组之间没有间歇时间。这种训练方法的特点是训练的密度较大，能有效的提高肌肉耐力和长时间练习的能力，促使肌肉达到饱和状态。

（七）优先训练法则

优先训练法则是指将身体发展较薄弱或某一发达程度不够而需要重点加强的部位，优先安排在体力和精力充沛、能够承受较大负荷强度和负荷量，并有足够的时间保证的部分而进行的针对性训练的训练原则的要求。

（八）反重力训练法则

反重力训练法则也叫退让性训练法则。它是指在试举动作的回落还原阶段中，用力抵抗住器械重量指向地心的作用力，使肌肉在克服重力的退让过程中，仍然受到最大限度刺激的一种训练方法。

三、健美锻炼的注意事项

（一）在训练中练习强度、次数、间歇时间要因人而异、循序渐进，不能盲目、冒进的锻炼，制定科学的训练计划。

（二）练习要持之以恒、认真刻苦的按计划锻炼，方能长久见效，最忌随心所欲，三天打鱼两天晒网。

（三）在练习过程中，每次动作都要按标准来完成，尤其是每组最后几次应尽力完成，才能保证锻炼的质量和效果。

（四）注意安全，防止受伤。在做卧推、深蹲等大重量器械练习时，要增加旁人的保护和帮助。还要了解自己的极限，防止因过度训练而受到意外伤害。

（五）每次训练必须重视准备活动和放松活动。每次练习前，一定要充分热身，以防拉伤肌肉。

四、健美运动员选材

健美运动中包含静力性和动力性动作，因此选材可以在静态和动态结合中进行，其过程可分为初选、复选、试训精选三个阶段通过综合评定、观察各项指标以及运动损伤情况，做到科学选材。特别要注意以下几点：

（一）身体形态：健美运动员必须拥有身高体重、体型方面的天然优势。

（二）身体素质：健美运动员必须拥有良好的力量、柔韧、平衡能力、灵活性、协调性、弹跳力等素质。

（三）心理素质：健美运动员的选材必须注重气质类型、兴趣爱好、意志品质、记忆能力、注意力等几方面的综合因素。

（四）遗传因素：健美运动员对力与美有较高要求，因此要考虑家族史、疾病史等遗传因素。

名人录 练健美重在练习人的品格，输赢不重要，重要的是你怎么去看输赢。

——陈润涛

五、健美竞赛

（一）竞赛性质

国际性健美比赛可分为：职业比赛和业余比赛。

职业比赛是世界健美比赛中水平最高、由自由职业运动员参加的赛事，如奥林匹亚大赛、超级铁人赛、阿诺德传统赛。

业余比赛有世界业余健美锦标赛、各洲健美锦标赛等。

（二）竞赛类别

1. 按性别分：男子个人、女子个人、男女混合双人、女子双人、集体造型。

2. 按体重分（男子）：60 公斤级、65 公斤级、70 公斤级、75 公斤级、80 公斤级、85 公斤级、90 公斤级和 90 公斤以上级。

3. 按年龄分：青年组 21 周岁以下、成年组 21 周岁以上、元老男子 40 周岁以上、女子 35 周岁以上。

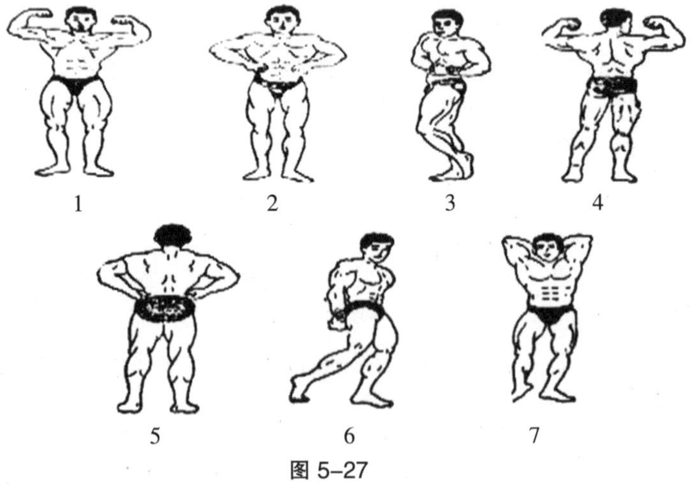

图 5–27

（三）比赛时间

男子个人为 60 秒、女子个人为 90 秒、男女混合为 120 秒、女子双人为 90 秒、集体造型为 60 秒。

（四）比赛动作

1. 规定动作

男子七个规定动作：①前展肱二头肌；②前展背阔肌；③侧展胸部；④后展肱二头肌和小腿；⑤后展背阔肌；⑥侧展肱三头肌；⑦前展腹腿部（如图 5-27）。

女子五个规定动作：①前展肱二头肌；②侧展胸部；③后展肱二头肌和小腿；④侧展肱三头肌；⑤前展腹腿部。

2. 自选动作：个人自选编排进行表演。

（五）健美比赛的评判标准

1. 肌肉的发达情况和匀称性。

2. 形体比例。

3. 肌肉的明显度。指全身肌肉的皮下脂肪含量，肌肉线条应该非常明显，而不是单纯的肌肉块大。

4. 皮肤。应光洁柔和，无纹身、斑痕等。

5. 造型姿势。动作表演是否完整、刚劲、优美，衔接是否自然、连贯，动作和音乐是否协调，整套动作要有鲜明的个性，具有艺术感。

6. 总体感觉。形象、气质、姿态、风度以及赛场表现。

（六）运动员服饰要求

1. 男运动员穿规定样式的比赛三角裤。

2. 男、女运动员的赛服颜色必须是深色的。

第五节　瑜伽

学习要点：

1. 了解瑜伽的起源、呼吸、冥想及放松休息术等基本知识；
2. 掌握瑜伽体位法及其功效；
3. 了解瑜伽练习方法及注意事项。

一、瑜伽运动简介

瑜伽是东方最古老的健身术之一，公元前起源于印度，在全世界流行。瑜伽一词源于梵文“Yoga”，音译有结合、联系之意，这也是瑜伽的宗旨和目的，即为达到冥想而集中意识之义。

19 世纪 60 年代在美国芝加哥的一次博览会上，一位名叫维夫卡南达的印度圣人展示了各种瑜伽姿势，首次向西方介绍了瑜伽并引起了西方世界的浓厚兴趣。此后的若干年里，许多信徒和斯瓦们（即印度教哲人）从印度来到西方。今天瑜伽作为人类精神遗产被重新得到重视，它对人体的各个方面，如生理、心理、精神、情感等都可以起到良好的作用，并已作为一种健康有效的健身运动而风靡全世界。

在印度，至今仍将各种修炼方法统称为瑜伽。瑜伽一词在欧美早已被人熟知，而在我国则是20世纪80年代才渐渐流传，这得益于一位瑜伽修炼者——张蕙兰（瑜伽名字是瓦伊史那瓦·达西）在中央电视台的大力推广。修习瑜伽姿和瑜伽冥想能使人实现身体和精神两方面的健康，是具有悠久历史的强身健体的方式，多年来一直在世界各地广泛的传播和发扬。

二、瑜伽的基本组成

（一）瑜伽的呼吸

在瑜伽理论中，瑜伽学者们常常形容呼吸就是吸取生命之气。“生命之气”就是精气、精力，它看不到但能时时刻刻感觉到。瑜伽呼吸由三个部分组成——吸气、悬息（屏气）、呼气。人们常常认为吸气是呼吸中最重要的部分，但实际上，吐气才是最关键的部分。瑜伽呼吸方式，大概有10多种，基本较为简单的也容易为初学者所掌握的有“胸式呼吸”、“腹式呼吸”、“完全呼吸”、“交替呼吸”等；还有稍复杂些的，也是程度较高的瑜伽沿袭者常用的“鸣式呼吸法、语音呼吸法、风箱式呼吸法”等。瑜伽的呼吸方法是一种特殊的方法，被称为“完全呼吸法”。它是同时运用腹部、胸部和肩部三合一的呼吸原则，对呼吸重新调整而达到“调息”的呼吸练习方法。

1. 胸式呼吸：气息的吸入局限在胸的区域，气息较浅，这种呼吸适宜做针对性强的动作（比如：上背部和胸部动作）。方法：呼吸时，意识集中肺部，缓缓吸气，感觉自己的肋骨向外扩张，气息充满胸膛，保持腹部平坦；缓缓呼气放松胸腔，将气呼尽。

2. 腹式呼吸：气息的吸入局限在胸的区域，气息较深，横膈肌下降得较为充分。方法：呼吸时，更多关注腹部，缓吸气，感觉腹部被气息充分膨胀，向前推出，胸腔保持不动；缓缓呼气，横膈膜上升，腹部缓缓向内瘪进。

3. 完全呼吸（胸腹式呼吸）：它是瑜伽练习中最常见的呼吸方法，是胸式呼吸和腹式呼吸的结合。方法：呼吸时，缓缓吸入气息，感觉到由于横膈膜下降，腹部完全鼓起；随后，肋骨处向外扩张到最开的状态，肺部继续吸入氧气，胸腔完全扩张，胸部上提；吸满气后缓缓地呼出，放松胸腔，将胸部的气呼出，随后温和收紧腹部，腹部向内瘪进去，感觉肚脐去贴后背，将气完全呼尽为止。

呼吸时注意：①意识力集中到一呼一吸上。②一般只由鼻腔参与呼吸，因为鼻腔对灰尘和细菌有过滤作用。③每一次吸气时，犹如品尝空气一般，缓慢深长地吸入；呼气时，犹如蚕吐丝一般，细而悠长。意识中要将体内废气排出。④躺、跪、坐的姿势时，眼睛闭上，向内集中注意力；站立的姿势时，为了保持身体平衡，需要睁开眼睛。⑤保持自然、轻松呼吸即可。进行瑜伽呼吸练习，适宜在每天早上或睡前10~20分钟为最好，若以养身为目的，时间可适当延长。采用的姿势是坐姿或卧姿，宽衣松带，双目自然放置身旁，头、颈、脊柱成一直线，全身放松。

（二）瑜伽的静思与冥想

瑜伽健康的实践是体位法、呼吸法、冥想法三者融为一体，达到身心合一的完美境界。瑜伽中的静思与冥想不是宗教，也不是玄学，而是现代人可以利用和学习的一种与自我心灵对话的方式。只要你能放松自己，保持内心的平和、静观一切，心中无杂念，就已进入冥想状态，在位体法练习过程中也可以冥想。冥想瑜伽术的目的在于获得内心的平和与安宁，达到无限的精神之爱、欢乐、幸福和智慧。当在练习瑜伽体位法时，每个动作完成后的静止过程中，闭上眼睛，配合缓缓深长的呼吸，用心体会动作刺激身体的所在部位，即从姿势的名称联想到相应的图像。冥想可以提高人集中精神、控制以及调节自身意识的能力，从而帮助人们达到内心更平静、祥和的状态，因此，冥想是真正意义的“寻找自我，认识自我”的方式。冥想并不是在于你可以保持思想清晰和集中地时间有多长，而是在于培养反复转移注意力到某个选定目标的能力。这里介绍两种冥想技巧：①注意力集中于呼吸，就是仔细观察和感受的呼吸过程，在任何情况下都不改变呼吸的节奏，也可把注意力集中在每一次呼气上。②注意力集中到某一物体上，也可以闭上眼睛，脑子里默想直到它们逐渐从脑海里消失。然后睁开眼睛，再一次凝视眼前物体。

（三）瑜伽姿势（体位法）

瑜伽姿势又叫瑜伽体位法。印度瑜伽先哲帕坛伽利所著《瑜伽经》将体位法定义为“将身体置于一种平稳、安静、舒适的姿势”。它是一种锻炼身体、强化身体，并使身体健康美丽的调身方法。它与现代人的生理和心理健康有密切的关联。瑜伽体位法通过身体的前弯后仰、扭曲侧弯、俯卧、仰卧等各种姿势，对人体脊柱、中枢神经、骨骼、肌肉、内脏进行全方位的刺激与按摩，配合自身的呼吸、消化、体液分泌物的运转循环，激活身体潜能，提升身体的优良素质，弥补自身的不足和缺陷，增强人的免疫力。这种配合呼吸缓慢做动作的体位法，有促进血液循环的按摩效果，可根本上使我们的身体恢复活力，从而达到强身健体、塑身美容的效果。瑜伽位体是缓慢、舒适、连续完成的有氧运动，不用爆发力和反弹力，有效地避免了其他的运动对身体可能产生的种种危害（乳酸积累、精神紧张、肌肉老化等）。

瑜伽姿势是一个运用古老而易于掌握的方法，提高人们生理、心理、情感和精神方面的能力，是一种达到身体、心灵与精神和谐统一的运动形式。

（四）瑜伽的松弛法

瑜伽松驰法又可叫瑜伽休息术。它对身体有莫大的裨益，可使大脑、心脏、自律神经系统和肢体得到深度的休息，令身体得到“充电”而恢复活力。正规的放松应该是一种主动、清醒、意念集中的放松，这样才会有松弛的感觉。 放松法因不同目的、时间和环境而有不同的练习方法， 如白天练习的目的在于消除疲劳，快速补充精力，你只要做 15 分钟的休息术便可以了，关键一点是练习过程要专注自身呼吸，保持清醒、不要入睡。在晚上睡觉之前练习，时间可尽量延长，直至自己自然而睡着为止。这样会发现，你的睡眠质量会因此而得到很好的改善。即使睡较短的时间早晨醒来也会非常清醒，精神奕奕。练习体位法后，可做 10 分钟的放松训练，通过松弛来消除运动所产生的紧张。结束每节课或完成一组瑜伽姿势练习后，也用此方法缓解身体的紧张，让体内的能量自由流动。

（五）练习方法和练习提示

1. 选择通风好的场地，在地上铺一块垫子或毯子。

2. 穿着舒适、宽松的衣服，最好赤脚，冬天可以穿袜子。首饰、手表最好摘掉，不要穿紧身束型衣。

3. 空腹 2~3 小时（因人而异，低血糖的人可食少量饼干、牛奶类食物来补充血糖和热量）。

4. 练习开始前可做一些简单的运动作为热身，这样韧带、肌肉才会变得柔软，不容易受伤。

5. 瑜伽练习完后 30 分钟之内，不洗澡、不吃食物、不做剧烈运动，以免破坏体内热量的平衡。

6. 在练习过程中循序渐进，始终保持面部表情平和放松，练习时要意识专注到被伸展和被刺激的部位，不存在杂念，不可说笑。动作幅度以自己感觉舒服即可，不要同别人比，同自己比。

7. 练习中如果肌肉颤抖或抽筋后立刻停止，加以按摩，放松后方可再练。

8. 每做完一个瑜伽姿势后，应马上做“无空式”来放松身心，并深呼吸 5~6 次。

9. 月经期间可选择些较放松的姿势来做，不做犁式、肩立式和一些增加腹压的姿势。

10. 妊期期间必须慎选姿势，或者只练习呼吸法。生育两个月后，必须经医生同意方可练习，大病初愈或手术之后不要立即做瑜伽练习。

11. 有心脏病、高血压、糖尿病的患者以及有脊柱关节伤病的人，必须经医生同意方可练习。

12. 选择健康的食品，营养、健康、自然的食品能排除体内毒素，保持身体清洁、柔软，使人身心纯净，并能提高人体免疫力。

三、瑜伽体位动作

现在通常应用的瑜伽姿势有近百种，下面介绍一些最基本和常用的姿势。

（一）瑜伽手印

手印，是修炼瑜伽时手的姿势，是手部的瑜伽。在冥想和调息的练习中具有重要意义。常用的瑜伽手印有七八种。不同的手印对身心的影响不同，但都很有助于净化心灵。

瑜伽练习时每一个手指都有重要的象征意义。手的各个部位可以表现身体、大脑和心灵的状态。食指和拇指的位置象征瑜伽的终极目的，是个体心灵与宇宙本体的结合。

手指的象征：

大拇指：代表无处不在的宇宙；

食指：代表个体心灵；

中指：代表纯洁、智慧、和平；

无名指：代表活力、动作、激情；

小指：代表惰性、懒散、黑暗。

1. 智慧手印

手掌向上，大拇指与食指相扣，其他三指自然伸展。此手印代表把小宇宙能量和大宇宙能量合一，即人与自然合一，可以让人很快进入平静的状态（如图 5–28）。

2. 能量手印

无名指、中指和大拇指自然相加，其他手指自然伸展。此手印可以排除体内的毒素，消除泌尿系统的疾病；帮助肝脏完好；调节大脑平衡；让人更有耐心，充满自信（如图 5–29）。

3. 生命手印

大拇指、小拇指、无名指相加，其他两指自然伸展。可增强人的活力（如图 5-30）。

4. 流体手印

大拇指和小拇指相加，其他三指自然伸展。它可以帮助我们平衡流体，改善视力以及缓解嘴巴过干的现象（如图 5-31）。

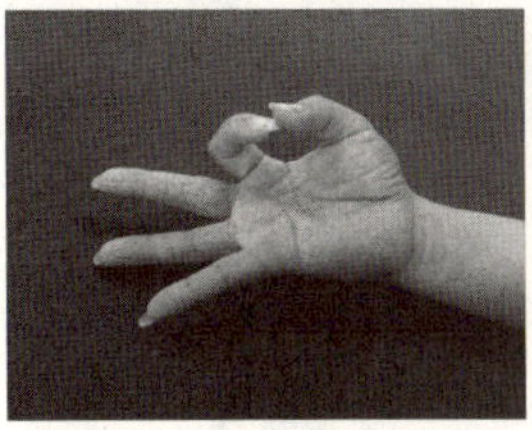

图 5-28

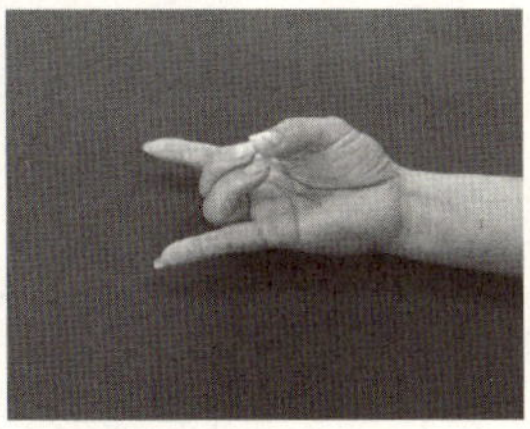

图 5-29

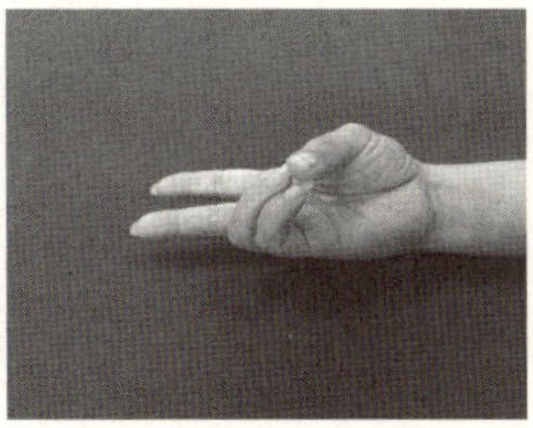

图 5-30

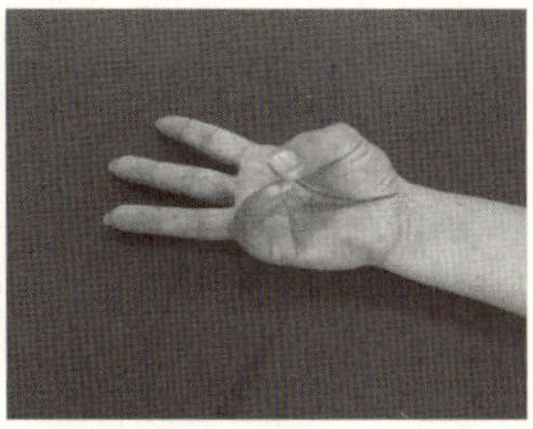

图 5-31

5. 双手合十手印

即阴阳平衡手印，放在胸前做成冥想的姿势，手掌之间要留下一些空间，意味着身体和心灵的合一、大自然和人类的合一。此手印可以增加人的专注能力（如图 5-32）。

6. 秦手印

也称下巴式。手势手掌向下，大拇指和食指指端轻贴一起，作用与智慧手印相同（如图 5-33）。

7. 禅那手印

两手叠成碗状，将拇指尖相连。将完成姿势的手放在踝骨上。这是比较古典的手印，意味着空而充满力量的容器。女性右脚和右手在上，男性左脚和左手在上。可以平和、稳定精神（如图 5-34）。

图 5-32

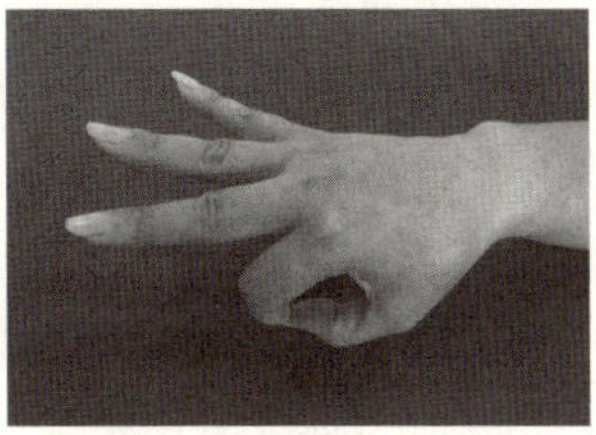

图 5-33

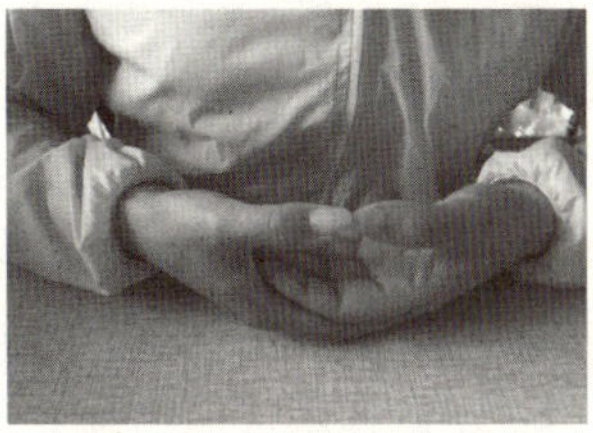

图 5-34

智慧手印和禅那手印是调息和冥想时最常用的手印，这也是希望灵性力量升华时经常采用的手印。他们有助于记忆力和注意力的提高，让身体更和谐。

（二）瑜伽坐姿

瑜伽坐姿细分为七种：即简易坐，半莲花坐，莲花坐，至善坐，吉祥坐，悉达斯瓦鲁普坐，雷电坐。其中至善坐、霹雳坐、莲花坐是比较高级的瑜伽坐姿，而其余几种坐姿相对简单，适合初学者采用。这些坐势对提高膝盖、脚踝和脚部的灵活性和柔韧性大有帮助。

1. 瑜伽冥想（简易坐）

简易坐是一种舒适安逸的坐姿。你可以根据自己的需要来调整坐姿，比如可以两腿盘坐在垫子上。如果膝部有疾病，可以单腿或双腿向前伸直（如图 5-35）。

具体做法：坐在地上，两腿向前伸直，然后弯右小腿，把右腿放在左大腿跟处，再弯左小腿，把左腿放在右大腿之下，最后，可以把双手结个手印，放在两个膝盖上，最好两手相叠，拇指相对放在腿上。

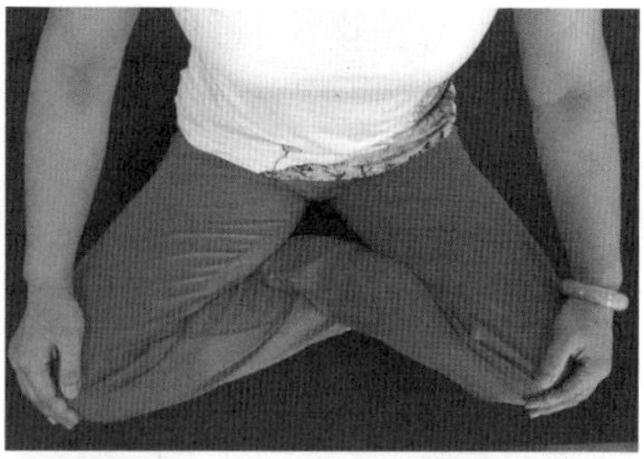

图 5–35

练习要领：在坐的过程中，头、颈和躯干应保持在一条直线上。

练习效果：有利于股、踝等关节部位的健康，增强神经系统的功能。

温馨提示：简易坐会使双腿僵硬的练习者腰椎后弓，给脊椎带来压力。

2. 至善坐

这在瑜伽里是一个最好的姿势。瑜伽认为，至善坐有助于清理人体经络，从而利于生命之气的提升(如图 5–36)。

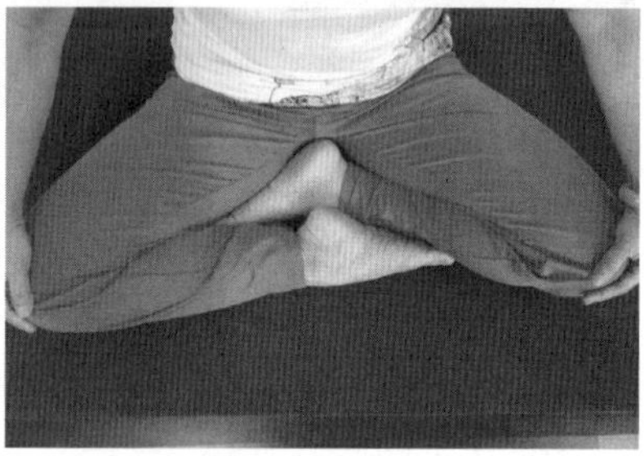

图 5–36

具体做法：坐在地上，两腿并拢并同时向前伸展；弯曲左小腿，用双手抓住左脚，用左脚的脚跟紧紧顶住会阴部位（就是阴道和肛门之间)。然后弯曲右小腿，把右脚放在左脚踝上，右脚跟靠近耻骨，右脚底板则放在左腿的大腿与小腿之间。背、颈、头保持直立。

练习要领：整个过程中，上身躯干始终保持挺直。

练习效果：至善坐对身心两方面都具有重要作用。身体方面，至善坐促进了下半身的血液循环，增强脊柱下半段和腹部器官能力，活化两膝和两踝；心灵方面，镇定安神和令人警醒的效果，特别适合做呼吸练习和冥想练习时采用。

温馨提示：随意一点坐下也可以，但一定要背、颈、头保持直立。

注意事项：患有坐骨神经痛或骶骨感染的人不宜采用这个坐姿。

3. 吉祥坐

具体做法：坐于地面，两腿向前伸直；弯曲左小腿，左脚板顶住右大腿；弯曲右小腿，右脚放在左大腿和左小腿腿肚之间；两脚的脚趾应该楔入另一腿的大腿和小腿腿肚之间；两手放于两腿之间的空位处或放在两膝之上，头、颈和躯干保持在一条直线上（如图 5–37)。

练习要领：吉祥坐除了不顶住会阴之外，其余细节和至善坐完全一致。

练习效果：吉祥坐的效果和至善坐大致相同，在镇定安神方面的作用稍逊于至善坐。

温馨提示：患有坐骨神经痛或骶骨感染的人不应做这个姿势。

4. 半莲花坐

具体做法：双腿并拢，挺直腰背，向前伸直双腿，屈左膝，外旋左髋，让左脚的脚跟抵放在会阴处；屈右膝，借助双手的帮助，尽量让右脚跟抵在脐下，脚心向上，放在左大腿上。尽量使双膝贴放在地

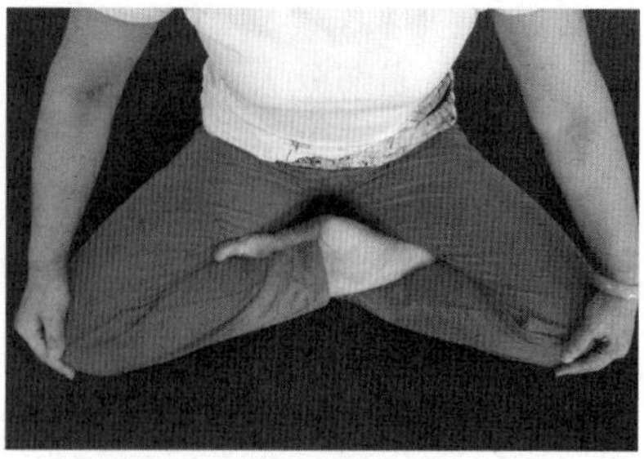

图 5–37

面上，肩背正直，下颌内收，两手相叠，拇指相对放在腿上，这就是半莲花坐（如图 5–38）。

练习要领：脊背挺直，下颌内收，使头、颈和躯干保持在一条直线上。

练习效果：半莲花坐具有与双莲花坐相同的效果，只是程度稍逊。

温馨提示：患坐骨神经痛和骶骨感染的人不适合做这个练习。

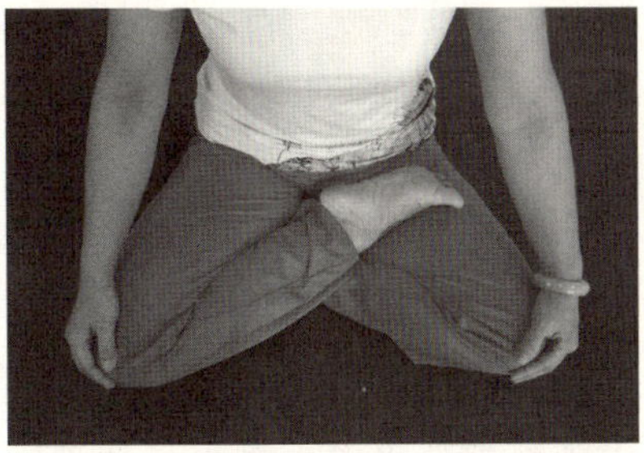

图 5–38

5. 莲花坐

具体做法：双腿伸直平坐于地面上，以双手握住右脚脖子，将右腿放在左大腿上，脚心朝上；以双手握住左脚脖子，将左腿放在右大腿上，脚心也朝上；挺直脊背，收紧下巴（如图 5–39）。

练习要领：切忌膝盖上浮。

练习效果：增加对头部和胸部区域的血液供应，强化神经系统，祛除紧张与不安状态，使人身心平和，精神专注。

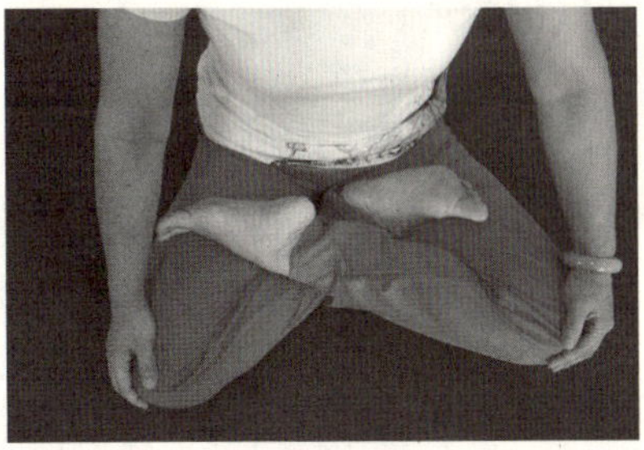

图 5–39

6. 雷电坐 （又称霹雳坐、金刚坐）

霹雳坐是其他瑜伽姿势的入门姿势，必须常加练习以达到熟练的程度。

具体做法：两个膝盖跪在地上，两个小腿和脚背贴在地面上；两膝靠拢，两个大脚趾相互交叉，使两个脚跟向外指；臀部后坐于两脚内侧，手掌心向下，置于大腿部位；伸直背部，将臀部放落到两个分离的脚跟之间（如图 5–40）。

练习要领：要求放松肩部，挺直脊背，这样会减轻腿部的压力，防止腿部发麻。

练习效果：能柔韧膝关节，祛除全身过多的脂肪，有助于治疗神经质及失眠。

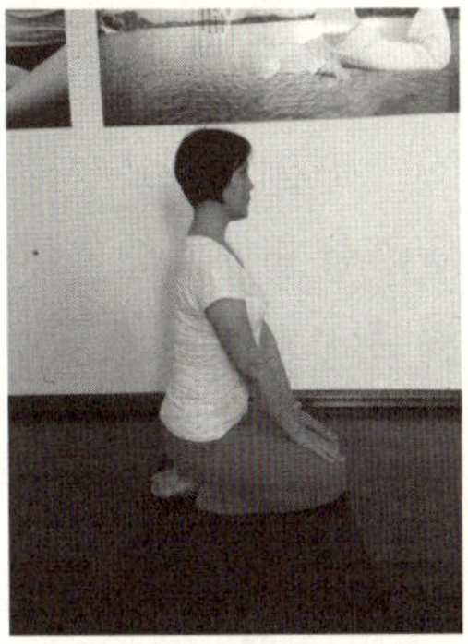

图 5–40

（三）拜日式（向太阳敬礼式）

太阳的礼拜（Shury Namskara），拜日式的起源为朝拜太阳，因为宇宙万物都要依靠太阳生存。瑜伽拜日式是瑜伽动作，搭配呼吸做完一次完整的动作，可以使你从头到脚伸展开来，是一种调适全身的运动，不论你要开始进入瑜伽体位或其他运动，都可以先做拜日式，具有极佳的暖身作用，可以有效地避免运动伤害。

1. 拜日十二式动作

祈祷式—后仰式—前屈式—骑马式—斜板式—八体投地式—眼镜蛇式—顶峰式—骑马式—前屈式—后仰式—祈祷式，即是向太阳致敬的十二个姿势。据说这是古印度人为感激太阳赐予人类光明和能量而创造的十二个姿势（如图 5–41）。

2. 功效：

拜日式能够稳定身心、柔软全身、促进血液循环、调整体质，预防各种神经系统、内分泌系统紊乱以及各种慢性疾病。同时配合呼吸法，能够让血液中的氧气发挥最大的活化作用，增强身体的抵抗力，消除疲劳与贫血，调整自律神经，使人觉得精力饱满，心情愉快，具有强化心、肺功能的效用。

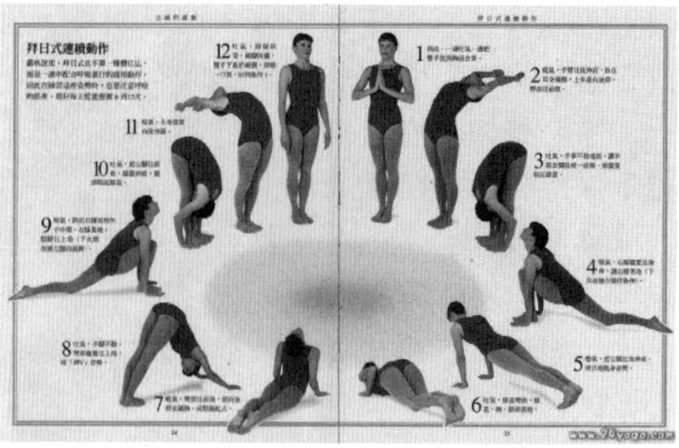

图 5–41

3. 注意事项：

（1）拜日式由 12 个连续动作组成，练习者可依自己的身体状况调整速度，等每个动作都十分熟练以后，再一次做完整套；

（2）每天需要重复练习 3~5 次，如果没有时间做其他的瑜伽动作，更要多做几次；

（3）在练习过程中，要保持呼吸顺畅，不可以闭气；

（4）熟悉拜日式的各种动作后，完整做一套要 10~15 分钟，每天最少要做一次；

（5）在练习的过程中，有些动作无法做到时不要勉强，只要伸展你的身体就可产生练习的效果。

四、瑜伽音乐

瑜伽音乐基于源远流长的古老的瑜伽颂，抒发出自然界中舒松怡人的氛围，融合出一种宁静祥和的音韵，带领人进入来自入静冥想的深度感受，使天地宇宙间的自然万物深深融入瑜伽千年的宁静之中。

这些特有的音乐节奏与旋律，不仅可以引导瑜伽的锻炼气氛，更是忙碌人群追求心灵生活、健康情绪的最高效率的修身手册。瑜伽运动不仅能刺激松弛的腺体增加释放荷尔蒙，还能自然放松身心，通过采取动物的自然姿势已达到治疗目的。

第六章 武术与健身

第一节 武术运动概述

学习要点：

1. 了解武术的起源、特点等基本知识；
2. 掌握武术基本功练习方法；
3. 掌握五步拳组合练习技术动作。

一、武术运动简介

新石器时代，大量的生产工具逐渐转化为人与人格斗的武器，生产技能也随之转化为军师格斗技能，并从中分离出来成为独立的技术领域，军事战争促进了武术的萌生。商周时期，青铜器工艺达到较高的水平，加上战争的频繁出现了一些铜质武器，如矛、戈等，并作为军事训练的主要内容。春秋战国时期，车战逐渐衰落，步战兴起，各地诸侯提倡拳勇技击的武术，为了交流技艺，当时就有了比赛这种形式，它的竞技性、表演性、娱乐性等社会功能已被人们所认识。秦汉时期，盛行角抵、手搏、击剑等，武术套路发展得很快，出现了单练和多种形式的对练。进入两晋南北朝，武艺得到一定的发展，出现了我国武术史上最早的射箭银杯赛。唐代，开始实行“武举制”，用考试的办法录用人才。进入宋元时期，民间出现了练武组织，许多“社”大量涌现，如“弓箭社”、“锦标社”等都是当时颇负盛名的练武社团，从而促进了民间武术的交流与发展。在理论上，出现了具有代表性的武艺书籍《纪效新书》、《武篇》等，这些著作都从不同的角度记载了拳术与器械的流派，动作名称，技、战术方法和教学训练理论，为后人研究武术提供了宝贵的材料和重要的依据。清代，民间武术逐渐兴盛，进入了一个普及和蓬勃发展的新阶段，其中著名的拳种如太极拳、八卦掌、形意拳等在这个时期相继形成。民国期间，社会上出现了许多拳社组织，如1910年在上海成立的“精武体育会”、1928年国民政府在南京成立的“中央国术馆”等。

新中国成立后，在党和国家的关怀重视下，对武术的继承、整理和提高，使之获得了新的发展契机。1953年举行了第一届全国民族形式体育表演及竞赛大会，1956年中国武术协会在北京成立，1957年武术正式列入国际比赛项目，1958年国家体委制定了第一本《武术竞赛规则》，一些省、市相继组建了武术运动队伍，使武术开始步入竞技体育的行列。为了进一步推动和普及武术运动，在国家体委的统一指导下，各省、市相继成立了武术协会、武术辅导站、武术馆、武术研究会等，形成了一个广泛的群众性武术活动网，1989年散手被国家体委列为正式竞赛项目，并制定了《散手竞赛规则》，从此武术散手进入新的发展阶段。此外，各体育学院、体育系相继设立武术课，一些高等院校还设置了武术专业，培养本科生和研究生等专业人才，中小学也把武术列为体育课的教学内容。

随着我国武术逐步走向世界，对外交流活动日益频繁，各洲武术组织相继成立，并举办了各种国际性的武术比赛。1987 在日本举行了第一届亚洲武术锦标赛，1991 年在北京举办了第一届世界武术锦标赛，以后每两年举行一次。通过各种形式的比赛，世界各国人民增进了友谊，交流了技艺，推动了武术运动的发展，标志着武术已走出国门，走向了世界。

二、武术运动的特点

（一）以套路作为主要运动形式

武术的最大特点，是既有相击形式的搏斗运动，也有舞练形式的套路运动，这是其他运动项目所不完全具备的。武术的一招一式组成节，几招几式连成段，若干断节构成完整套路。根据拳种和类别，套路有长短、刚柔、单练、徒手、器械之分。

（二）动作具有攻防含义

武术套路的动作，一般都具有鲜明的攻防含义。如组成套路运动主要内容的踢、打、摔、拿、击、劈、刺等动作，在不同套路中的运用，有着各自的使用特点和攻防规律。学习和掌握套路，不仅能增强体质，还能学会搏斗技击本领，在防身自卫和国防建设中均有积极作用。

（三）内外合一，神形兼备

所谓“内”，指的是心、神、意、气等心态活动和气息运行。所谓“外”，指的是手、眼、身、步等外在的形体活动。武术动作舒展大方、形象优美，运动时要求手到眼随，手眼紧密配合，做到手脚相随，上下协调内外合一、神形兼备的练功方法。这种练功方法，对外能够利关节、强筋骨、壮体魄，对内能够理腑、通经脉、调精神，使身体得到全面锻炼。

（四）具有普遍的适应性

武术运动不仅锻炼价值高，而且内容丰富、形式多样。它可以不受年龄、性别、体质、时间、季节、场地和器材的限制，人们可以根据自己的需要和条件，选择合适的项目来进行锻炼。

三、武术运动的价值

（一）健身价值：增长肌肉力量，增强各关节韧带的柔韧性，提高身体协调和灵活性以及平衡能力。

（二）健身价值：热爱祖国传统武术，培养坚韧、顽强、勇于战胜困难的意志品质和良好的武术道德以及团结、协作的精神。

（三）医疗价值：矫正身体姿态，提高大脑兴奋、反应活力，治疗慢性疾病，促进病者康复。

（四）观赏、娱乐价值：提高审美观念，培养自身健美姿态，通过观赏比赛和表演，感受力与美的娇姿形神，提高兴趣，陶冶情操。

（五）国防价值：提高军队的擒拿格斗技术和身体力量，以及快速反应战斗力，对国防和社会治安有保障作用。

（六）交流价值：促进社会交往，改善人际关系，互相交流，切磋武术技艺。通过国际比赛，加强国际人民间的友谊、团结，广泛普及武术运动。

抱拳礼

抱拳礼是中华民族特有的传统礼仪，施“抱拳礼”是武术界的礼节。

行礼方法：并步站立，左手四指并拢伸直成掌，拇指屈拢；右手成拳，左掌心掩贴右拳面，左指尖与下颏平齐。右拳眼斜对胸窝，置于胸前屈臂成圆，肘尖略下垂，拳掌与胸相距20~30厘米。头正，身直，目视受礼者，面容举止自然大方。

具体含义：①左掌表示德、智、体、美“四育”齐备，象征高尚情操。屈指表示不自大，不骄傲，不以“老大”自居。右拳表示勇猛习武。左掌掩右拳相抱，表示“勇不滋乱”、“武不犯禁”、“止戈为武”，以此来约束、节制勇武的意思。②左掌右拳拢屈，两臂屈圆，表示五湖四海（左手掌五个手指指五湖，击左掌的右手四个手指四海），表示天下武林是一家，谦虚团结，以武会友。③左掌为文，右拳为武，文武兼学，虚心、渴望求知，恭候师友、前辈指教。④立掌如月,握拳如日,日月并出,意思为大明，反手推出,意思为反清。

四、武术基本功

（一）手型、步型和身型

1. 手型

（1）拳：四指并拢卷握，拇指紧扣食指和中指的第二指节，拳面要平，拳握紧（如图9–1–1）。

（2）掌：四指并拢伸直，拇指弯曲紧扣于虎口处（如图6–1）。

（3）勾：五指第一指节捏拢在一起，屈腕（如图6–1）。

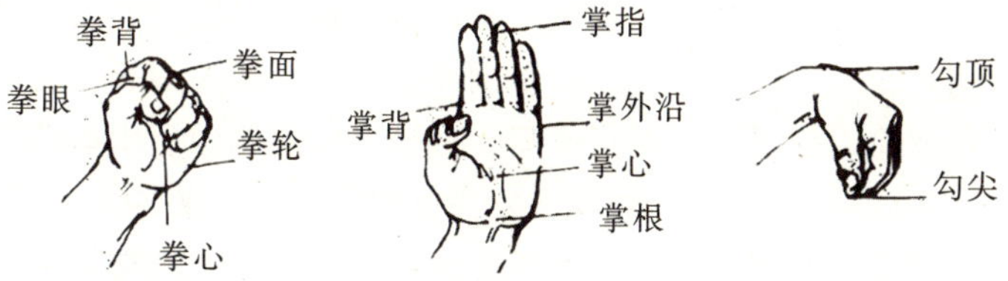

图6–1

2. 步型

（1）弓步：左脚向前一大步（约本人脚长的4~5倍），两脚全掌着地，膝与脚尖垂直，左腿弓为左弓步，右腿弓为右弓步（如图6–2）。

要求与要点：前腿弓、后推绷（且脚尖内扣）；挺胸、塌腰、沉髋；前脚尖同后脚跟成一条直线。

（2）马步：两脚平行开立（约为本人脚长的三倍），两脚屈膝半蹲，大腿接近水平，全脚着地，身体重心落于两腿之间（如图6–2）。

要求与要点：挺胸、塌腰、展髋、裹膝、脚跟向外蹬。

（3）虚步：脚前后开立，中心落在后腿上，屈膝半蹲，脚尖外展45°；前脚向前伸出，膝关节微屈，脚尖稍内扣，虚点地面。左脚在前为左虚步；右脚在前为右虚步（如图 9-1-2）。

要求与要点：挺胸、塌腰、虚实分明。

（4）仆步：一腿屈膝全蹲，脚尖稍外展，另一腿伸直平铺地面、脚尖内扣，两脚全掌着地。仆左腿为左仆步；仆右腿为右仆步（如图 6-2）。

要求与要点：要领：挺胸塌腰，平仆腿一侧沉髋。

（5）歇步：两腿交叉靠拢全蹲，前脚全脚掌着地，脚尖外展，后脚前脚掌着地，膝部贴于前脚外侧，臀部坐于后腿接近脚跟处。左脚在前为左歇步；右脚在前为右歇步（如图 6-2）。

要求与要点：挺胸、塌腰、两脚靠拢并贴紧。

弓步　马步　歇步　仆步　虚步

图 6-2

3. 身型

身型的基本要求是头正、顶平、颈直、沉肩、挺胸、背直、塌腰、收腹、敛臀。

（二）腿功和腰功

1. 腿功

（1）正压腿：面对肋木或一定高度物体，并步站立，左腿提起，脚跟放在肋木上，脚尖勾起，关节屈紧，两手扶按膝上。两腿伸直，立腰、收髋，上体前屈、并向前，向下做压震动作。练习时两腿交替进行，逐渐加大幅度，逐步提高腿的高度（如图 6-3）。

（2）侧压腿：侧对肋木，左腿举起，脚跟搁在肋木上，脚尖勾起，踝关节屈紧。右臂屈肘上举，左掌附于右胸前。练习方法同正压腿，只是上体向侧做镇压运动（如图 6-4）。

（3）后压腿：背对肋木，两手叉腰或扶一定高度的物体。一腿支撑，另一腿向后举起，脚背搁在肋木上，脚面绷直，上体后屈并做振压运动。练习时左右腿交替进行（如图 6-5）。

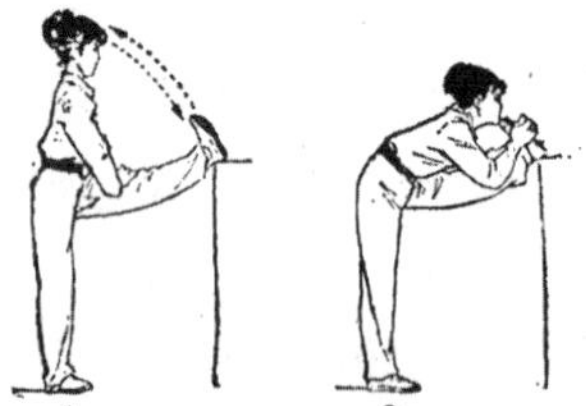

1　2

图 6-3

1　2

图 6-4

图 6-5

（4）正踢腿：从直立两手立掌侧平举开始，左脚向前上半步，左腿支撑，右脚尖勾起向前额处猛踢，两眼向前平视，左右腿交替练习（如图 6-6）。

（5）侧踢腿：预备姿势同正踢腿。右脚向前上半步，脚尖外展，左脚跟稍提起，身体略右转，左臂前伸，右臂后举。随即，左脚脚尖勾紧向左耳侧踢起，同时右臂屈肘上举亮掌，左臂屈肘立掌于右胸前或垂于裆前，两眼向前平视（如图 6–7）。

图 6–6

图 6–7

（6）外摆腿：预备姿势与正踢腿相同。右脚向右前方上半步，左脚尖勾紧，向右侧踢起，经面前向左侧上方外摆，直腿落在右腿旁（如图 6–8）。

（7）里合腿：预备姿势与正踢腿相同。右脚向右前方上半步，左脚尖勾紧，经面前向右侧上方踢出，直腿落在右腿旁（如图 6–9）。

（8）侧踹：预备姿势同弹腿。两腿左右交叉，右腿在前，稍屈膝，随即右腿伸直支撑，左腿屈膝提起，左脚内扣，脚跟用力向左侧上方出，高与肩平，上体向右侧倒，目视左侧方（如图 6–10）。

图 6–8

图 6–9

图 6–10

2. 腰功

（1）前俯腰：直立，两手手指交叉，直臂上举，手心朝上。上体前俯，两手尽量贴地，然后两手松开，抱住两脚跟腱逐渐使胸部贴近腿部，持续一定时间再起立。练习时注意，向前折体后双腿一定要伸直（如图 6–11）。

（2）甩腰：开步站立，两臂上举，以腰、髋关节为轴，上体做前后屈和甩腰动作，两臂也跟着甩动，两腿伸直。练习时注意，前后甩腰要快速，动作紧凑而有弹性（如图 6–12）。

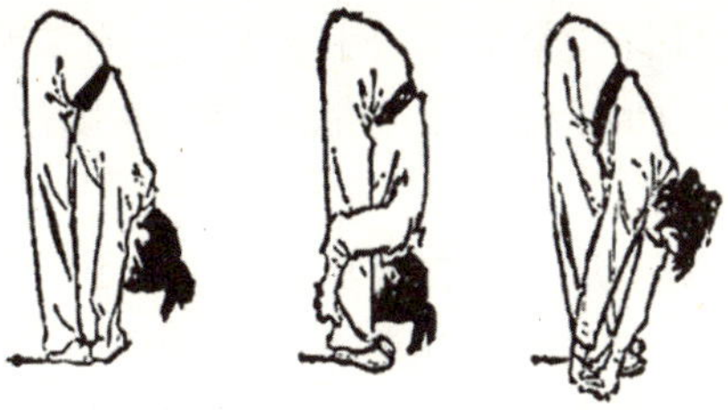

1　2　3

图 6–11

图 6–12

（三）基本动作和小组合动作

1. 腾空飞脚

并步站立，右脚上步，左腿向前上方摆踢，右脚蹬地跃起，身体腾空，两臂由下经体前向头上摆起，右手背迎击左手掌。在空中，右腿向前，向上弹踢，脚面绷直，右手迎击右脚面，同时左腿屈膝，左脚受控于右腿侧，脚面绷直，脚尖向下。左手在击掌的同时摆至左侧方，变勾手，勾尖向下，略高于肩。上体微前倾，两眼平视前方。注意在空中踢摆时，脚高必须过腰，在腾空的最高点完成击响动作，在击响的一霎间，左腿须受控于右腿侧。拍击动作要连续、准确、响亮（如图 6–13）。

图 6–13

名人录

拳为武艺之源，功为百艺之基。——拳谚

2. 五步拳

五步拳是结合五种步型、步法和三种手形组合编成。练习时先做分解动作，并按前面的要点反复练习，然后再进行组合练习。组合练习时，强调眼随手、身随步、步随势换，逐渐做到手、眼、身、步法协调一致。

在手法中，冲拳分平拳和立拳两种。平拳拳心向下，立拳拳眼向上。

五步拳动作：拗弓步冲拳、弹踢冲拳、马步架打、歇步盖打、提膝仆步穿掌、虚步挑掌。

预备姿势：并步抱拳。

（1）拗弓步冲拳：迈左脚成左弓步，右拳冲出成平拳。

（2）弹踢冲拳：右腿弹踢，同时左拳冲出成平拳。

（3）马步架打：右脚落地向左转 90°，两脚下蹲成马步，同时左拳变掌，屈臂上架，右拳由腰间向右冲出成立拳。头右转，目视右前方。

（4）歇步盖打：左脚向右脚后插一步，同时右拳变掌经头上向左下盖，掌外缘向前，身体左转 90°，左掌收回腰间抱拳。目视右手，下蹲成歇步；同时左拳向前冲出成平拳，右掌变拳收回腰间，目视左拳。

（5）提膝仆步穿掌：两腿起立，身体左转，随即左拳变掌，手心向下，右拳变掌，手心向上由左手背上穿出，同时左腿提膝，左手顺势收回右腋下，目视右手，左腿落地成仆步，左手掌指朝前贴左腿内侧穿出，目视左掌。

（6）虚步挑掌：左腿屈膝前弓，右脚蹬地向前上步，成右虚步，同时左手向上，向后划弧成正勾手，略高于肩。右手由后向下、向前顺右腿外侧向上挑掌，掌指向上，高与肩平，目视前方。继续练习，动作相同，方向相反。

（7）收势：两腿靠拢，并步抱拳。

图 6–14

第二节　24 式简化太极拳

学习要点：

1. 了解掌握简化太极拳的基本知识；
2. 学习掌握简化太极拳的技术动作；
3. 通过练习提升身体素质，继承与发扬民族传统文化。

太极拳是我国优秀的民族传统体育项目，自它诞生起至今一直深受人们的喜爱而不断传承，无论其技击效果、保健作用，还是艺术欣赏价值，都使越来越多的人受益匪浅，在人民的健身热潮中担当重要的角色。

24 式简化太极拳也叫简化太极拳，是国家体委（现为国家体育总局）于 1956 年组织太极拳专家汲取杨氏太极拳之精华编串而成的。尽管它只有 24 个动作，但相比传统的太极拳套路来讲，其内容更显精炼，动作更显规范，并且也能充分体现太极拳的运动特点。它易学易练，圆活轻柔，舒展大方，适合于初学者练习和用于健身治病。

一、动作特点

（一）心静体松

所谓“心静”，就是在练习太极拳时，思想上应排除一切杂念，不受外界干扰；所谓“体松”，是指在练拳时在保持身体姿势正确的基础上，有意识地让全身关节、肌肉以及内脏等达到最大限度的放松状态。

（二）圆活连贯

“圆活连贯”是衡量一个人功夫深浅的主要依据。太极拳练习所要求的“连贯”是指多方面的。其一是指肢体的连贯，即所谓的“节节贯穿”。肢体的连贯是以腰为枢纽的。在动作转换过程中，则要求：对下肢，是以腰带跨，以跨带膝，以膝带足；对上肢，是以腰带背，以背带肩，以肩带肘，再以肘带手。其二是动作与动作之间的衔接，即“势势相连”，前一动作的结束就是下一个动作的开始，势势之间没有间断和停顿。而“圆活”是在连贯基础上的进一步要求，意指活顺、自然。

（三）虚实分明

要做到“运动如抽丝，迈步似猫行”，首先要注意虚实变换要适当，使肢体各部在运动中没有丝毫不稳定的现象。若不能维持平衡稳定，就根本谈不上什么“迈步如猫行”了。一般来说，下肢以主要支撑体重的腿为实，辅助支撑或移动换步的腿为虚；上肢以体现动作主要内容的手臂为实，辅助配合的手臂为虚。总之虚实不但要互相渗透，还需在意识指导下变化灵活。

（四）呼吸自然

太极拳练习的呼吸方法有自然呼吸、腹式顺呼吸、腹式逆呼吸和拳式呼吸。以上几种呼吸方法，不论采用哪一种，都应自然、匀细，徐徐吞吐，要与动作自然配合。

二、动作名称

第一组
（一）起势
（二）左右野马分鬃
（三）白鹤亮翅

第二组
（四）左右搂膝拗步
（五）手挥琵琶
（六）左右倒卷肱

第三组
（七）左揽雀尾
（八）右揽雀尾

第四组
（九）单鞭
（十）云手
（十一）单鞭

第五组
（十二）高探马
（十三）右蹬脚
（十四）双峰贯耳
（十五）转身左蹬脚

第六组
（十六）左下式独立
（十七）右下式独立

第七组
（十八）左右穿梭
（十九）海底针
（二十）闪通臂

第八组
（二十一）转身搬拦捶
（二十二）如封似闭
（二十三）十字手
（二十四）收势

太极拳流派

太极拳有陈式、杨式、孙式、吴式、武式以及武当、赵堡等多种流派。据说明末清初，河南温县陈家沟的老拳师陈王廷初创太极拳，世代相传；河南永年人杨露禅从学于陈家沟陈长兴，并与其子杨健侯、其孙杨澄甫等人在陈式太极拳的基础上，创编发展了“杨式太极拳”；河北完县人（今河北保定顺平县）孙禄堂，从师李魁垣学形意拳，继而学于李魁垣的师傅郭云深，又从师于程廷华学八卦掌。后又从师郝为真学太极拳，之后参合八卦、形意、太极三家拳术的精义，融合一体而创“孙式太极拳”，所谓“太极腰、八卦步、形意劲”即此；河北大兴人吴鉴泉，在杨露禅到北京授拳时，其父全佑从学太极拳，后又拜杨之次子杨班侯为师，在杨式小架太极拳的基础上逐步修订，又经吴鉴泉改进修润而形成了一个流派，即“吴式太极拳”。清末河北永年人武禹襄在杨露禅从陈家沟返乡后，深爱其术，从学杨于陈氏老架太极拳，后又从师陈清平学赵堡架，经过修改创造了“武式太极拳”。

第三节　养生体育

学习要点：

1. 了解八段锦、五禽戏的起源、功效等基本知识；
2. 掌握八段锦、五禽戏的练习方法。

八段锦

一、八段锦概述

养身术八段锦的起源可以追溯到远古时代的导引术。4000~5000 年前，中国中原大地洪水泛滥，百姓深受雨水潮湿的侵害，筋骨多瑟缩而不达，气血多郁滞而不行。有贤能者发明了“舞”，用来摆脱这些病痛。这种祛病健身的“舞”后来就演变成导引术。导引者，导气令和，引体令柔；导引术就是通过自身的特殊锻炼方式，使机体气息流畅，骨正筋柔；可以很好的激发自身调理能力，消除病痛，增进健康，延缓衰老。

二、八段锦的优点

空间小：且毋须固定场地，可因地制宜，室内家居、办公或室外等皆可。

时间短：时间长短可自由调整，通常可在 5~15 分钟内择项或全套演练。

最经济：无需辅助器材或设备，仅穿宽松衣物即可徒手演练。

易学习：动作简单，没有奥秘，不需向功夫高手学习。

无禁忌：动作温和缓慢，男女老少皆宜，亦无任何特定时辰之避忌，惟饭后一小时内不宜演练。

三、八段锦的功效

八段锦是调理气血、畅通经脉、灵活筋骨的运动，若能天天有规律地演练，即能促进血液循环、舒畅胸怀、清醒头脑，确是预防百病、延年益寿的最佳方法。特别适用于调理亚健康带给身体的不适，增进人体生理机能，祛病健身；改善肩肌劳损、腰肌劳损带来的疼痛和机理损伤；并有调理气血、平衡脏腑功能、改善睡眠品质等功能。

四、基本技术

（一）两手托天理三焦

动作要领：马步式下蹲，两手托裆下，缓缓上提至头顶，两掌上翻，掌心向上，眼随手动，体式吸气下按呼气；然后，向下翻掌下按至裆下，如此 5 次。意存丹田，自然放松。此为打通三焦练气、聚气之法（如图 6–15）。

（二）左右开弓似射雕

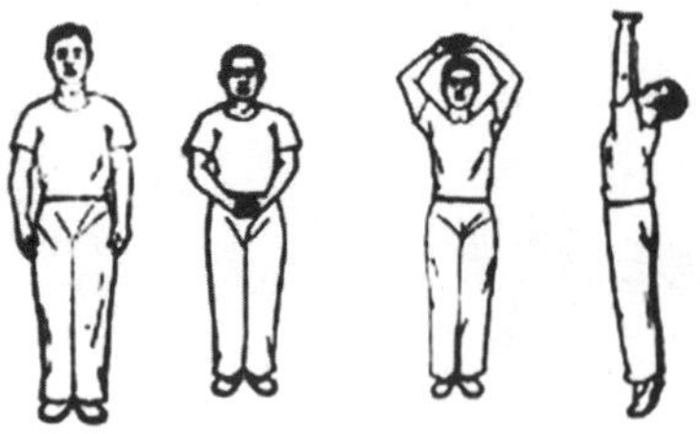

图 6-15

图 6-16

动作要领：右手变拳向右方伸出，拳心向下，左拳至于左胸前，目视右拳；然后变左式做一遍。呼吸自然，顶项口闭，意存丹田。此为舒展肩臂，练力、固气之法（如图 6-16）。

（三）调理脾胃须单举

动作要领：并立步，两掌自腹前上下交叉推出，掌心向外，如此连续做 5 次。顶项闭口，意存丹田，呼吸自然。此为练气运行，调理脾肾之功法（如图 6-17）。

（四）五劳七伤往后瞧

动作要领：变左弓步左向回身，左掌至于右腰眼处，右手上托伸臂，掌心向前方，目视后方；然后，右转身变右式，如此 5 次，顶项口闭，意存丹田，呼吸自然。此为健肾固气，舒展腰腿之功法（如图 6-18）。

图 6-17

图 6-18

（五）摇头摆尾去心火

动作要领：两足分开，相距约三个足底的长度，屈膝半蹲成骑马势。两手张开，虎口向内，扶住大腿前部。头部及上体前俯，然后做圆环形转摇，转动数圈后再反方向转摇。在转腰的同时，适当摆动臀部。转腰时吸气，复原时呼气（如图 9-3-5）。

（六）两手攀足固肾腰

图 6-19

图 6-20

动作要领：直立，并足，两膝挺伸、上身前俯，以两手攀握两足趾（如碰不到，不必勉强），头略昂起。然后恢复直立姿势，同时两手握拳，并抵于腰椎两侧，上身缓缓后仰，再恢复直立姿势。如此反复进行。本式采用自然呼吸。可增强腰部及下腹部的力量，但高血压病和动脉硬化患者，头部不宜垂得太低（如图 6–20）。

（七）攒拳怒目增气力

动作要领：马步站立，右拳自腰间起向前方直拳冲出，瞪目前视拳面；然后，抓掌收回腰间，再出左拳，如此各击 5 拳。顶项口闭，意存丹田，呼吸自然。此为练习臂力、握力、视力的功法（如图 6–21）。

（八）背后七颠百病消

图 6–21

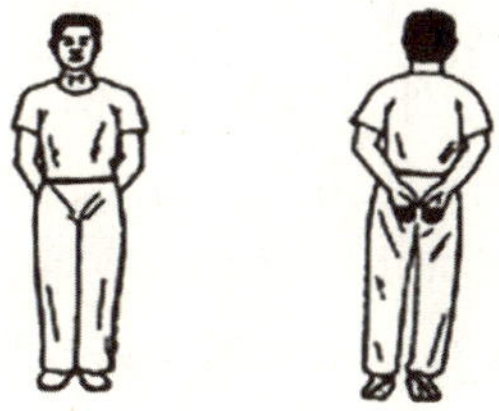

图 6–22

动作要领：直立，并拢双脚，两掌紧贴腿侧，两膝伸直，足跟并拢提起，离地数寸，同时昂首，作全身提举势。然后足跟轻轻着地复原。反复进行。如配合呼吸，则足跟提起时吸气，足跟着地时呼气。可疏通背部经脉，调整脏腑功能（如图 6–22）。

五禽戏

一、五禽戏概述

五禽戏是一种中国传统健身方法，由五种模仿动物的动作组成。五禽戏又称“五禽操”、“五禽气功”、“百步汗戏”等。据说由东汉医学家华佗创制。禽戏是中国民间广为流传的、也是流传时间最长的健身方法之一，其健身效果被历代养生家称赞，据传华佗的徒弟吴普因长年习练此法而达到百岁高龄。

五禽戏，分别是虎戏、鹿戏、熊戏、猿戏和鸟戏，每种动作都是模仿了相应的动物动作。传统的五禽戏，又称华佗五禽之戏，五戏共有动作 54 个。由中国体委新编的简化五禽戏，每戏分两个动作，分别为：虎举、虎扑；鹿抵、鹿奔；熊运、熊晃；猿提、猿摘；鸟伸、鸟飞。每种动作都是左右对称地各做一次，并配合气息调理。

二、五禽戏功法特点

（一）安全易学，左右对称

本功法是在对传统五禽戏进行挖掘整理的基础上编创的，为了便于广大群众习练。因此，动作力求简捷，左右对称，平衡发展，既可全套连贯习练，也可侧重多练某戏，还可只练某戏。五禽戏运动量较为适中，属有氧训练，各人可根据自身情况调节每势动作的运动幅度和强度，安全可靠。

（二）引伸肢体，动诸关节

本功法动作体现了身体躯干的全方位运动，包括前俯、后仰、侧屈、拧转、折叠、提落、开合、缩放等各种不同的姿势，以腰为主轴和枢纽，带动上、下肢向各个方向运动，以增大脊柱的活动幅度。此外还特别注意手指、脚趾等关节的运动，以达到加强远端血液微循环的目的。同时，还要注意对平时活动较少或为人们所忽视的肌肉群的锻炼。

（三）外导内引，形松意充

古人将“导引”解释为“导气令和，引体令柔”。所谓“导气令和”，主要指疏通调畅体内气血和调顺呼吸之气；所谓“引体令柔”，就是指活利关节、韧带、肌肉的肢体运动。“五禽戏”是以模仿动物姿势、以动为主的功法，根据动作的升降开合，以形引气。虽然“形”显示于外，但为内在的“意”、“神”所系。外形动作既要仿效虎之威猛、鹿之安舒、熊之沉稳、猿之灵巧、鸟之轻捷，还要力求蕴含“五禽”的神韵，意气相随，内外合一。习练过程在保持功法要求的正确姿势前提下，各部分肌肉应尽量保持放松，做到舒适自然，不僵硬，不拿劲，不软塌。只有肢体松沉自然，才能做到以意引气，气贯全身；以气养神，气血通畅。

（四）动静结合，练养相兼

“五禽戏”模仿“五禽”的动作和姿势，舒展肢体，活络筋骨，同时在功法的起势、收势以及每一戏结束后，配以短暂的静功站桩，诱导习练者进入相对平稳的状态和“五禽”的意境，以此来调整气息、宁心安神，起到“外静内动”的功效。具体来说，肢体运动时，形显示于外，但意识、神韵贯注于动作中，排除杂念，思想达到相对的“入静”状态；进行静功站桩时，虽然形体处于安静状态，但是必须体会到体内的气息运行以及“五禽”意境的转换。动与静的有机结合，两个阶段相互交替出现，起到练养相兼的互补作用，可进一步提高练功效果。

三、五禽戏动作说明

（一）手型、步型和平衡

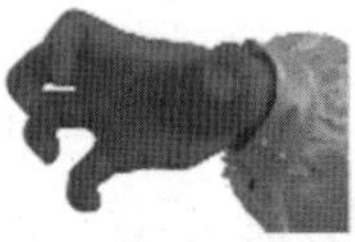

图 6–23

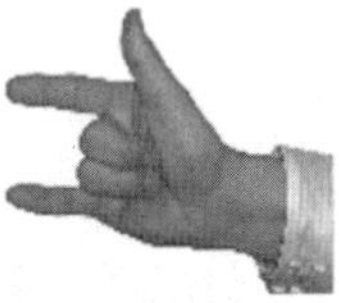

图 6–24

图 6–25

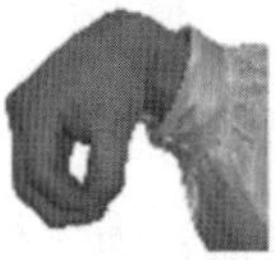

图 6–26

图 6–27

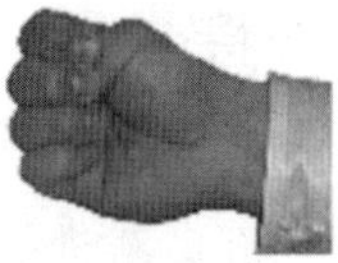

图 6–28

虎爪：五指张开，虎口撑圆，第一、二指关节弯曲内扣（如图 6–23）。

鹿角：拇指伸直外张，食指、小指伸直，中指、无名指向内弯曲（如图 6–24）。

熊掌：拇指压在食指指端上，其余四指并拢弯曲，虎口撑圆（如图 6–25）。

猿勾：五指指腹捏拢，屈腕（如图 6–26）。

鸟翅：五指伸直，拇指、食指、小指向上翘起，无名指、中指并拢向下（如图 6–27）。

握固：拇指抵掐无名指根节内侧，其余四指屈拢收于掌心（如图 6–28）。

（二）基本步型

弓步：两腿前后分开一大步，横向之间保持一定宽度，右（左）腿屈膝前弓，大腿斜向地面，膝与脚尖上下相对，脚尖微内扣；左（右）腿自然伸直，脚跟蹬地，脚尖稍内扣，全脚掌着地。

虚步：右（左）脚向前迈出，脚跟着地，脚尖上翘，膝微屈；左（右）腿屈膝下蹲，全脚掌着地，脚尖斜向前方，臀部与脚跟上下相对。身体重心落于左（右）腿（如图 6–29）。

图 6–29

图 6–30

丁步：两脚左右分开，间距约 10~20 厘米，两腿屈膝下蹲，左（右）脚脚跟提起，脚尖着地，虚点地面，置于右（左）脚脚弓处，右（左）腿全脚掌着地踏实（如图 6–30）。

提膝平衡：左（右）腿直立站稳，上体正直；右（左）腿在体前屈膝上提，小腿自然下垂，脚尖向下（6–31）。

图 6–31

图 6–32

后举腿平衡：右（左）腿蹬直站稳，左（右）腿伸直，向体后举起，脚面绷平，脚尖向下（6–32）。

十二段锦

清代，徐文弼撰《寿世传真》，对上述功法套路又进行了调整，并将之命名为“十二段锦”。

坐八段锦是一种深受人们喜爱且富有健身功效的养生方法，清末民初的修炼家李青云在《长生不老秘诀》中将之称之为“八卦行功法”，并详加注释。这种功法至今仍在社会上有流传。国家体育总局健身气功管理中心曾委托北京体育大学编撰有《健身气功·十二段锦》，与上述功法大同小异，可供参考。

关于坐八段锦的创编者到底是谁，主要有钟离权和臞仙两说。学者吴志超先生认为:“前者显然过早，在唐代至五代的各种养生文献中均未见到八段锦其名；后者与史实不符，在宋代的文献中已提到八段锦，且《夷坚乙志》所述的李似炬‘夜半时起坐，嘘吸按摩，行所谓八段锦’，与此法颇似，故上述两种说法均难为人接受。按其歌诀‘八卦是良因’及其功法动静互制，此法当是在北宋陈抟、周敦颐、邵雍等人倡导太极图说之后创编的。周敦颐《太极图说》云：‘无极而太极，太极动而生阳，动极而静，静而生阴，静极复动。一动一静，互为其根。’此‘八段锦导引法’中贯注了这一哲理。故清代李青云老人称此法为‘八卦行功法’，今天亦称此法为‘动静结合套路’”，此说当是。

四、五禽戏技术要领

(一) 第一戏 虎戏

图 6–33

“虎戏”要体现虎的威猛。神发于目，虎视眈眈；威生于爪，伸缩有力；神威并重，气势凌人。动作变化要做到刚中有柔、柔中生刚、外刚内柔、刚柔相济，具有动如雷霆无阻挡、静如泰山不可摇的气势。

1. 第一式　虎举（如图 6–33）

动作一：两手掌心向下，十指撑开，弯曲成虎爪状；目视两掌（二、四同）。

动作二：两手外旋，由小指先弯曲，其余四指依次弯曲握拳，两拳沿体前缓慢上提。至肩前时，十指撑开，举至头上方再弯曲成虎爪状。

动作三：两掌外旋握拳，拳心相对；目视两拳。

动作四：两拳下拉至肩前时，变掌下按。沿体前下落至腹前，十指撑开，掌心向下；目视两掌。

重复一至四动三遍后，两手自然垂于体侧；目视前方。

要点：

(1) 十指撑开、弯曲成“虎爪”和外旋握拳，三个环节均要贯注劲力。

(2) 两掌向上如托举重物，提胸收腹，充分拔长躯体；两掌下落如拉双环，含胸松腹，气沉丹田。

(3) 眼随手动。

(4) 动作可配合呼吸，两掌上举时吸气，下落时呼气。

功理与作用：

(1) 两掌举起，吸入清气；两掌下按，呼出浊气。一升一降，疏通三焦气机，调理三焦功能。

(2) 手成“虎爪”变拳，可增强握力，改善上肢远端关节的血液循环。

2. 第二式　虎扑（如图 6–34）

动作一：两手握空拳，沿身体两侧上提至肩前上方。

图 6–34

动作二：两手向上、向前划弧，十指成“虎爪”，掌心向下；同时上体前俯，挺胸塌腰；目视前方。

动作三：两腿屈膝下蹲，收腹含胸；同时，两手向下划弧至两膝侧，掌心向下，目视前下方。两腿伸膝，送髋，挺腹，后仰；同时，两掌握空拳，沿体侧向上提至胸侧，目视前上方。

动作四：左腿屈膝提起，两手上举。左脚向前迈出一步，脚跟着地，右腿屈膝下蹲，成左虚步；同时上体前倾，两拳变“虎爪”向前、向下扑至膝前两侧，掌心向下，目视前下方。随后上体抬起，左脚收回，开步站立；两手自然下落于体侧，目视前方。

动作五至八：同一至四，惟左右相反。

重复一至八动一遍后，两掌向身体侧前方举起，与胸同高，掌心向上，目视前方。两臂屈肘，两掌内合下按，自然垂于体侧，目视前方。

要点：

（1）上体前俯，两手尽力向前伸，而臀部向后引，充分伸展脊柱。

（2）屈膝下蹲、收腹含胸要与伸膝、送髋、挺腹、后仰动作过程连贯，使脊柱形成由折叠到展开的蠕动，两掌下按上提要与之配合协调。

（3）虚步下扑时，速度可加快，先柔后刚，配合快速深呼气，气由丹田发出，以气催力，力达指尖，表现出虎的威猛。

（4）可根据身体状况适当减小动作幅度。

功理与作用：

（1）虎扑动作形成了脊柱的前后伸展折叠运动，尤其是引腰前伸，增加了脊柱各关节的柔韧性和伸展度，可使脊柱保持正常的生理弧度。

（2）脊柱运动能增强腰部肌肉力量，对常见的腰部疾病，如腰肌劳损、习惯性腰扭伤等症有防治作用。

（3）督脉行于背部正中，任脉行于腹部正中。脊柱的前后伸展折叠，牵动任、督两脉，起到调理阴阳、疏通经络、活跃气血的作用。

（二）第二戏 鹿戏

鹿喜挺身眺望，好角抵，运转尾闾，善奔走，通任、督两脉。习练“鹿戏”时，动作要轻盈舒展，神态要安闲雅静，意想自己置身于群鹿中，在山坡、草原上自由快乐地活动。

1. 第一式　鹿抵（如图 6–35）

动作一：两腿微屈，重心移至右腿，左脚经右脚内侧向左前方迈步，脚跟着地；同时，身体稍右转；两掌握空拳，向右侧摆起，拳心向下，高与肩平；目随手动，视右拳。

动作二：重心前移，左腿屈膝，脚尖外展踏实；右腿伸直蹬实；同时，身体左转，两掌成“鹿角”，向上、向左、向后划弧，掌心向外，指尖朝后，左臂弯曲外展平伸，肘抵靠左腰侧；右臂举至头前，向左后方伸抵，掌心向外，指尖朝后，目视右脚跟。随后，身体右转，左脚收回，开步站立；同时两手向上、向右、向下划弧，两掌握空拳下落于体前，目视前下方。

图 6–35

动作三、四：同一、二，惟左右相反。

动作五至八：同一至四。重复一至八动一遍。

要点：

（1）腰部侧屈拧转，侧屈的一侧腰部要压紧，另一侧腰部则借助上举手臂后伸，得到充分牵拉。

（2）后脚脚跟要蹬实，固定下肢位置，加大腰、腹部的拧转幅度，运转尾闾。

（3）动作可配合呼吸，两掌向上划弧摆动时吸气，向后伸抵时呼气。

功理与作用：

（1）腰部的侧屈拧转，使整个脊椎充分旋转，可增强腰部的肌肉力量，也可防治腰部的脂肪沉积。

(2) 目视后脚脚跟，加大腰部在拧转时的侧屈程度，可防治腰椎小关节紊乱等症。

(3) 中医认为，“腰为肾之府”。尾闾运转，可起到强腰补肾、强筋健骨的功效。

2. 第二式 鹿奔（如图 6–36）

动作一：左脚向前跨一步，屈膝，右腿伸直成左弓步；同时，两手握空拳，向上、向前划弧至体前，屈腕，高与肩平，与肩同宽，拳心向下，目视前方（三、四同）。

动作二：重心后移，左膝伸直，全脚掌着地；右腿屈膝，低头，弓背，收腹；同时，两臂内旋，两掌前伸，掌背相对，拳变“鹿角”。

动作三：重心前移，上体抬起；右腿伸直，左腿屈膝，成左弓步；松肩沉肘，两臂外旋，“鹿角”变空拳，高与肩平，拳心向下。

动作四：左脚收回，开步直立；两拳变掌，回落于体侧。

动作五至八：同一至四，惟左右相反。

图 6–36

重复一至八动一遍后，两掌向身体侧前方举起，与胸同高，掌心向上，目视前方。屈肘，两掌内合下按，自然垂于体侧，目视前方。

要点：

(1) 提腿前跨要有弧度，落步轻灵，体现鹿的安舒神态。

(2) 身体后坐时，两臂前伸，胸部内含，背部形成“横弓”状；头前伸，背后拱，腹收缩，臀内敛，形成“竖弓”状，使腰、背部得到充分伸展和拔长。

(3) 动作可配合呼吸。身体后坐时，配合吸气。重心前移时，配合呼气。

功理与作用：

(1) 两臂内旋前伸，肩、背部肌肉得到牵拉，对颈肩综合症、肩关节炎等症有防治作用；躯干弓背收腹，能矫正脊柱畸形，增强腰、背部肌肉力量。

(2) 向前落步时，气充丹田。身体重心后坐时，气运命门，加强了人的先天与后天之气的交流。尤其是重心后坐，整条脊柱后弯，内夹尾闾，后凸命门，打开大椎，意在疏通督脉经气，具有振奋全身阳气的作用。

(三) 第三戏 熊戏

“熊戏”要表现出熊憨厚沉稳、松静自然的神态。运势外阴内阳，外动内静，外刚内柔，以意领气，气沉丹田；行步外观笨重拖沓，其实笨中生灵，蕴含内劲，沉稳之中显灵敏。

1. 第一式 熊运（如图 6–37）

动作一：两掌握空拳成“熊掌”，拳眼相对，垂于下腹部，目视两拳。

动作二：以腰、腹为轴，上体做顺时针摇晃；同时，两拳随之沿右肋部、上腹部、左肋部、下腹部划圆；目随上体摇晃环视。

动作三、四：同一、二。

图 6–37

动作五至八：同一至四，惟左右相反，上体做逆时针摇晃，两拳随之划圆。

做完最后一动，两拳变掌下落，自然垂于体侧，目视前方。

要点：

（1）两掌划圆应随腰、腹部的摇晃而被动牵动，要协调自然。

（2）两掌划圆是外导，腰、腹摇晃为内引，意念内气在腹部丹田运行。

（3）动作可配合呼吸，身体上提时吸气，身体前俯时呼气。

功理与作用：

（1）活动腰部关节和肌肉，可防治腰肌劳损及软组织损伤。

（2）腰腹转动，两掌划圆，引导内气运行，可加强脾、胃的运化功能。

（3）运用腰、腹摇晃，对消化器官进行体内按摩，可防治消化不良、腹胀纳呆、便秘腹泻等症。

2. 第二式　熊晃（如图 6–38）

图 6–38

动作一：重心右移；左髋上提，牵动左脚离地，再微屈左膝；两掌握空拳成“熊掌”，目视左前方（二、三、四同）。

动作二：重心前移；左脚向左前方落地，全脚掌踏实，脚尖朝前，右腿伸直；身体右转，左臂内旋前靠，左拳摆至左膝前上方，拳心朝左；右拳摆至体后，拳心朝后。

动作三：身体左转，重心后坐；右腿屈膝，左腿伸直；拧腰晃肩，带动两臂前后弧形摆动；右拳摆至左膝前上方，拳心朝右；左拳摆至体后，拳心朝后。

动作四：身体右转，重心前移；左腿屈膝，右腿伸直；同时，左臂内旋前靠，左拳摆至左膝前上方，拳心朝左；右拳摆至体后，拳心朝后。

动作五至八：同一至四，惟左右相反。

重复一至八动一遍后，左脚上步，开步站立；同时，两手自然垂于体侧。两掌向身体侧前方举起，与胸同高，掌心向上，目视前方。屈肘，两掌内合下按，自然垂于体侧；目视前方。

要点：

（1）用腰侧肌群收缩来牵动大腿上提，按提髋、起腿、屈膝的先后顺序提腿。

（2）两脚前移，横向间距稍宽于肩，随身体重心前移，全脚掌踏实，使震动感传至髋关节处，体现熊步的沉稳厚实。

功理与作用：

（1）身体左右晃动，意在两肋，调理肝脾。

（2）提髋行走，加上落步的微震，可增强髋关节周围肌肉的力量，提高平衡能力，有助于防治下肢无力、髋关节损伤、膝痛等症。

（四）第四戏 猿戏

猿生性好动，机智灵敏，善于纵跳，折枝攀树，躲躲闪闪，永不疲倦。习练“猿戏”时，外练肢体的轻灵敏捷，欲动则如疾风闪电，迅敏机警；内练精神的宁静，欲静则似静月凌空，万籁无声，从而达到“外动内静”、“动静结合”的境界。

1. 第一式　猿提（如图 6–39）

动作一：两掌在体前，手指伸直分开，再屈腕撮拢捏紧成“猿钩”。

图 6–39

动作二：两掌上提至胸，两肩上耸，收腹提肛；同时，脚跟提起，头向左转；目随头动，视身体左侧。

动作三：头转正，两肩下沉，松腹落肛，脚跟着地；“猿钩”变掌，掌心向下，目视前方。

动作四：两掌沿体前下按落于体侧，目视前方。

动作五至八：同一至四，惟头向右转。

重复一至八动一遍。

要点：

(1) 掌指撮拢变钩，速度稍快。

(2) 按耸肩、收腹、提肛、脚跟离地、转头的顺序，上提重心。耸肩、缩胸、屈肘、提腕要充分。

(3) 动作可配合提肛呼吸。两掌上提吸气时，稍用意提起会阴部；下按呼气时，放下会阴部。

功理与作用：

(1)“猿钩”的快速变化，意在增强神经—肌肉反应的灵敏性。

(2) 两掌上提时，缩项，耸肩，团胸吸气，挤压胸腔和颈部血管；两掌下按时，伸颈，沉肩，松腹，扩大胸腔体积，可增强呼吸，按摩心脏，改善脑部供血。

(3) 提踵直立，可增强腿部力量，提高平衡能力。

2. 第二式 猿摘（如图 6–40）

动作一：左脚向左后方退步，脚尖点地，右腿屈膝，重心落于右腿；同时，左臂屈肘，左掌成“猿钩”收至左腰侧；右掌向右前方自然摆起，掌心向下。

动作二：重心后移。左脚踏实，屈膝下蹲，右脚收至左脚内侧，脚尖点地，成右丁步；同时，右掌向下经腹前向左上方划弧至头左侧，掌心对太阳穴；目先随右掌动，再转头注视右前上方。

动作三：右掌内旋，掌心向下，沿体侧下按至左髋侧。目视右掌。右脚向右前方迈出一大步，左腿蹬伸，重心前移；右腿伸直，左脚脚尖点地；同时，右掌经体前向右上方划弧，举至右上侧变“猿钩”，稍高于肩；左掌向前、向上伸举，屈腕撮钩，成采摘势。目视左掌。

图 6–40

动作四：重心后移。左掌由“猿钩”变为“握固”；右手变掌，自然回落于体前，虎口朝前。随后，左腿屈膝下蹲，右脚收至左脚内侧，脚尖点地，成右丁步；同时，左臂屈肘收至左耳旁，掌指分开，掌心向上，成托桃状；右掌经体前向左划弧至左肘下捧托，目视左掌。

动作五至八：同一至四，惟左右相反。

重复一至八动一遍后，左脚向左横开一步，两腿直立；同时，两手自然垂于体侧。两掌向身体侧前方举起，与胸同高，掌心向上，目视前方。屈肘，两掌内合下按，自然垂于体侧，目视前方。

要点：

(1) 眼要随上肢动作变化左顾右盼，表现出猿猴眼神的灵敏。

(2) 屈膝下蹲时，全身呈收缩状。蹬腿迈步，向上采摘，肢体要充分展开。采摘时变“猿钩”，手指撮拢快而敏捷；变握固后，成托桃状时，掌指要及时分开。

(3) 动作以神似为主，重在体会其意境，不可太夸张。

功理与作用：

(1) 眼神的左顾右盼，有利于颈部运动，促进脑部的血液循环。

(2) 动作的多样性体现了神经系统和肢体运动的协调性，模拟猿猴在采摘桃果时愉悦的心情，可减轻大脑神经系统的紧张度，对神经紧张、精神忧郁等症有防治作用。

(五) 第五戏 鸟戏

鸟戏取形于鹤。鹤是轻盈安详的鸟类，人们对它进行描述时往往寓意它的健康长寿。习练时，要表现出鹤的昂然挺拔、悠然自得的神韵。仿效鹤翅飞翔，抑扬开合。两臂上提，伸颈运腰，真气上引；两臂下合，含胸松腹，气沉丹田。可活跃周身经络，灵活四肢关节。

1. 第一式 鸟伸（如图 6–41）

动作一：两腿微屈下蹲，两掌在腹前相叠。

动作二：两掌向上举至头前上方，掌心向下，指尖向前；身体微前倾，提肩，缩项，挺胸，塌腰，目视前下方。

动作三：两腿微屈下蹲；同时，两掌相叠下按至腹前，目视两掌。

动作四：重心右移；右腿蹬直，左腿伸直向后抬起；同时，两掌左右分开，掌成“鸟翅”，向体侧后方摆起，掌心向上；抬头，伸颈，挺胸，塌腰，目视前方。

动作五至八：同一至四，惟左右相反。

重复一至八动一遍后，左脚下落，两脚开步站立，两手自然垂于体侧，目视前方。

图 6–41

要点：

(1) 两掌在体前相叠，上下位置可任选，以舒适自然为宜。

(2) 注意动作的松紧变化。掌上举时，颈、肩、臀部紧缩；下落时，两腿微屈，颈、肩、臀部松沉。

(3) 两臂后摆时，身体向上拔伸，并形成向后反弓状。

功理与作用：

(1) 两掌上举吸气，扩大胸腔；气沉丹田，呼出浊气，可加强肺的吐故纳新功能，增加肺活量，改善慢性支气管炎、肺气肿等病的症状。

(2) 两掌上举，作用于大椎和尾闾，督脉得到牵动；两掌后摆，身体成反弓状，任脉得到拉伸。这种松紧交替的练习方法，可增强疏通任、督两脉经气的作用。

2. 第二式 鸟飞（如图 6–42）

两腿微屈；两掌成“鸟翅”合于腹前，掌心相对，目视前下方（二、四同）。

动作一：右腿伸直独立，左腿屈膝提起，小腿自然下垂，脚尖朝下；同时，两掌成展翅状，在体侧平举向上，稍高于肩，掌心向下，目视前方（三同）。

动作二：左脚下落在右脚旁，脚尖着地，两腿微屈；同时，两掌合于腹前，掌心相对。

动作三：右腿伸直独立，左腿屈膝提起，小腿自然下垂，脚尖朝下；同时，两掌经体侧，向上举至头顶上方，掌背相对，指尖向上。

动作四：左脚下落在右脚旁，全脚掌着地，两腿微屈；同时，两掌合于腹前，掌心相对。

动作五至八：同一至四，惟左右相反。

图 6–42

重复一至八动一遍后，两掌向身体侧前方举起，与胸同高，掌心向上，目视前方。屈肘，两掌内合下按，自然垂于体侧，目视前方。

要点：

(1) 两臂侧举，动作舒展，幅度要大，尽量展开胸部两侧；两臂下落内合，尽量挤压胸部两侧。

(2) 手脚变化配合协调，同起同落。

(3) 动作可配合呼吸，两掌上提时吸气，下落时呼气。

功理与作用

(1) 两臂的上下运动可改变胸腔容积，若配合呼吸运动可起到按摩心肺作用，增强血氧交换能力。

(2) 拇指、食指的上翘紧绷，意在刺激手太阴肺经，加强肺经经气的流通，提高心肺功能。

(3) 提膝独立，可提高人体平衡能力。

收势 引气归元

动作一：两掌经体侧上举至头顶上方，掌心向下。

动作二：两掌指尖相对，沿体前缓慢下按至腹前，目视前（三、七、八同）方。

重复一、二动两遍。

动作三：两手缓慢在体前划平弧，掌心相对，高与脐平。

动作四：两手在腹前合拢，虎口交叉，叠掌；眼微闭静养，调匀呼吸，意守丹田。

动作五：数分钟后，两眼慢慢睁开，两手合掌，在胸前搓擦至热。

动作六：掌贴面部，上、下擦摩，浴面 3~5 遍。

动作七：两掌向后沿头顶、耳后、胸前下落，自然垂于体侧。

动作八：左脚提起向右脚并拢，前脚掌先着地，随之全脚踏实，恢复成预备势。

要点：

(1) 两掌由上向下按时，身体各部位要随之放松，直达脚底涌泉穴。

(2) 两掌腹前划平弧动作，衔接要自然、圆活，有向前收拢物体之势，意将气息合抱引入丹田。

功理与作用：

(1) 引气归元就是使气息逐渐平和，意将练功时所得体内、外之气，导引归入丹田，起到和气血、通经脉、理脏腑的功效。

（2）通过搓手、浴面，恢复常态，收功。

第四节　女子防身术

学习要点：

1. 了解女子防身术的定义、特点等基本知识；
2. 了解人体易控关节与要害部位；
3. 掌握女子防身术基本技术。

一、女子防身术及基本特点

（一）女子防身术定义

女孩子用于抗暴御侮的搏击术，就叫“女子防身术”。女子防身术的最大特点就是：实用。它集打、击、推、拉、抱、摔、踹、折、拧、绊、擒于一身，具有打中有拿、抗摔有擒、制其一点、控其全身的特点。

（二）基本特点

女子防身术虽然不同于传统武术固定运动，但它却是中华武术的精华提炼。因为防卫格斗中的各种奇招妙法都是从武术中经过摘编、加工、提炼、创造、完善后发掘出来的，并最终使其成为一种散招，具备了简单、实用、易记、易学的特点。

二、练习女子防身术的好处

（一）能够提高人的速度

无论是击打对方还是躲避对方的进攻都需要速度，没有速度就会处处受制于人，也就谈不上技术的发挥。可以说，速度是决定格斗防卫制敌双方胜负的关键。通过系统严格的训练，练习者自然会体会到这一点。

（二）能够增强人的力量

这也是决定女子防身术成功自卫的一个重要条件，很多格斗防卫制敌技能都需要一定的力量来做基础，力量达不到，也会处于被动。经过科学的、持之以恒的防身技能训练就能够有效地增强人体肌肉的力量。

（三）能够给身材肥胖的练习者带来意外收获

通过不懈的努力和刻苦的训练，当练习者的速度、力量、敏捷性都得到相应提高时，当练习者能够做到身手敏捷、动作迅猛时，她的身形也在发生微妙的变化：训练时的大量排汗，加快了体内脂肪的消耗；系统的训练，提高了柔韧性，使多余的肥肉变成肌肉，慢慢地受训者的皮肤变细腻了，身体变灵活了，身材变紧致了，人也精神了，因此，女子防身术训练也是一项非常好的有氧减肥运动。

三、人体易控关节与要害部位

（一）人体易控关节

人体中骨与骨相连能活动部位叫做关节。人体关节都有其一定的活动范围，如果受到反向的超过其生理承受限度的打击或压迫的话，就会造成脱臼或韧带撕裂，从而失去正常的生理功能。控制人体的关键关节，有牵一发动全身的效果，所以女性在防身时，为达到四两拨千斤之目的，就应该尽可能地创造条件去控制或者重击来犯的关节部位，使其受制于我。人体有以下几个关节容易被控制住：颈部关节、肩关节、肘关节、腕关节、指关节、膝关节、裸关节。

（二）人体要害部位

1. 裆部

男性生殖器官，是人体神经末梢最丰富的地方。如果受到顶、撞、踢、抓等攻击，会造成剧痛而使人暂时失去反抗能力。

2. 眼睛

眼睛之重要，众人皆知。如果受到手指插、戳或点等打击，轻则流泪不止、有眼难睁，重则眼内出血，甚至失明，从而使人失去反击能力。

3. 咽喉气管

位于喉结往下的凹陷部位，气管仅以薄皮相裹，只要用硬物或尖物非常容易就可以穿插进去以致人命。此法不到万不得已不可使用！

4. 太阳穴

位于人的鬓角前、眉梢后的部位。此穴是大脑中枢神经的集中处，受到拳脚或外物的重力打击，极易使人昏迷甚至死亡。

5. 颈椎

是头部与躯干相连的部位。该关节能前屈、后伸和左右旋转。当击打颈椎时，对方会失去正常生理功能，产生疼痛、受伤致残，重则顷刻丧命。

6. 后脑勺

脑袋后面突出的部分。此处如果受到重击 ，不死也昏迷。

7. 肋部

人体两边共 12 对肋骨，形状细长，且只有薄皮相裹，如受到重击极易造成骨折甚至是内脏器官损伤，使人失去正常的活动能力。

8. 胸腹腔

指胸腔与腹腔。胸腔是指心窝处下方前胸正中的“三角部位”。此处是两侧肋骨交汇所成的三角要害部位，因为其不但皮薄无肉，且集心、肺等功能器官于内，受到打击能对人造成剧痛、休克甚至死亡。腹腔也是体腔的一部分，其内有胃肠胰肾肝脾等众多器官，如遭受拳脚或外物打击，易致人因剧痛而昏迷、休克甚至死亡。

四、女子防身术几种环境类型

（一）日常防卫

日常生活中，我们穿在身上或随身携带的物品都可以在关键时刻用来防卫：

△报纸、书本可卷成纸棍来打击太阳穴、面部、咽喉或裆部

△手机可当砖头使用

△表链可当刀片使用

△笔可充当匕首

△镜子可拍击脸部或来回的划

△梳子可横插脖子

△高跟鞋可用鞋跟当榔头

△腰带头可横扫其头部

△太阳伞可当作棍子击打或捅击

△钥匙可插喉或作扎血管之用

△戒指可当小型的匕首使用

△发夹可当小型的匕首

△公文夹可作为多面刀或匕首

△电话卡可当刀使，划割颈动脉、面部

记住：在紧要关头，虽然任何可以抓在手中的物体都可以成为反击的工具，但不要过早地暴露反击意图，先用眼睛观察所处环境，推算反击成功概率有多少，观察可否有路人经过，是否有呼救的可能，如在郊区或空地就全靠自己了。

总而言之，保持头脑冷静，灵活反应。

（二）居家防卫

独自在家时，绝不要轻易给陌生人开门。晚上睡前要记得反锁房门与窗户。询问来人时，最好是隔着安全铁门回答。警惕上门送东西及修理东西的人，没有问清之前不要开门。自称警察的，要先看清其证件，最好是对着其证件上的信息先打电话证实后再开门，不要被所穿的制服所骗。

在临街窗台上的盆景里预埋着求救字条，当发生不测时可以奋力将盆景推下楼去，向外界寻求救援；白天无人在家时，让收音机低声自动播放；夜间无人在家时，家里尽量亮着灯光。不要将钥匙放在门外的一个固定地方，建议将钥匙随身携带。

（三）出行防卫

如无特殊需要，在出行环境复杂、人多拥挤的地方，尽量不要穿着暴露和穿高跟鞋。尽量携带挎包，而不要将钱包或手机直接抓在手上。挎包里最好准备好防身物品，行走之时，挎包不要挂于身后，最好是置于身前，并用一手相护。

独自行走时，手上最好拿点硬物，诸如矿泉水瓶或是卷成棍状的报纸、杂志之类。手中有物，给自己增加自信的同时，也是对欲意来犯歹徒的一种震慑。

独自行走时，最好不要双手拎东西，必须双手时，要确保能随时方便把它放在地上。不要边走边打电话或发短信息，以免被抢。

警惕同乘电梯而不按楼层按钮的人；慎重与同乘陌生人说话；尽量站在控制按钮的前面，遇有不测可以伸手拍打所有楼层按钮，这样就会让电梯在每一个楼层都停下来并打开门。

防暴喷雾

防暴喷雾，俗称防狼喷雾、制暴喷雾等。在国外防暴警察中普遍装备，它的特点是：立刻制止对方的所有动作，被喷到的人双目失明，喷嚏咳嗽不停，呼吸道如同火烧，难受至极点，无论对方有多厉害，都无法抵挡其威力，但是它又不会造成任何伤害，为你免去所有法律麻烦。

五、基本技术

（一）插目踢裆

图 6–43

图 6–44

图 6–45

敌由前用左手抓住我右腕（如图 6–43）；我速以左掌向前上方插敌双眼，同时右腕翻转用力抽回右手（如图 6–44）；乘敌后仰之时，我重心移于右腿，以左脚弹踢敌裆部（如图 6–45）。

要点：插掌要快，力达指尖，右手抽回要猛，并与插掌同时进行。弹踢要狠、准，力达脚尖。

（二）转身后蹬

图 6–46

图 6–47

图 6–48

敌由后用双手抓拿我右腕，并顺时针扭拧（如图 6–46）；我顺敌扭拧之势向左后转体，右臂屈肘（如图 6–47）；随即，我重心移于右腿，左腿提膝向左侧转胯，上身前俯，左脚向后上方蹬敌腹部（如图 6–48）。

要点：转体应顺敌扭拧之势，右臂屈肘可减轻痛感；后蹬要快速发出，力达脚跟。

（三）转身击胸

敌由前用右手抓住我右腕后拧（如图 6–49）；我顺其拧劲向左后转体，同时左脚向后插步，落于敌前脚后（如图 6–50）；上动不停，我身继续向左转，同时左臂屈肘以肘横击敌胸部（如图 6–51）。

图 6–49

图 6–50

图 6–51

要点：转体要突然、迅速，此动可由身后锁住敌右手；左肘横击要狠，力达肘尖。

（四）贯耳击肋

图 6–52

图 6–53

图 6–54

敌由前用右手抓住我左肩（如图 6–52）；我左手向外向下搂开敌右手，同时重心移于左腿，右脚以脚前掌踢敌左膝，右手变拳向前上方抡击敌耳部（如图 6–53）；我右脚向前落步，两腿屈膝成马步，同时乘敌受击惊慌之机，右拳翻转向下砸击敌左肋，左手防护胸前（如图 6–54）。

要点：左手上搂敌右手可为虚晃动作，右脚踢敌膝部时，脚尖勾起，力达脚前掌，右贯拳要有抖腕之力；下砸敌肋时拳心向上，力达小指一侧。

（五）顶胸拍裆

图 6–55

图 6–56

图 6–57

敌由后用双手抓我两肩欲后搬（如图 6–55）；我迅速后撤左脚，屈双膝下蹲成马步，借身体左后转之势，以左肘顶其胸部（如图 6–56）；然后，我左脚用力蹬地，身体右转成右弓步，同时用左掌向后下方拍击敌裆部（如图 6–57）。

要点：转体、撤步、顶胸同时进行，转身应突然，顶肘要迅速，拍裆应有甩劲。

（六）蹬腹击面

图 6–58

图 6–59

图 6–60

敌由前用右手抓我左肩（6–58）；我速以左手向上向外搂开敌右手，同时重心移于左腿，右腿屈膝提起，向前上方猛蹬敌腹部（6–59）；我右脚向前落步，双腿屈膝，并速以右拳击敌面部（6–60）。

要点：右脚前蹬力达脚跟，发力要迅猛；右拳击面应借左转身之势发出。

（七）顶裆蹬腹

图 6–61

图 6–62

图 6–63

敌由前抱住我腰及两臂（如图 6–61），我重心移于左腿，双手抱住敌身，同时提右膝顶敌裆部（如图 6–62）；敌松开双手后退，我则顺势用右脚向前猛蹬敌腹部（如图 6–63）。

要点：抱敌身与顶裆同时进行，以防敌乘我提膝时推顶；蹬腿是在敌后退时发出，敌若仍与我贴身，可改为右膝连击，或左、右膝交替击之。

（八）连肘击头

图 6–64

图 6–65

图 6–66

敌由左侧用双手抱住我腰部（如图 6-64）；我上身向左拧，同时左肘向后猛击敌头部（如图 6-65）；敌双手松开我腰后退，我身体再左转，同时用右肘向前上方横扫敌头部（如图 6-66）。

要点：转体与肘击同时进行，肘击要迅速，发力要猛，着力点为肘尖。

（九）撑臂撞胸

图 6-67

图 6-68

图 6-69

敌由身后用双手抱住我腰及两臂（如图 6-67）；我左脚立即向后插腿于敌双脚间，脚跟提起，脚尖点地，同时双臂屈肘，向两侧上方猛然撑起，掀开敌合抱之手（如图 6-68）；随即，我左脚落实，重心后移，用双肘向后下方猛击敌胸、肋部（如图 6-69）。

要点：撑臂时上身稍前倾，动作要突然；左脚下锁敌前腿要牢，后顶肘应沉肩松膀，力达肘尖。

（十）顶裆撞胸

图 6-70

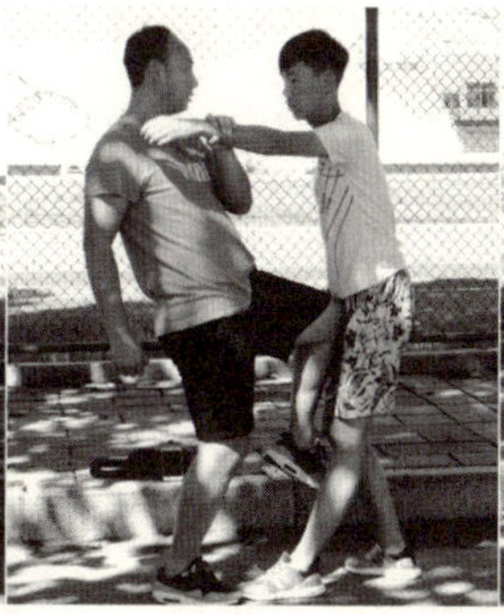

图 6-71

图 6-72

敌由前用左手锁我喉部（如图 6-70）；我立即用左手向右推拨，同时提左膝顶敌裆部（如图 6-71）；敌向后退步，我左脚向前落步，双腿屈膝，猛以左肘顶敌胸部（如图 6-72）。

要点：左手推拨要在敌锁喉之前，不得迟缓；顶裆、撞胸要连贯，发力猛烈。

第七章　休闲体育

第一节　网球

学习目标：

1. 了解网球、轮滑、跆拳道和放风筝的发展概况；
2. 掌握网球、轮滑、跆拳道和放风筝的特点；
3. 掌握网球、轮滑、跆拳道和放风筝的基本技术和练习方法。

网球的起源可以追溯到12~13世纪的法国。1875年，英国板球俱乐部制定了网球的比赛规则。网球运动诞生在英国，最早为宫廷中的皇室贵族所独享，故亦称贵族运动。1877年温布尔顿网球赛的举行，标志着近代网球运动的开始。目前，国际网联有近200个会员国，每年仅重大赛事就140次之多。其中戴维斯杯（Davis Cup）赛和联合会杯（Federation Cup）赛分别是男子、女子团体赛。四大满贯赛事又称四大公开赛，是指澳大利亚网球公开赛（Australian Open）、法国网球公开赛（French Open）、温布尔顿网球公开赛（Wimbledon Open）和美国网球公开赛（U.S. Open）。

1885年网球运动传入中国。1980年国际网球联合会接纳中国网球协会为正式会员。在举办高水平赛事的同时，我国的网球运动竞技水平也飞速发展。2004年李婷、孙甜甜获得雅典奥运会女双冠军，2006年晏紫、郑洁又勇夺澳大利亚网球公开赛和温布尔顿网球公开赛女双冠军。

一、网球的基本技术

（一）握拍方法

网球运动有东方式、大陆式和西方式三种握拍方法，其基本区别在于握拍手的虎口和手心置于拍的位置不同，无论哪种握法都须握住拍柄的末端。

（1）东方式：握拍手的虎口对准拍柄的正上方，手掌心置于拍柄右侧边，形同握手。

（2）大陆式：握拍手的虎口对准拍柄正面靠身体内侧上边，手掌心置于拍柄正上边。

（3）西方式：握拍手的虎口对准拍柄正面靠身体外侧上边，手掌心置于拍柄的正下边。

（二）步法

1. 练习接发球准备姿势：膝关节弯曲，脚跟提起，上体稍前倾，两脚不停的跳动。
2. 反复练习滑步、跑步、跨步、垫步、交叉步等移动步法。
3. 徒手练习前、后、左、右移动脚步动作。
4. 持拍练习前、后、左、右做各种击球的挥拍步法。
5. 利用跳绳练习单脚跳、双脚跳、移动的单脚交替跳。
6. 采用多球法进行步法练习。

（三）正手击球和反手击球

击球是网球运动最基本的主要动作之一，是在底线附近回击和进攻对方的基本技术，它分为平击、切削和上旋球。

1. 正手击球

动作要领：做好准备动作判断来球，随来球身体向右侧转，肘关节后转，同时向后引拍，伸臂后展，球拍头翘起，腕处于自然位置并放松，膝关节微屈身体重心随击球动作前移，击球时握紧球拍，手腕紧张，不要转动和屈腕，也不要过早屈肘，手、臂、腰、腿要一致协调发力，用球拍的最佳点将球击到对方处。

2. 反手击球

动作要领：来球时，右脚上前或左脚向后撤重心移在左脚上，向右转动双肩的同时，右臂向左右摆动，准备击球，击球时右手臂向前并略向上挥臂迎球，重心向前移，紧握球拍，手腕不要转动，挥拍将球击出，并随之前送。

（四）发球与接发球

1. 发球技术的动作要领

发球是比赛的开始，也是行使战术及进攻的开始，它能制约对方，赢得主动，从而可以直接得分。分大力发球、侧上旋发球、侧上旋发球、削击发球等。

发球时侧身对网，两脚前后开立，略与自己的肩同宽，左脚与底线的交角约 45°，脚尖指向右网柱方向，右脚基本与底线平行，重心交在右脚上，右手上举向后上方拉拍，挺胸展腹，左手将球垂直抛起于体前正上方，充分利用自己的臂长，当球在最高击球点时，握拍手带动球拍经后做向前，向上挥动击球，并下滑到左侧，同时收腹转肩结束发球动作。

2. 接发球动作要领

接发球是迎击对方的各种发球，因此运动员必须有准确的判断、灵活的步法和较为完善的基本技术，才能变被动为主动。接发球一般站在端线附近，两脚平行开立，降低身体重心，上身稍前倾，脚跟微提，持拍于体前，两眼正视对方发球动作，根据来球的变化，固定拍面和手腕，快速侧身转体，后摆拉拍，向前迎击来球。

（五）截击球

截击球是一种网前进攻技术，在球还没有落地之前就将球击打回对方场区，它具有速度快、突然性强、力量大、球飞行时间短的特点。截击球时向后摆拍动作不宜过大，拍头要高于或平行于手腕，不要下垂，使击球点保持在体前或身体前方约一臂之处，击球时手腕固定，握紧球拍，拍面不要转动。

（六）高压球

高压球是还击挑高球的一种有效的最强有力的攻击方式，高压球多用于网前和端线附近的还击，可根据来球的高低采取原地、跳起和后退高压击球方法。高压球与发球的握拍和击球动作是基本相同的，但挥拍的后摆距离要缩短。

（七）挑高球和放球挑高球

挑高球和放球挑高球能使对手措手不及而直接得分，它有攻击性和防守性两种，当对方在网前时，将球挑过对方头顶，落入对方端线深处和后场两角，使得对方无法退守还击。另一种是在自己被动时，为了调整自己、赢得时间，迫于需要而挑高球，以便更好还击。挑高球的动作一般与击球动作相近，要求挑高球时随挥臂动作要突然有力向上送球，抛物线高，落点深，挑过对手头顶，又要保证球在场区内。

放短球是使球刚过网就下落于对方场区或网前两角。不论正拍或反拍放短球，一般都采用反拍削球握拍法和反拍削球的动作要领。

击球时手腕固定，握拍放松，拍头高于手腕，拍面稍稍后仰，打在球的下部，以便产生下旋，尽量使球与拍接触产生摩擦的时间长一些。

（八）网球的基本练习方法

1. 徒手挥拍练习。
2. 球落地反弹击定点球练习。
3. 对墙连续击球练习。
4. 降网两人对击球练习。
5. 两人一发一接练习。

二、网球的基本战术

（一）单打战术

1. 发球战术

因发球不受对方支配，可通过力量、速度和落点达到得分目的。针对对方弱点的发球，如对方反手弱等，运用不同的发球方式，制造上网截击的机会；利用风向、阳光等自然条件的发球，给对方制造困难。

一次发球，多采用大力平击发球，造成对方难以抵挡而失误；第二次发球为求成功，多采用切削发球或旋转球。

发球站位也应有战术考虑。发第一区时，尽量接近中点线站位，发直线球逼住对方反拍；发第二区时，可距中点线稍远站位，便于以更大的斜线发至对方反拍区，并扩大自己正拍防守的区域。

2. 接发球战术

接发球一般是处在被动地位，但也应作些战术上的准备，以减少被动，争取主动。

站位：为避免接球时的大距离奔跑，接球站位应选在对方向本人左右发球夹角的分角线上，并站在端线内半米处，这样利于左右回击和上网回击。

接发球方法：一般多采用平击抽球，将球回击到对方底线两角，也可加旋转使球旋向两边线外，使对方大范围左右奔跑。

3. 上网战术

上网是积极主动的打法，在发球或接发球后冲到离网较近的位置，不等对方回击的球落地，即进行空中截击或高压击球。

上网时机：多用于第一次发球，发急速旋转球后，借球在空中飞行时间长，对方难于回击之机上网截击。

上网站位：尽可能站到距网约 2 米处，近网进攻威胁性大，封网角度小，防守控制面积大，但必须有强力高压球作保证，否则对方挑高球时便陷于被动。

上网击球：上网击球主要采用截击球和高压球，还要根据对方的站位决定击球的方向和落点。

4. 底线战术

底线击球应以进攻性打法为前提，用快速、准确、凶狠的击球取胜对方。常用的办法有大角度抽击球，使对方左右奔跑；逼右攻左，逼左攻右，攻击对方的弱点；大力击直线球，在速度上压制对方等。

（二）双打战术

双打比赛的站位，一般是正拍好的站位靠右侧，反拍好的站位靠左侧，最理想的配对是一个右手握拍，一个左手握拍。发球时，发球者站在端线后中线与边线一半处。同伴则站在距网 2~3 米、离边线 3 米处，守住半边场区，伺机截击或高压击球，接发球时，接发球者在可能发到的角度的分角线上，同伴则站在发球线前距网 4~5 米、离边线 3 米处。同伴之间要有默契，一般原则是来球在两人之间，由正拍击球者回击；球在两人之间又是斜线来球时，由距离近的运动员迎击；挑高球落在两人间，由正拍击球者进行高压击球；对方接发球回击过来的中场球，由上网运动员争取截击，另一同伴注意补漏。

三、网球场地与竞赛规则

（一）场地和设备

网球场地长 23.77 米，单打宽 8.23 米，双打宽 10.97 米。大致分硬地、沙土地、草地、塑胶场地等几种。球网中心高度为 0.914 米，将场地分成两个半场。全场除端线可宽至 10 厘米外，其他各线的宽度应在 2.5~5 厘米范围之内。球的外表是用纺织材料统一制成，颜色为白色或黄色，球的直径为 6.4~6.71 厘米，重量 57~59 克（如图 7–73）。

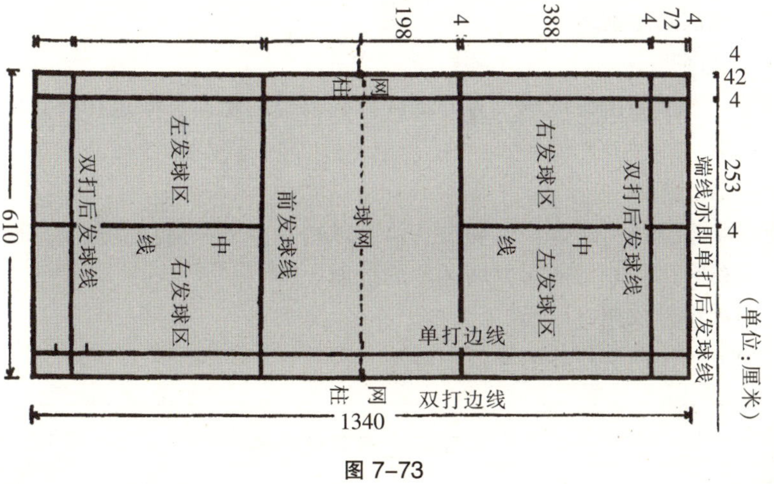

图 7–73

（二）竞赛规则

网球运动是 2 人或 4 人隔网相对，在单打或双打场地上用球拍往返击打网球的运动项目。男子单打、双打采用 5 盘 3 胜制（或 3 盘 2 胜制），女子单打、双打和混合双打采取 3 盘 2 胜制。

1. 胜一局

每胜一球得一分，胜第一分记分 15 分，胜第二分记分 30 分，胜第三分记分 40 分，先四分者胜一局。但与双方各得三分时，则为“平分”。“平分”后，一方先得一分时，为“发球占先或接发球占先”。“占先”后再得一分，才算胜一局；如一方“占先”后，对方又得一分，则仍为“平分”，以此类推，直到一方在“平分”后净胜两分结束该局，为胜一局。

2. 胜一盘

一方先胜 6 局为胜一盘。

(1) 决胜局计分制。单打决胜局计分制必须在比赛之前宣布才有效。

当局数比分为 6：6 之后，第十三局为决胜局。决胜局采用先得七分并且净胜两分者胜该局及该盘。如果分数为 6：6，则需一方再净胜两分为止。

决胜局全部采用数字计分制，第一分为 1，第二分为 2……第七分为 7。

该轮及的发球员在右区发第一分球，然后由对方分别在左、右区发第二分及第三分球，此后轮流交替发球，每人连续发两分球，直至决出该局与该盘的胜负为止。

运动员应在每 6 分（或双方得分之和为 6 分）和 6 分的倍数（12、18、24……）及决胜局结束时，交换场地。

(2) 长盘制。在局数成 5：5 或 6：6 之后，一方须再净胜 2 局，才算胜该盘

3. 交换场地

双方在每盘第 1、3、5 等单数局结束后，以及每盘结束后双方局数之和为单数或决胜局比分之和为 6 分和 6 分的倍数时，交换场地。

4. 失分

当比赛中发生下列情况，均判失分：

(1) 连续两次发球失误。

(2) 在球第二次触地前未能击球过网。

(3) 击球不过网。

(4) 在活球状态下回击的球触及对方场区界线以外的地面、固定物或其他物件。

(5) 过网击球。

(6) 抛拍击球。

(7) 在活球状态下任何时候，运动员身体、球拍、穿戴任何物品触及球网、网柱、单打支柱、网绳、钢丝绳、中心带或对方场区内的地面。

(8) 故意用球拍触球超过一次。

(9) 除球拍外，运动员身外或穿戴物触球。

知识窗

国际主要网球组织

ATP：Association of Tennis Professional 的英文缩写，即国际职业网球联合会，也称职业网球球员协会，是世界男子职业网球选手的“自治”管理组织机构。ATP 在 1972 年美国公开赛上成立，其主要任务是协调职业运动员和赛事之间的伙伴关系，并负责组织和管理职业选手的积分、排名、奖金分配，以及制定比赛规则和给予或取消选手的参赛资格等项工作。

WTA：Women´s Tennis Association 的英文缩写，即女子网球协会。WTA 成立于 1973 年，总部设在佛罗里达的圣彼得堡，由一个主席和一个董事会来管理。像男子网

球运动一样，WTA 的主要职责是负责所有球员的问题。球员们在女子网球协会中有各自的代理人，女子职业网球协会决定整个巡回赛的所有规则，并资助一些表演赛，使球员们能参加一些这样的比赛而不必担心与真正的职业联赛相冲突。

ITF：International Tennis Federation 的英文缩写，即国际网球联合会，成立于 1911 年。国际网联总部位于伦敦，其主要职责是负责有关网球比赛的一切事务；制订与修改网球规则；为发展中国家的网球教练开设培训班；协调世界青年、成年和老年网球比赛。例如每年都要组织 100 项青少年比赛，还组织 16 岁以下的国际男、女青年团体赛，取名“世界青年杯赛”。国际网联负责组织世界上的两大团体赛，即戴维斯杯赛（男子）和联合会杯赛（女子）；负责四大满贯以及奥运会网球比赛等。

第二节 轮滑

一、轮滑的起源与发展

轮滑运动又叫“溜旱冰”，该项目起源于欧洲。1860 年，比利时有位技工和一位乐器制造工人约瑟夫默林，他们用手工制作了一双轮滑鞋，但是当他们把自己的杰作带到英国伦敦的世界博览会上，展示给热情的伦敦观众时，却出现了意外，他由于无法刹车而把一面大镜子打破了，人也受伤。这件事被媒体充分报道之后，引起了人们的巨大震动，因此，轮滑运动也被视为一项“危险的运动”而被冷落了相当长的一段时间。

1861 年，轮滑项目在巴黎世界博览会上的精彩表演，确立了其在体育运动大家庭中的地位。真正的轮滑是由美国的詹姆斯·普利姆普顿于 1863 年发明的。他创新地用金属轮子代替木质轮子，滑行起来具有更多的优越性，深受大家的欢迎。他的发明推动了各国轮滑运动的发展，他也由此发了大财。

1866 年，詹姆斯在纽约投资开办了第一座室内轮滑场，并组织纽约轮滑运动协会，首次将轮滑运动正式列入体育运动的正式比赛项目。同时轮滑运动迅速传到欧洲各国。

1879 年，英国成立了国家滑冰协会，4 年后，轮滑运动也隶属于该会管辖。

1884 年，美国理查森和雷蒙德发明了滚珠轴承，对改进轮滑技术起了极大的作用。

1884 年，英国首次举办了全国轮滑锦标赛。

1892 年 4 月 1 日，国际轮滑联盟在瑞士成立，使得轮滑运动向正规化、国家化进一步发展。

1875~1937 年间，滑冰运动对轮滑影响很大。在轮滑运动的发展中，逐渐演化为花样轮滑、速度轮滑和轮滑球三种不同形式的运动项目。

最早的轮滑运动组织是 1866 年在美国成立的“纽约轮滑运动协会”，后来由德国、法国、英国和瑞士 4 个国家发起，于 1924 年成立了国际轮滑联合会。目前，全世界已有 60 多个国家和地区加入该协会。

轮滑作为一种娱乐项目在 19 世纪末传入我国，而作为一种体育项目来发展还是在本世纪 80 年代初。作为体育项目，轮滑在我国还处于发展阶段，但作为一种休闲运动，早已在全国各地普及了。轮滑是借助半机械性轮滑鞋在路面上展示自己体能与风采的运动，深受青少年的喜爱。

二、轮滑运动的练习方法

（一）站立的身体姿势

左脚跟靠近右脚内侧，使两脚成“丁”字形站立（两脚四轮着地）。上体稍前倾，膝髋微屈，体重平分在两脚上。两臂在体侧维持身体平衡。手不高于腰，目视前方。

（二）踏步

开始成站立姿势。身体重心放在左脚上，提起右脚向前迈一小步，右脚四轮着地，身体重心随脚落地前移，屈膝前弓：抬起左脚上前。两脚交换向前踏步。

（三）前滑

掌握踏步后，可开始练习向前滑行，前滑分直线前滑和前滑转弯。

1. 直线前滑。在踏步前进中，用右脚内侧轮向侧后方蹬地推动左脚向前滑行。随右脚蹬地顺势将身体重心推送到左脚上。收回右腿，右脚在靠近左脚内侧着地；接着左脚以内侧轮向侧后方蹬地，将身体重心推送到右脚上。两脚交替滑行。

2. 前滑转弯。如果向左转弯，首先使身体重心落在左脚上，身体略向左倾斜。右脚向右侧后方蹬地结束后，收脚提至左脚的左前方着地，左脚再向右脚的右侧后方蹬地，推动右脚向左滑行，身体重心随势推移到右脚上，上体略向左转。如右转弯动作方向相反。转弯时两手伸开，两臂自然摆动。

（四）两脚平行后滑

两脚平行站立，相距10厘米，两膝微屈，两臂侧伸，身体重量在两脚的前脚掌上，两眼平视。两脚后轮稍用力向两边撇开。当两脚之间的距离滑至与肩同宽时两腿再夹拢（两脚后轮向里扣），两脚后轮将靠拢时又同时向两边撇开。同时，身体重心随着向后移动。

（五）横滑

两脚外“八”字形站立，脚尖向外，脚跟相对，利用两脚向前后蹬地，推动身体横向滑行。横滑时，上体略前倾，两臂向左右自然伸开，靠大腿肌肉用力使两膝部与脚尖向左右张开。向右侧滑时，两脚先平行前滑，在右脚向前滑行的同时，左脚以前轮为圆心，左脚跟前移与右脚跟相对，同时身体左转，左脚后轮向后蹬地，推动右脚滑行，左脚跟迅速紧跟右脚跟。这样连续做，身体就会向侧横滑。

（六）停止

在滑行中需要停止滑行时，常用的停止方法有“丁”字形停止、急行停止和转体停止法。

1. “丁”字形停止法：在滑行中将身体重心全放在前面右脚上，右膝微屈，左脚横在右脚后呈“丁”字形，左脚四轮侧面摩擦地面，加大阻力停止滑行。

2. 急行停止法：在快速滑行中先减速，两脚内侧滑轮成内“八”字形，加大摩擦产生阻力减速停止。

3. 转体停止法：在滑行中急停可以用改变方向的方法停止，即左脚或右脚上一步向左或向右转一个小圆圈停止滑行。

轮滑运动的健身功能

轮滑是一项全身性运动，它能促进心脑血管系统和呼吸系统机能的改善和代谢作用的加强，例如促进心脑血管系统和呼吸系统机能的改善和代谢，能增强臂、腿、腰、腹等各处肌肉的力量和身体各个关节的灵活性，特别是对人平衡能力的掌握上有很大的帮助和协调。同时，轮滑也是一项健康的有氧运动，一般来说轮滑的最大氧气消耗量（测量运动强度的基准）是跑步的90%，而保持有氧运动的最佳强度保持23km/hr的速度滑轮滑时测量的心跳数是最大心跳数的74%，这属于典型的有氧运动，可以达到强化心血管和燃烧脂肪的效果。所以，也有越来越多女孩子把轮滑作为一项改善体形，减肥塑身的运动。

第三节 跆拳道

一、跆拳道特点

1. 以腿为主，以手为辅，主要关节武器化。
2. 内外兼修，方法独特，以功力验水平。
3. 礼始礼终，培养良好道德品质。

二、跆拳道起源和发展

跆拳道古称跆跟、花郎道、唐手道，是起源于古代朝鲜的民间武艺。后来，这些技艺融合发展，逐渐形成了现代跆拳道运动的基础体系。跆拳道是一项运用手足技术、重在足技进行搏击格斗的朝鲜民族传统的体育运动项目，主要内容包括品势、搏击、功力检测三部分。跆拳道的“跆”字，意为用脚蹬；“拳”字意为拳头击打和防御；“道”是指道仪，是一种艺术方法，亦泛指人生的正确道路，在这里寓指使用手脚的方法和原理。自从1980年国际奥委会正式承认世界跆拳道联盟及其比赛后，跆拳道在世界各国的开展日益普及，受到广泛的欢迎和较高的评价。在2000年悉尼奥运会上，跆拳道成为正式比赛项目，按公斤分级共设8枚金牌。至2008年北京奥运会为止，我国共获得4枚跆拳道项目奥运会金牌。

三、跆拳道的概念

跆拳道以技术、品势、擒拿及功力击破等为主要内容。跆是用脚踢之，拳是用拳击之，道是方法、艺术，一种精神文化的心得。可以说跆拳道是一种拳脚并用的艺术方法，由于它是以脚为主（占70%），所以称为脚的艺术，其特点是迅速有力、准确灵活。跆拳道共有25种套路，另外还有兵器、擒拿、摔锁、对拆自卫术及10余种基本功夫。练习者身穿专用的白色跆拳道服，腰系代表不同段位的腰带进行比赛或训练。

跆拳道运动倡导“以礼始，以礼终”的尚武精神。谦逊和正确的语言，忍让和友好的态度，虚心和好学的作风，是跆拳道练习者应遵循的重要礼仪。跆拳道的内容丰富多彩，无论是品势、实战，还是动作结构、技术要求、风格、运动量等都有着不同的特点，可使不同年龄、体质、性别、职业的爱好者根据自己的实际情况加以选择。同时，跆拳道不受时间、季节的限制，场地器材也可以因陋就简，这给跆拳道的开展提供了极大的方便。

跆拳道是把人类生存的本能意识，通过肢体动作表现出来的一种方式。同时，它更要求人们把精神的欲求具体化，因此又是一项高尚的竞技体育运动项目。跆拳道启示着生活方式和思考方法，在倡导精神文明的同时更注重培养正义感。它可以培养人的高贵气质，提高人的适应性，使人更容易融入社会。跆拳道对礼节的要求特别严格，练习者许多场合都要行礼鞠躬。这是因为跆拳道练习者把"礼"作为训练内容，强调"礼始礼终"，经常参与跆拳道练习，可使练习者养成发自内心的行礼习惯，养成恭敬谦虚、友好忍让的态度和互相学习的作风，培养其坚忍不拔的意志品质。

四、跆拳道的礼仪

跆拳道练习虽然是以双方格斗的形式进行，但不管怎样激烈，由于双方都是以提高技艺和磨炼意志品质为目的，所以在双方各自内心深处都必须持有向对方表示敬意和学习的心理。因此，在练习或比赛前后都一定要向对方敬礼，即跆拳道运动始终倡导的"以礼始，以礼终"的尚武精神。由于跆拳道是练习者精神和身体的综合修炼，使练习者在艰苦的磨炼中培养出理想的人格和体魄，并能够真正掌握防身自卫的本领，因而对练习者精神锻炼一环中就必须包括"礼仪"的教育和熏陶。"礼仪"是跆拳道运动必不可少而且十分重要的组成部分。

1. 练习时的礼节

(1) 练习者进入场地时，首先向老师敬礼。

(2) 练习前双方应相互敬礼，练习后再次相互敬礼。

2. 比赛开始前的礼节

(1) 运动员依照主裁判"立正"、"敬礼"令，立正向陪审席行标准礼，标准礼为鞠躬的自然姿势，腰部前倾 15°，头部下倾 45°，两手握拳贴于双腿两侧。

(2) 运动员依主裁判"向左向右转"的口令，内转相对，立正站好，再依"敬礼"的口令，相互敬礼。

3. 比赛结束后的礼节

(1) 比赛结束时，运动员在各自的位置相对站立。

(2) 运动员依主裁判"立正"、"敬礼"的口令，相互敬礼。

(3) 运动员依主裁判"向左向右转"及"敬礼"的口令转向监督官，向监督官行标准礼。

五、跆拳道的技术要求

1. 以腿为主，手足并用

跆拳道技术方法中占主导地位的是腿法，腿法技术在整个运动中约占 3/4，因为腿的长度和力量是人体中最长最大的。腿的技法有很多种形式，可高可低，可近可远，可左可右，左直右屈，可转可旋，威胁力极大，是比赛时得分和实用制敌的有效方法。其次是手法，手臂灵活性好，可以自如地控制完成防守和进攻动作，同时也可以变化为拳、掌、肘、肩的多种用法，进行实战。不论是在比赛时还是在实战中，跆拳道的进攻方法都是十分简捷而实效的。对抗时双方都是直接接触，以刚制刚，用简练硬朗的方法直接击打对方，或拳或腿，速度快，变化多；防守的动作也是以直接的格挡为主，随即是连续的反击动作。防守时很少使用躲闪放手法，追求刚来刚往，硬拼硬打，尽可能保持或缩短双方间的距离，以增加击打的有效性，在近距离拼斗中争取比赛或实战的胜利。

2. 内外兼修，功法独特

跆拳道理论认为，经过专门训练，人的关节部位能产生不可思议的威力，特别是拳、肘、膝和脚4个部位，尤以脚和手为甚。长期专门练习跆拳道，可以使人达到内外合一的程度，即内功和外力达到统一的巅峰。

3. 强调气势，发声扬威

无论是品势还是竞技跆拳道，都要求在气势上给人以威严，多以发出洪亮并带有威慑力的声音来显示自己的能力。尤其是在竞技跆拳道比赛中，双方练习者都会以规则允许的发声来提高自己的斗志，借以在气势上压倒对手，甚至在出击时配合击打效果使裁判得以认可，争取在心理上战胜对手。所以，跆拳道练习者都是要进行专门的发声练习。

六、跆拳道的基本技术及战术

（一）跆拳道的拳法

在跆拳道比赛中，拳法是一种非常重要的技术。运用拳法时，拳必须握紧，动作发力要迅速短促，完成击打动作后要立即收回，以免被对方抓住手臂或手腕。下面介绍几种主要的拳法。

1. 冲拳

（1）两脚开立，与肩同宽；两手握拳收于腰间，拳心朝上。

（2）左脚向前上步成左弓步；同时，右拳从腰间由屈到伸，臂内旋向前平冲，用拳面击打对手的身体。除前冲拳外，还有侧冲拳、后冲拳。

2. 抄拳

（1）左脚上步成三七步；同时，左手向前抓住对手的衣襟，右手握拳收于腰间。

（2）两脚不动；左手抓衣襟回拉；同时，右拳从腰间由下向上用拳面击打对手的下颚。

3. 鞭拳

（1）两脚前后开立；左手握拳，右臂屈肘上提至肩高，右拳置于右肩前方，拳心朝内；左手握拳收于腰间。

（2）右臂以肘关节为轴，由里向外，用拳背鞭打对手的面部或胸部。

4. 劈拳

（1）两脚开立；同时，左手握拳置于腹前。拳心朝内，右手握拳收于腰间。

（2）两脚不动；左臂由下向上、向左直臂抡劈，用拳抡劈击对手的头部、颈部或胸部。

（二）跆拳道准备姿势的基本步法

准备姿势的基本步法，是指在准备姿势站立后向不同方向移动的方法。在跆拳道技术体系中，步法是其中重要的一环，尤其在运动员刚开始接触跆拳道这项运动时，要用较多的时间来进行专门的步法练习。由于竞赛跆拳道规则的限制，在比赛中运动员主要是用腿攻击和防守反击，因此运动员的步法是否灵活，在一定程度上决定了他的进攻和防守或反击是否能够达到目的。这也使得步法训练在跆拳道训练中占据着重要地位。

1. 上步

(1) 动作过程：右架准备姿势（以下简称“右架”）站立，右脚向前上一步，成为左架准备姿势（以下简称“左架”）。反之，左架亦然。

(2) 要领：上步时通过向左拧腰转髋完成，两臂在侧自然上下移动，重心不要上下起伏过大。

(3) 实战使用：上步时，常用于逼迫对方后撤，或引诱对方进攻，而当对手使用上步时，自己可立即使用进攻技术进攻对方。

2. 后撤步

(1) 动作过程：右架站立，左脚向后撤一步，成为左架准备姿势；反之，左架亦然。

(2) 要领：后撤步时重心保持平稳移动，通过向左拧腰转髋完成，两臂在体侧自然上下移动。

(3) 实战使用：后撤步时，常用在对方使用前旋踢时，当对方准备继续进攻时，可用前腿的侧踢或鞭踢或下压阻击对方。

3. 前跃步（前进步）

(1) 动作过程：右架站立，两脚同时向前跃进一步，保持右架准备姿势；反之，左架亦然。

(2) 要领：向前跃步时，重心不宜起伏过大，尽量使重心平稳移动，两脚稍离地即可。

(3) 实战使用：前跃步时，常用在快速接近对方以使用旋踢或下压等进攻动作；当对手跃步时，可用前腿的劈腿或后踢或后旋踢迎击对方，但有时对方使用前跃步是为了引诱自己反击后要调整重心时再进攻得点，因此，此时自己可随后撤一步而不被对方所利用。

4. 后跃步（后撤步）

(1) 动作过程：右架站立，两脚同时向后回撤一步，保持右架准备姿势；反之，左架亦然。

(2) 要领：向后回撤时，重心不宜起伏过大，尽量使重心平稳移动，两脚稍离地即可。

(3) 实战使用：后跃步常用在对方进攻、自己需要快速与对方拉开距离时。此时，由于自己有一个向后撤的惯性，再用进攻的动作就一定有难度，一般是使用迎击动作如后踢或后旋踢等。因此，在对方使用后跃步时，自己要防止对方的阻击动作；如果自己使用组合动作，在对方后跃步时，自己一般使用侧踢、推踢或外摆下压等动作。

5. 原地换步

(1) 动作过程：右架站立，两脚原地前后交换，由右架换成左架；反之，左架亦然。

(2) 要领：重心不宜起伏过大，尽量使重心平稳移动，两脚稍离地即可。

(3) 实战使用：原地换步常用在对方与自己是闭式站位，自己为了与对方形成开式站位以更有利于击打对方胸部时，或是为了不让对方的优势腿发挥威力，使对方感到别扭。而当对方原地换步时，可利用此时机抢攻得点。

6. 侧移步

(1) 动作过程：第一种步法是以前脚为轴，后脚向左（右）侧方向移动，用以改变与对手的站位方向；第二种步法是右架站立，右脚先向右（或向左）侧移动一步，随之左脚也迅速向右（或向左）侧移动一步。

（2）要领：一般是将身体重心移向前脚，以利于后脚进攻。

（3）实战使用：主动进攻时，对方反应速度快，则使用向一侧移动侧移步，诱使对方来不及调整身体重心而不能很好地反击。或是当对方进攻，自己不向后撤，而使用侧移步与对方贴近使用进攻动作。

7. 垫步

（1）动作过程：右架站立，右脚向左脚内侧上步，同时左腿迅速抬起以便进攻和防守。

（2）实战要领：使用垫步，主要是在主动进攻时用前腿攻击对方。

（三）跆拳道的基本腿法

1. 前踢

动作规格：右架站立，重心移至左腿。提起右大腿同时髋部略向左转，膝盖朝前，脚面稍绷直，双手握拳自然垂放在身体两侧。继续将髋关节前送，右大腿向前抬提，当大腿抬至水平或稍高时，向前弹出小腿，用脚面击打目标。直接向右转髋使右小腿折叠收回原位，后撤右腿，还原为右架准备姿势。

动作要领：膝关节上提时大小腿折叠，膝关节夹紧，小腿和踝关节放松，有弹性；踢击时往前送髋，高踢时往上送髋。前踢攻击的主要部位是头部。

2. 横踢

动作规格：以左势实战姿势开始，右脚蹬地，重心移到左脚，右腿屈膝上提；左脚前脚掌碾地脚跟内旋，旋转 180°，髋关节左转，右腿膝关节同时向前抬至水平状态，肩、胯、膝关节在一线上；小腿快速向左前横踢出；击打目标后迅速放松收回小腿。右脚落回成实战姿势。

动作要领：膝关节夹紧，向前提膝，贴紧支撑腿走直线；支撑脚外旋 180°；髋关节尽量送出，身体与大小腿成直线，严格注意击打的力点；踝关节放松。横踢攻击的主要部位有头部、胸部、腹部和肋部。

3. 后踢

动作规格：实战姿势开始，以左脚掌为轴脚跟外旋，向身体右后转体；同时右腿屈膝上提，大小腿加紧折叠，勾脚尖，眼睛透过肩峰看目标；送胯，右腿顺势向后平伸后踢出；击打后，右腿收小腿，自然落下成左架，然后后撤右腿，还原成准备姿势。

动作要领：起腿时要贴紧支撑腿，转体动作与提膝动作同时进行，要注意重心放在支撑腿上；踢腿时用脚击打，力量由腰胯送出。

4. 下劈

动作规格：实战姿势开始。右脚蹬地，重心前移至左脚。同时，右腿以髋关节为轴屈膝上提，两手握拳置于胸前；随即充分送髋，上提膝关节至胸部，右小腿以膝关节为轴向上伸直，将右腿直举于体前，右脚过头。然后放松向下以右脚后跟（或脚掌）为力点劈击，一直到前面，成实战姿势。

动作要领：腿尽量往高、往头后举，要向上送髋，重心往高起；脚放松往前落，落地要有控制；起腿要快速、果断；踝关节要放松。劈腿的主要攻击部位有头项、脸部和锁骨。

5. 侧踢

动作规格：实战姿势开始。右脚蹬地，重心前移至左脚。同时，右腿以髋关节为轴屈膝上提，两手握拳置于胸前；随即充分送髋，上提膝关节至胸部，右小腿以膝关节为轴向上伸直，将右腿直举于体前，右脚过头。然后放松向下以右脚后跟（或脚掌）为力点劈击一直到前面，成实战姿势。

动作要领：提膝后尽量收紧膝关节；重心往前移，利用身体的重量为力量；推的时候腿往前伸展、送髋；推的路线水平往前。侧踢的攻击目标是腹部。

6. 后旋踢

动作规格：实战姿势开始。两脚以两脚掌为轴均内旋约 180 度，身体右转约 90 度，两拳置于胸前。上体右转，与双腿拧成一定角度。右脚蹬地将蹬地的力量与上体拧转的力量合在一起，将右腿向后上以髋关节为轴直腿摆起，右腿继续向右后旋摆鞭打，同时上体向右转，带动右腿弧形摆至身体右侧，右腿屈膝回收；右脚落至右后成实战姿势。

动作要领：转身、旋转、踢腿连贯进行，一气呵成，中间没有停顿；击打点应在正前方，呈水平弧线；屈膝起退的旋转速度要快；重心在原地旋转 360 度。后旋腿攻击的主要部位有额头和胸部。

7. 旋风踢

动作规格：两人从闭势实战姿势开始，攻方左角向右脚右侧前方跨一步，左脚内扣落地，身体向右旋转 180 度；左脚落地的同时右腿随身体继续右转向右后摆起，此时身体转动 360 度，左脚蹬地起跳，顺势在空中用左横踢击打对方腹部和头部，右脚落地支撑。

动作要领：攻方上步转体动作要迅速果断，左脚内扣落地时脚跟对敌。右脚随身体右转向后右侧摆起时不要太高，以能带动身体旋转起跳为宜。左脚蹬地起跳，身体腾空，但不过膝，目的是快速旋转出腿。左脚横踢时，右腿向下落地，要快落站稳，即横踢目标的同时右脚落地。

8. 双飞踢

动作规格：以实战预备势站立。右脚蹬地，左脚提起再向前横踢，这时攻击腿与地面平行。在左脚快落下时，迅速抬右膝，右腿以横踢快速向前方踢出。落地后，迅速恢复成预备势，重心移至两腿之间。

动作要领：开始踢出第一个横踢时身体可稍后仰。开始练习时，第一个横踢不要踢得过高，以利于第二个横踢。随着水平的提高，可逐步增加第一腿的攻击高度。注意在两腿交替踢击时，髋部要快速扭转。小腿弹出后，在腿部伸直的一刹那，要有一个制动的过程，使脚产生鞭打的效果。双飞踢主要用于攻击对方的胸腹部、两肋和面部。

（四）跆拳道基本战术

1. 直接进攻方式

充分发挥自己的技术特长，使用确有把握的特长技术直接进攻对方，运用这种战术的较好时机是：

对方的各项速度没自己的快时、对方动作不够熟练时、对方体力不足时、当对方防守姿势出现空隙时、当与对方的距离适合攻击时。

2. 压迫式进攻

也称为猛攻，是一种先发制人的主动进攻，是有计划有准备的战术行动，这种战术的优点是直接掌握主动权，迫使对方只能防守，没有反攻的机会，在短时间内取得绝对胜利；缺点则是自己的体力也消耗的较快，使用此种战术，自己的力量、速度、耐力一定要强于对手，在技术或经验不如对方时、对方近战能力差时、对方耐力或心理素质差时，可以取得较为满意的有较进攻。

3. 引诱式进攻

这种战术是跆拳道中最常用的基本战术之一，也是充分发挥假动作与真动作联合使用的较好手段。随着跆拳道运动员技术水平的日益提高，特别是当对手动作反应快、防守能力强时，直接进攻很容易被对手反击，经验丰富的选手常常使用假动作，“声东击西”、“指上打下”，有时也会故意露出破绽，诱导对方进攻，使用假动作的目的是促使对方对自己的虚假动作产生某种反应，而改变正确的防守姿势，或使其失去平衡，然后加以利用并进行攻击。在使用引诱式进攻时，自己的动作一定要快于对手，否则不易成功。

4. 边线进攻

当对方故意越出边界线时，主裁判应当判罚对方警告一次。这时应当利用跆拳道规则，使用逼迫对手出界的战术手段。一种方法是利用主动进攻，有目的地将对方逼迫出界。另一种方法是自己被对手逼迫到边线，要及时用贴身转动，使对手来不及调整而被迫出界，还有一种方法是自己将对方引诱至边线，运用贴身转动，将对手逼迫出界。

5. 体力战术

跆拳道比赛体力消耗大，采用体力战术，就是合理分配体力，每一局用多少体力要根据对手而定。如果对方技术较弱，那就保持体力以技术获胜；如果对方技术好，可以采取消耗体力的打法取胜；如果对方实力相当，还应有打持久战的准备；如果对方耐力差，应连续进攻，不给对手喘息之机，迫使对方体力迅速下降，以此取胜。

6. 心理战术

比赛开始前，利用情绪、动作和表情等威慑对手，比赛中用气势压倒对手或利用规则允许的各种手段干扰对方情绪，给对方造成心理负担，使对手技能战术发挥失常，挫伤对方的锐气，发挥自己的优势，在气势上战胜对方。

知识窗

跆拳道等级

白：代表毫无跆拳道知识

黄白：白间黄带

黄：代表大地，已有一点点基础

黄绿：黄间绿带

绿：代表大树，正在欣欣向荣向上成长

蓝绿：蓝间绿带

蓝：代表蓝天，已有一定实力

蓝红：蓝间红带

红：警告对手不要惹自己，同时也时刻警告自己

黑：跆拳道中最高级段位，与白相对

第四节 风筝

风筝，是中华民族向西方国家传播的科学发明之一。它同我国古代“四大发明”一样，曾为人类的科学事业作出重要贡献，已被英国学者李约瑟编入《中国科学技术史》。

一、风筝的传说

关于风筝的起源，有三种传说。一是斗笠、树叶说；二是帆船、帐篷说；三是飞鸟说。

1. 斗笠、树叶说

斗笠是一种古老的防雨防暑器具，当人类由渔猎转为耕作时就开始使用，特别是在亚热带和热带是必不可少的。那时的斗笠制作很简单，系绳也就地取材，多用柔软的树皮纤维。据说有一农夫正在耕作时，忽然狂风大作，卷起了他的斗笠，农夫赶紧去追，一下抓住系绳。恰巧这系绳很长，斗笠便像风筝一样在空中飞行。农夫觉得非常有趣，以后便经常给村民放斗笠，后来演变成放风筝。

2. 帆船、帐篷说

人类使用木舟的历史以久，早在公元前2000多年就被用于生产。后来又有了帆船。传说禹时船上已有了风帆。帆是借助风力的机械，人们便仿照帆的原理，扎起风筝放飞。

3. 飞鸟说

从目前的历史记载和发现的古代风筝看，其结构、形状、扎绘技术等，一个突出的标志就是根据鸟的形状制作地多。因而得出结论：最初的风筝问世，是受飞鸟的启发，模仿飞鸟而制造并以飞鸟命名的。

二、风筝的起源

追寻风筝的起源，可上溯到二千多年前的春秋战国时期，由于战争的需要，古人以鸟为形，以木为料，制成可在空中飞行的“木鸢”。据《韩非子·外储说左》记载：“墨子为木鸢，三年而成，一日而败”。另据《鸿书》记载，鲁班也曾制作过木鸢，曰：“公输班制木鸢以窥宋城”。鲁班是鲁国（今山东曲阜一带）人，墨子是春秋战国时期杰出的思想家、政治家、墨家创始人，也是鲁国人（一说宋国人），由此推断，风筝鼻祖“木鸢”的发源地，应是齐鲁一带。

木鸢产生于战争之中，用于战争之时，它随着我国丝织业和造纸的发明，不断演变、发展。相传，公元前203~202年，在楚汉相争对峙的最后阶段，汉兵先包围楚营，汉将张良借大雾迷蒙之机，从南山之隐放起丝制的大风鸢，并让吹萧童子卧伏其上，吹奏楚歌，同时命汉军在四面唱起楚歌，使楚营官兵思乡心切，不战而散，楚王项羽也自刎于乌江边。

据《诚斋杂记》载：韩信准备谋反时，“约陈稀从中起，乃作纸鸯放之，以量未央宫远近，欲穿地人宫中”。《独异志》载：梁武帝太清三年（公元549年），侯景围台城，简文缚纸鸢，飞空告急，搬取救兵解围。

在我国古代，风鸢一直是战争时通讯和侦探的重要工具，并能带上“火药”用作战争进攻。

三、当今风筝的应用与发展

潍坊被人们誉为“世界风筝都”。从1984年开始举办一年一度的国际风筝会，到今年已经举办了24届。历届风筝节的中外风筝佳作，在潍坊风筝博物馆——迄今世界上最大的专业博物馆——陈列展出，题材广泛，花样繁多，扎技精湛，造型各异，令人眼花缭乱，目不暇接，流连忘返。在第六届风筝会上成立了国际风筝联合会，其总部设在潍坊，办事机构就设在这里。四月二十日举行隆重的开幕式，大型民间传统歌舞表演，变幻多姿，焰火礼花，绚丽多彩。二十一日于了渤海滩举行国际风筝赛暨中国风筝精美比赛。中外风筝，各以自己独特的造型、色彩和风格及放飞技巧吸引着数以万计的观赏者。人们在风筝会上交流放风筝的经验及风筝轧制的过程，促进了潍坊的经济发展。

四、放风筝的好处

纸鸢就是风筝，阳气升发的春季正是放风筝的最好时光。人们手拉线绳，将风筝送入晴空，那飘飘的风筝扶摇直上，宛如轻盈的彩蝶，活泼的飞鸟，时而飘摇回旋，时而直上蓝天，别有一番情趣。总结起来，就是放风筝有“祛病强身、健脑益智、怡情养性”这三大好处。

1. 祛病强身。人们冬天久居室内，气血郁积，内热增加，容易引起体热平衡失调，导致某些疾病。当阳春万物复苏之时，到郊外放风筝，登高望远，风和日丽，草木竞秀，尽情呼吸新鲜空气，晒晒阳光，舒展筋骨，可以促进人体的细胞代谢，改善血循状态，消除体内积热，起到祛病强身的效果。 放风筝这项活动的健身与医疗功效，很早以前就受到人们重视。宋代李石在《续博物志》中说，放风筝“张口而视，可泄内热”。清代富察敦崇在《燕京岁时记》中说：“放之（风筝）空中，最能清目”。的确，放风筝时，极目碧空，看风筝随风飘逸，在蓝天白云间摇曳翻腾，可调节视力，消除眼肌疲劳，预防近视。随着科技进步和人们对放风筝可以健身的认识，国外诸如“风筝疗养所”也应运而生，医学专家认为：“风筝疗法”对神经衰弱、视力减退等病有疗效。

2. 健脑益智。放风筝也是一项健脑运动。处理好放风筝和风向风速的关系，会让放飞者大动一番脑筋。现代人放风筝已发展到高低变幻、声光俱全的高超技艺阶段，需要动脑筋的地方就更多了。如放飞人物类风筝要“摸爬滚打”，才逼真有趣；放飞蜈蚣、巨龙风筝要蜿蜒变化，才趣味盎然；放飞蜻蜓、金鱼风筝，其眼珠要活灵活现，方显生动；“百鸟朝凤”能发出和谐悦耳鸣叫，才动人心弦。放风筝牵一线而动全身，手脑协调配合，动静有致，张弛相间，对健脑益智大有裨益。

3. 怡情养性。郊野空气新鲜，负离子含量远远高于市区和室内，郊野放飞风筝，在运动中呼吸清新的空气，还会令人精神振奋、心旷神怡，什么烦闷，什么怅惘，都一股脑儿随着风筝带入云际，消散于万里晴空，使人在心理上获得愉悦的调节。 风和日丽的阳春之日，又是放飞风筝的绝好时节，你不妨抓住这有利的时机，走出户外，在蓝蓝的天空下放飞你的风筝。

知识窗

放风筝时的注意事项

1、放风筝前要先掌握风向和风速强弱，如果附近有旗帜或炊烟，看其飘浮方向就能知道。

2、风力适合时，放风筝可以不必请人帮忙，逆风向前边跑边看，还要注意风筝飞升的状况，直到感觉风劲够，风筝向上爬升时，可停下来，慢慢放线。

3、风力不足时，快速向后收线，给予人工的加风；如感觉风筝线有拉力时，就要把握时机放线；若风筝有下降的趋势，须迅速收回一部分风筝线，直到风筝能在天空挺住不坠。

4、放风筝时最好有助手帮忙，将风筝线拉长约 10 公尺，面向逆风，双手拇指和食指轻扶着风筝后面的骨架，边跑边放线，直到风筝升起至相当高度时，前后轻抖，使风筝稳定。

5、风筝飞翔稳定时，可把风筝系在树干或物体上，任其飘浮，而在风向及风力不稳定的情况下，则必须随手操纵。当风力突然转强，风筝摇摆而倾斜度过大时，则有翻转栽落的危险，这时有两种控制方法：一是迅速放线；二是迅速往风筝方向奔跑数步。

6、如遇两只风筝线纠结在一起时，施放者不要惊慌，立刻与纠缠者靠近，互相交换调整，使线松开即可。

实践拓展篇

第八章　户外运动

学习目标：

1. 了解户外运动的种类；
2. 了解户外运动的基本装备及其作用；
3. 了解营地选择的原则；
4. 掌握营地建设的方法及宿营气象知识；
5. 掌握露营气象知识；
6. 掌握攀岩技术要领。

第一节　户外运动的种类

户外运动是指在室外进行的体育运动。可以分为广义的户外运动和狭义的户外运动。广义上的户外运动是指在室外进行的各种运动，大多数的体育运动项目都可以归纳到户外运动中。狭义上的户外运动则是指人们在空闲的时候，为了达到自身身体健康、放松和休息、人际交往以及寻求刺激和冒险等，采用体育运动的形式在山地、湖泊、沙漠、高原等各种特殊自然环境下进行的各种休闲活动。我们通常所说的户外运动主要指狭义的户外运动。

一、水面运动及航海类

1. 潜水：潜泳，水下定向，水下摄影。游泳：游泳，跳水，水球，漂流。
2. 航海：冲浪，滑水，风帆，舢舨，帆船，游艇，摩托艇，水上摩托，漂流。

二、陆地运动及单车运动

1. 徒步：散步，行军，跑步，暴走，定向越野，猎狐。
2. 单车：公路车长途，山地车越野，小轮车机动，山地速降。

三、山地运动及地下活动

1. 登山：徒步登山、攀爬登山、攀登雪山。

2. 速降：滑雪，滑梯，滑草，岩降，溪降（车降、滑降）。
3. 攀爬：攀岩，攀石，器械攀登。
4. 探洞：天然洞穴，人工洞穴，水下溶洞。

四、野营活动及猎捕饮食

1. 野营露宿、打猎野炊，采集花草，模拟野战，拓展训练，荒岛生存。
2. 钓鱼（塘钓，海钓，钓虾），捕鱼捉蟹，捉蟮逮鼠，捉虫捕蝶，烧烤烹调。
3. 摄影写生，地质考察，采集矿石，调查民俗，考察古迹，采访奇闻。

五、机动车船及航空运动

1. 摩托：山地越野，公路竞赛，长途旅游。
2. 汽车：赛车，越野，探险，旅游，度假。
3. 滑行：滑雪，滑冰，滑水，旱冰，滑板，蹦极，岩跳。
4. 航空运动：跳伞，滑翔伞，动力伞，热气球，滑翔机，超轻型飞机。

户外运动的发展历史

早期的户外运动其实是一种生存手段，采药、狩猎、战争等活动无一不是人类为了生存或发展而被迫进行的活动。二战期间，英国特种部队开始利用自然屏障和绳网进行障碍训，其目的是为了提高野外作战能力和团队合作能力，这是人类第一次系统的把户外活动有目的的运用到实际中。二战中发生多起海难，后来经过统计发现在海难中能逃生的人群年龄群分布在28~38岁之间最多，经过专家研究发现这一年龄群中人员大多心理成熟，有各式各样的生活经历，有良好的团队精神，而恰恰是这些因素帮助他们逃生。二战后，随着战争的远离和经济的发展，户外活动开始走出军事和求生范畴，成为人类娱乐、休闲和提升生活质量的一种新的生活方式。1989年新西兰举办的首次越野探险挑战赛后，各种各样形式的户外活动和比赛在全世界如火如荼的开展起来。目前在欧洲每年都有众多的大型挑战赛举行。在美国，户外运动的参与人数和产值都位居所有体育运动的第三位。

第二节 户外运动的基本装备

一、户外运动装备及作用

户外运动装备是指户外运动爱好者在户外需要使用到的器械、服装等物品。在户外运动中，装备占有相当重要的地位，参与者为了保证活动的顺利进行和自身的安全，需备有合适的户外装备。比如野外穿越往往需要露营，这时参与者应该携带合适的露营装备；又比如溯溪运动，因为活动环境处于水中，装备需要有良好的防水性；而高海拔登山则对装备有着极高的保暖、抗风要求。

二、户外运动基本装备

穿着用品：

（一）服装篇：

1. 冲锋衣裤（户外活动必备，防风、防水、透气、耐磨……）；
2. 抓绒衣（含 WINDSTOPPER，主要是防风、保暖）；
3. 排汗内衣（户外运动后保持身体干燥）；
4. 快干衣裤（夏天出行的必备，裤管、袖管最好是可以脱卸的）；
5. 羽绒衣裤（冬天出行或者去高原地带的保暖必备）；
6. 其他个人衣物（一次性内裤、汗衫 T 恤……）。

（二）鞋袜篇

1. 徒步登山鞋（适应性强、耐磨、防水，最好是中高帮的，可以保护脚踝）；
2. 轻便运动休闲鞋（适合一般的郊游活动，或开车时穿）；
3. 运动凉鞋（可当拖鞋穿，夏天徒步也可直接穿）；
4. 排汗袜子（最好是 COOLMAX 料的，配合 GORE-TEX 鞋穿，可排脚汗，冬天可防冻伤）；
5. 普通运动袜（棉的、穿着舒服就行）；
6. 雪套（适合在雪地或者泥泞路段）。

（三）帽子

在户外用品中，帽子是比较容易忽略的东西。研究表明，头部的表面积虽不到整个人体体表面积的 1/10，但人体所产生的热量却有一半左右是从头部散失的，尤其是在冬季，热量会大量从头部散失，从而可能造成身体的失温。所以环境越冷越应该注意户外运动中头部的保暖防寒。另外在丛林中行走，帽子可以有效地保护头部、面部、颈部不会因为落下的物件或树枝而受伤。烈日下，帽檐也能防止脸部、颈部晒伤。所以在户外，一定要带上一顶帽子。帽子的种类很多，在户外根据需要常用的帽子有棒球帽、丛林帽、滑雪帽等。

（四）手套

薄手套（主要为了活动方便，比如可以拍照等用处）、厚手套（主要是保暖的功效）。

（五）眼镜

对于海滩、滑雪、爬山等阳光较强烈的野外运动来说，太阳镜应该具有抗紫外线的功能。

很多运动有专门的太阳镜。对喜爱高尔夫球和网球的人来说，25%的光线透射率是为草坪的低度反光特别设计的。琥珀镜片可以增加对比度并吸收蓝光，有助于运动中视觉的舒适性。

做日光浴或者滑雪，可以选择红色镜片。在户外游泳的人最好戴上经过防紫外线处理的游泳镜；而专业滑雪镜的镜面由镀有防雾、防紫外线涂层的有色材料制成，扭曲时只发生变形而不断裂，避免对人的脸部造成伤害。

装备用品：

（一）背包篇

1. 大背包（短途露营或者长途旅行的必备，以背着舒适且能承重为佳，45~80L 不等）；

2. 小背包（短途旅行或长途备用，有一定的背负，15~30L 不等）；
3. 腰包或挎包（长途出行时放随身小东西用，最好是可放水壶的那种）；
4. 摄影包（根据个人需要，斜挎的比较方便取用镜头）。

（二）野营篇

1. 睡袋（长途宜带体积小的羽绒睡袋，节省空间，还有就是根据季节的需要带）；
2. 睡袋内胆（长途旅行不露营的话，只要带个防脏的抓绒或者棉的睡袋内胆就可以了）；
3. 帐篷（普通露营的话，一般的防水抗风帐篷就可以了；长途远行的话建议带体积小的轻便的帐篷）；
4. 帐篷地席（保护帐篷底面，免受磨损）；
5. 防潮垫（普通的可以让你随时随地可以坐下躺下，冲气垫更舒服）；
6. 铝膜地席（携带轻巧方便，必要是时可以作为摄影的反光板）。

（三）照明篇

1. 头灯（可以让双手腾出来，很方便）；
2. 手电（作为备用的照明）；
3. 营灯（在营地用或者在帐篷内用，效果很好）；
4. 荧光棒（有一定的作用，就是不要乱扔，不环保）；
5. 防风打火机（用处不小，应急时做照明不错）；
6. 防水火柴（也是应急之用）。

（四）炊具篇

1. 炉头（让你在野外可以吃到热的东西，小资用品之一）；
2. 气罐（配合炉头使用，注意携带安全）；
3. 套锅（烧饭、烧汤、煮面、煎蛋都得靠它）；
4. 小钢杯（环保用品，喝什么都可以，早上还可作为洗漱杯）；
5. 烧烤炉（自驾车活动可以携带的腐化用品）。

（五）水具篇

1. 户外水壶（可以有效的防腐，颜色比较酷）；
2. 军用水壶（带一个饭盒，这点比较实用）；
3. 水袋（野外穿越时或自行车旅行时比较管用）；
4. 保温水壶（冬天出去，喝一口热水是一种享受）；
5. 净水器（比较专业，对生活质量有要求的人士用）；
6. 净水药片（携带方便，净水效果一般，但可满足要求）。

（六）通讯篇

1. 手机（最常用的联系方式，信号最关键，在野外经常没用）；
2. 对讲机（团队活动中很管用的装备，前后呼应，在一定范围内逛街也很实用）；
3. GPS（全球定位系统，专业的玩具，可以帮忙定位、定线路、防迷路）；
4. 求生哨（携带方便，也可作为团队联系方法之一）。

（七）其他篇

1. 登山杖（使用得好，可以节省20%左右的体力，还可作为独脚架）；
2. 洗漱包（用处不说了，井井有条而已）；
3. 个人卫生（牙刷，肥皂，毛巾，牙膏，手纸，爽足粉，耳塞，防晒霜，唇膏，发热贴，指甲钳，净水器药品，个人药品）；
4. 背包雨罩（不仅可以防水，长途的话，是防尘的理想工具）；
5. 背包捆扎带（可用于背包外挂物件的固定，必要时可连接做保护绳）；
6. 地图（无论是长途还是短途，都用得着的工具）；
7. 小快挂（方便在背包上随便挂取小物件、毛巾、帽子、垃圾袋等）；
8. 指南针（野外辨别方向，或迷路后寻找方向的有用工具）；
9. 军刀（觉得男人身上都应该带一把，小到削苹果，大到砍树，都可以用）；
10. 户外手表（可以测海拔、气温、气压、带电子罗盘、计时和闹钟等功能）；
11. 头巾（即可擦汗，又可做围脖摆酷、御寒）；
12. 防水袋（保护衣物、用品不湿，方便背包内的整理）；
13. 证件袋（贴身放重要的证件或钱财）；
14. 小型望远镜（增加视力所及范围）；
15. 针线包（万一有衣物损坏了，缝缝补补总是需要的）；
16. 笔记本（记录旅行的心情或账务的需要）；
17. 备用电池及充电器（很多东西用得到电池）；
18. 充气枕（长途坐车或飞机时的理想伴侣）；
19. 护膝（尤其负重时，有它对膝关节的保护才不会留下劳损的旧患）；
20. 药品（感冒药、消炎药、防晒霜、好得快、黄连素、止血绷带、创可贴、维生素药片、眼药水、红花油……根据个人的不同需要携带）；
21. 备用食品（压缩饼干、巧克力、牛肉干、葡萄干、能量棒……）。

知识窗

户外鞋选购须知

在户外路面可能布满大大小小的碎石，同时有着崎岖的、陡峭的坡度，所以平时在健身房或球场所穿的球鞋，都无法保证脚部不受伤害；这时，具有高摩擦力止滑鞋底，经防水处理鞋面及包边条，可保护脚踝、脚跟的高密度泡棉和强力吸震中底的专业登山健行鞋，才是户外活动的第一选择。

运动鞋合脚及舒适性最重要。记得要买比平常略大一号的鞋，因为户外运动袜比平常的袜子厚实，同时登高山时更需要在里层再穿上排汗内袜，所以试穿时，一定要穿上两层袜子。接着将脚趾往前顶，此时脚后跟需留有1趾的空隙；再将鞋带绑好，踩上15度斜角的踏台，以测试脚尖及脚板侧是否舒适。

最后再穿上两只鞋子，四处走走，甚至试着上下楼梯，要直到确认完全舒适无虞才行。一般新鞋子至少每天试穿1~2小时，连续穿1星期，这样才不至于在初次长途登山、健行时，尝到“打脚”的痛苦滋味。使用防水保革油，可以延长鞋子的寿命、增强防水效果，每次长征后最好要保养一次。

第三节　野外宿营

一、营地的选择

宿营营地的选择及其建设是关系到全部人员休息的大问题，但营地的选择很讲究，以下是选择营地时应注意的事项。

1. 近水。露营休息离不开水，近水是选择营地的第一要素。因此，在选择营地时应靠近溪流、湖潭、河流边，以便取水，但决不能将营地扎在河滩上，因为有些河流上游有发电厂，在蓄水期间河滩宽、水流小，一旦放水时将涨满河滩；还有一些溪流，平时水量小，一旦下暴雨，就有可能发大水或山洪暴发，所以一定要注意防范这种问题，尤其在雨季及山洪多发区。

2. 背风。在野外扎营，不能不考虑背风问题，尤其是在一些山谷、河滩上，必须要选择一处背风的地方扎营。还要注意帐篷门的朝向不要迎着风。同时背风也是考虑到用火的安全与方便。

3. 远崖。扎营时千万不能将营地扎在悬崖下面，这样很危险，一旦山上刮大风时，有可能将石头等物刮下，造成伤亡事故。

4. 近村。营地应靠近村庄，如果有什么急事可以向村民求救，在没有柴火、蔬菜、粮食等情况时就更显重要。近村的同时也是近路，即接近道路，可以方便队伍的行动和转移。

5. 背阴。如果是一个需要居住两天以上的营地，在好天气情况下应当选择一处背阴的地方扎营，如在大树下面及山的北面，最好是朝照太阳，而不是夕照太阳。这样，如果在白天休息，帐篷里就不会太闷热。

6. 防雷。在雨季或多雷电区，营地绝不能扎在高地上、高树下或比较孤立的平地上，那样很容易招致雷击。

二、建设营地

营地选择好后即开始建设营地，尤其是有一定规模的野外露营地。整个营地的建设尤为重要，通常分为以下一些步骤。

1. 平整场地

将已经选择好的帐篷区打扫干净，清除石块、矮灌木等各种不平整、带刺、带尖物的任何东西，不平的地方可用土或草等物填平。如果是一块坡地，只要坡度不大于 10 度，一般都可以作为露营地。

2. 场地分区

一个齐备的营地应分帐篷宿营区、用火区、就餐区、娱乐区、用水区（盥洗）、卫生区等区域。首先落实宿营地。用火区应安排在下风处，距离帐篷区应在 10~15m 以上，以防火星烧破帐篷。就餐区应就近用火区，以便烧饭、做菜及就餐。活动及娱乐区应安排在就餐区的下风处，以防活动的灰尘污染餐具等物，并距离帐篷区应在 15~20m，以减少对早睡同伴的影响。卫生区应在宿营区的下风处，并与就餐区和活动区保持一定的距离。用水区应在溪流或河流上明确区分上下两段：上段为食用饮水区，下段为生活用水区。

3. 建设帐篷露营区

如有数顶帐篷组成的帐篷营地区，在布置帐篷时应注意：第一，所有帐篷应是一个朝向，即帐篷门都朝一个方向开，并排布置。第二，帐篷之间应保持不少于1m的间距，在没有必要的情况下尽量不系帐篷的抗风绳，以免绊倒人。第三，必要时应设警戒线（沟），在山野露宿有可能会遇到威胁性的动物或者坏人的攻击，当然，这种可能性不是没有。可以在帐篷区外用石灰、焦油等刺激性物质围帐篷区画一道圈，这样可以防止蛇等爬行动物的侵入，或者用电子报警系统等办法。

4. 建设用火就餐区

就餐同用火一般是在一起或是相近的地方，这个区域要与帐篷区有一定的距离，以防火星烧着帐篷。烧饭的地方最好是有土坎、石坎的地方，以便挖灶建灶，拾来的柴火应当堆放在区外或上风处。就餐区最好有一块大家围坐的草地，可以利用一块大平石做“餐桌”或者就在地上。“餐椅”用石块最好，或者席地而坐，由于地气对人体有害，故可以用各自的睡垫或气枕头代用一下，不要怕麻烦，至少要用雨衣或塑料布。多数就餐时间已经是天黑的时候了，应当考虑照明的位置，不论是用汽灯还是其他方式照明，灯具应当放在可以照射较大范围的位置，如将灯具吊在树上、放在石台上或者做一个灯架将其吊起来。

5. 建设取水用水区

用水、取水一般都在水源处，盥洗用水与食用水应当分开。如是流水，食用水应在上游处，盥洗生活用水在下游处。如是湖水同样要分开地方，两种用水处应当距离10m以上。这种划分是考虑到卫生的需要。另外，取水要经过的河滩地带乱石灌木等物较多，没有小路可寻，故应当在白天的时候注意清理一下，不然晚上取水时就不方便了。

6. 建设卫生区

卫生区即是队员们解手方便的地方，如果只是住宿一晚，可以不必专门挖建茅坑，可以指定一下男女方便处即可。如果队员人数多或者住宿天数在两天以上，就应当挖建茅坑，临时厕所如果建在树木较密的地方，就不用拉围帘了；要注意不能建在行人常经过的地方。如果附近的溪流多，可以将厕所建在溪流上，在小溪上搭两根大木头，要平稳并有安全感，大家即可在上面大小便，并将大小便直接排入溪流中，不用担心会污染河流，小量的粪便会被河流中的生物分解或被自然净化。如果已建了卫生区，大家的大小便就应该在修建的卫生区里进行，而不应满山排泄煞风景。

7. 建设娱乐区

娱乐区可以在就餐区，待就餐以后打扫出来即可，如果场地大，也可以单独划出一块地，只要场地平整即可，同时场地里绊脚、碰头（矮树）的东西要少，因而要进行一般性的清理，在玩一些游戏时应在一个划定的圈子里拉上保护绳，以免不注意发生意外事故。

三、露营气象知识

在户外旅行应当知道一些气象的基本知识，但是气象知识浩瀚无边，这里只针对野外露营常用的气象知识进行介绍。一旦到了户外，就只能听天由命，我们只能认识自然，而不能左右自然。旅途中除了遇到雷雨、大风雪等情况应当停止活动、就近休息外，其他情况均可以继续行动；而在野外露营就需要多考虑一些气象问题。

1. 防雨

防雨是露营气象考虑的重要问题，如果判断当晚可能下雨，就应当对营地及帐篷进行必要的防雨处理，除选择好营地外，还需要挖泄洪沟，加固帐篷并增强防雨性能，如可以在帐篷外加盖防雨塑料布、雨衣等，将各种旅行用品放置在帐篷中。防雨应在扎营前观察天气变化情况，经常外出旅行多观察、多积累经验就会掌握大概情况。

2. 防风

风向对扎营比较重要，关系到帐篷门、炉灶口开向及营地各区域的整体布置问题。这就需要了解一些地形气候知识，在大湖泊边扎营，其风向是早晚相反变化，白天，地面温度上升快，风向向着陆地刮；夜晚，地面温度下降快，风向向着湖区刮。故应当将帐篷门背风开，而炉灶口应向风开。在炎热干燥的山区同样有相似的情况，白天，由于山谷（谷地）气温上升慢于山坡（山顶），呈上升气流，即谷地向上刮风，而夜晚则呈下降气流，风向谷地刮。故在山谷中扎营时应当事前考虑到这种情况。研究风向及风力，对户外运动比较重要，有条件的可以带上一个风向风力表，或根据表查知风力，在记日记时不妨记录一天最大的风速。

3. 气温

气温对于户外运动同样重要，我们应当学会气温管理，即掌握在什么季节、什么地区的气温变化及规律，并在此基础上准备相应的装备和服装配置。要学会对气温及变化有一个较为准确的直觉判断，这就需要经常携带一个气温表，经常性地对照观察、体验。一日之中，一般在下午 2 点为当日最高气温，为其峰值；而夜里 2~3 点气温是最低点。一日之间的温差叫日较差，日较差的大小与地理纬度、地形、季节、天气状况等因素相关。一般来说，低纬度比高纬度地区，内陆比沿海地区，晴天比阴天，盆地比平原，荒漠比林地的日较差大。在森林中，由于森林的储存功能，日较差小，林中要比无林地气温低 0.7~2.3℃，夏季低 8~10℃，冬季低 4~5℃，同时森林中的湿度也较大，故在森林中露营应当注意这一问题。

帐篷的选购技巧

1. 坚固、耐用、能挡风雨，收起来的体积小、材质轻、方便携带，且便于安装。

2. 尼龙质料比较轻，而且坚韧。优质的帐篷一般用高密度防水尼龙或防撕尼龙。

3. 选择深色的或银色天幕的帐篷，一来可防止阳光和紫外线照射，二来容易入睡。夏季露营，不妨选购银色的，银色能反射阳光，营内会较凉快。

4. 在购买帐篷时，切勿以为越大越好，因为背负太重的帐篷上下山不方便，最好购买合适人数使用的大小。如果很多人则应不止有一个帐篷。

5. 选择圆顶蒙古包比较好。蒙古包是用弹性可拗弯的纤维杆或弹性铝合金杆作营骨，无需用营绳，架起形状呈圆拱形，像个蒙古包，因而得名。这种帐篷能承受强风，适合在高山及恶劣天气下使用。

6. 双层帐篷不仅解决了内壁结水问题，而且防风性明显优于单层；而门篷式双层帐篷还可解决存放装备和鞋的问题。

7. 小心检查营柱、营钉、营绳等。各项配件及后备配件是否齐备，是否原装配件。

8. 选择支架材料或营柱为弹性铝合金杆或高硬度无缝铝合金管的。

9. 最好选购双门帐篷。

第四节　攀岩

攀岩是从登山运动中衍生出来的竞技运动项目。50年代起源于前苏联，是军队中作为一项军事训练项目而存在的。1974年列入世界比赛项目。进入80年代，以难度攀登的现代竞技攀登比赛开始兴起并引起广泛的兴趣，1985年在意大利举行了第一次难度攀登比赛。

一、攀岩运动介绍

（一）攀岩运动的定义

攀岩运动是攀登者借助于技术装备和同伴的保护，能够在不同的高度和角度的岩壁上，在有限的时间内选择自己认为最佳的、最合理的线路准确地完成腾挪、蹿跳、引体等惊险的技术动作，依靠自身顽强的意志、体力和思维能力，直至完成整条线路的攀登。

（二）攀岩运动的分类

攀岩运动可分为不同的类型，它是攀登运动形式中的一种，主要分为：高山探险、攀岩、攀冰、冰岩混合。攀岩的分类方法很多，按照不同的方法可以将攀岩分成很多种。

1. 按保护方法分

按保护方法可以将攀岩分为：

（1）先锋攀登。从岩壁底端开始，一边攀登一边把保护绳挂入保护点。

（2）顶绳攀登。保护绳从上端已经挂好，只有上方一个保护点的保护方式。

2. 按攀岩场所分

按攀岩场所可以将攀岩分为：

（1）人工场地攀登。在人工制作的攀岩墙上进行攀登。

（2）自然场地攀登。在天然形成的岩石上进行攀登。

3. 按使用器械的不同分

按使用器械的不同可以将攀岩分为：

（1）运动攀登。在有非常安全保护点的线路上进行攀登，危险系数很低。

（2）自由攀登。只利用手脚握踩支点进行攀登，绳子等器材只用于保护。

（3）器材攀登。要借助绳子、铁锁、上升器等器械进行的攀登。

（4）传统攀登。自己设置途间保护点的攀登。

（5）无保护攀登。不用任何保护的攀登，如果脱落会有生命危险。

（6）岩壁攀登。通常要连续几天进行攀登。

（7）抱石攀登。非常难的短线路攀登。

4. 按比赛形式分

按比赛形式可以将攀登分为：难度赛、速度赛和攀石赛。

二、攀登技术

由于技术、经验及心理等多方面的因素，初学者刚涉足攀岩时，很容易疲劳，这并不代表你的身体素质不好或力量不够，是因为你的技术还不够熟练。一开始的时候，你应该注意手脚的配合、全身的协调，身体的平衡能力、灵巧性和柔韧性等；然后学会用脚来支撑自己的体重；其次，有效的休息也是攀登过程的关键；最后，完善你的技术。

攀岩很容易让人认为是一项主要凭借上肢力量的运动，其实并不是这样。好的攀岩者可以很好地利用腿部力量，发挥脚的作用，并不时调节身体的姿势，使手臂有机会伸直，避免长时间弯曲造成力竭。当手点较大时可以进行休息，放直手臂，降低重心，直立或采取下蹲的姿势，使双脚承担大部分体重，使其得到放松。要注意的是，休息时，两脚点间距不要过大，否则不利于下一步的动作，还可能失去平衡；但也不能过近，这样不利于得到充分的休息，而且移动范围变小。手点的高度最好在头部附近，太高或者太低都不利于身体的舒展。

1. 平衡攀登技术

（1）平衡攀登的基本原则。

①用脚。每次向上移动时，应利用脚来支撑体重，而不要像手拉单杠一样用力，手仅用来维持平衡。因此，攀登时不要一味往上寻找着手点，而是让自己的眼光下移，好的脚点是你成功的一半。

②三点固定。要移动你的手或脚时，应将重心移至其余三点，保持平衡后才可将该点的力量移动。

（2）平衡攀登的基础。

①找到脚点后应依据技巧平稳地站住，切忌因姿势改变而任意变动；

②着手点一般使用推压方式，比上拉方式更为省力；

③不可在一个费力的姿势上停留过久，应保持攀登的连续性；

④使用较有力的部位：也就是能用脚站立就不要用手去拉。

2. 徒手攀登

（1）途中休息方法。

在徒手攀登的过程中，动作是否合理、有效，对体力的保存起到关键的作用。在攀爬途中如果能有效地休息一会儿，紧张的肌肉会得到放松，体力就能迅速得到适当的补充。

①站立直臂休息动作。站立直臂休息动作是最常用的休息动作之一。其动作要点是上身外倾，远离岩壁而腿部和臀部尽量贴紧岩壁，两脚一般分开踩于两支点上，将手臂放直以达到休息的目的。

②蹲点休息动作。蹲点休息动作是指一只脚采用半蹲的姿势正蹬支点，将身体重心放在所踩支点之上，腿部和臀部尽量贴紧岩壁，上身稍向后倾或向侧面倾斜，放直手臂形成休息的姿势。这也是一个很好的休息动作，比较常用于垂直岩。

③双脚对侧踩点。此动作的要点是两腿呈一定角度分开，两脚以正踩方法踩点，使身体重心放在两腿之间，这样起到很好的休息作用，有利于放直手臂。这个动作经常出现在内角形岩壁攀岩中。

（2）攀岩基本技术动作。

①侧蹬。侧蹬是一项很重要的技术动作，它能极大地节省上肢力量，在过仰角地段时被大量采用。其基本技术要点是身体侧向岩壁，以身体对侧手脚抓握和踩支点，另一条腿用来调节身体平衡，靠单腿力量站起，抓握上方支点。以左手抓握支点为例，身体朝左，右腿弯曲踩在支点上，右脚应用脚尖踩住支点，且脚跟立起来，把身体的重心大部分放在右脚上，

左脚只用来维持平衡。这时，右腿蹬起，靠腿部的力量让身体站起来以节省手臂的力量。左手可做辅助性的发力，右手向上抓握支点，动作最后一步右脚应保持用脚尖踩住支点，且脚跟立起来，这样可以使右手能够抓握住更远的支点。

②扭身锁定。这个动作的特点是将身体扭转，使身体侧对岩壁而不是正对岩壁。通常靠一只手锁定身体，另一只手去抓握下一支点。扭身锁定的动作只是上身的动作，下身经常配合扭膝动作或侧蹬动作，尤其在斜面或屋檐地形被广泛使用，因为这个动作可以让你非常省力地抓住下一个支点。

③侧拉动作。侧拉动作是一个在野外攀登裂缝时常用的技术。动作要点是双手侧向拉住支点，而脚部与手部的发力方向正好相反，向反方向踩蹬岩壁或支点，形成身体的互压状态，达到平衡。

④同手同脚。同手同脚动作是一个很费力的动作，有时候还会非常不平衡，有时还会出现我们常说的开门动作。例如，当你左手抓握一个支点，在这个支点下方有一个脚点，由于脚点位置的关系，你无法将动作变成侧蹬，而下一个手点在你现在所抓握支点的上方，这时就需要一个同手同脚动作。这个动作主要由你的左手发力去抓握下一个支点，所以会感觉比较费力。需要同手同脚的时候很多，需要注意的是如果手点脚点在一条直线上的话，就很可能出现开门的动作，造成脱落，这时就需要良好的手指和手臂力量去维持身体的平衡。

⑤脚上手点。脚上手点通常用于垂直岩壁或支点稀少的路线。当要将脚抬至腰部附近的支点而没有其他支点可以辅助时，通常要用到这种技术。以将右脚抬至右侧靠近腰部的支点为例（这时左手已抓握住一个较高位置的支点），先将腰部向左并向岩壁外侧作少许移动，为右脚空出一定空间。右手扶住腰部的支点，这时抬起右脚放在右手的支点上，靠左脚蹬起把重心压至右脚上。这时左手应辅助发力，右手不要离开支点，也要辅助发力，直到左脚抬起，重心已完全移至右脚上。这时抬起右手，去抓握下一支点。

⑥扭膝。扭膝动作是攀岩中最重要的技术之一。这个动作可以最大程度地节省你的上肢力量，而且使攀登的动作看起来十分优美。但扭膝动作的意义还远不止于此，在没出现扭膝动作前，蛙步动作一直是攀岩克服难点的唯一选择，这样使很多柔韧性不好或展髋能力很差的攀岩者对某些特殊的线路简直无法攀登。但扭膝动作出现后解决了很多问题。扭膝动作的姿势为两脚分别踩于两支点上，两支点可以等高或不等高，开始时双脚均采用正蹬方式，做动作时一条腿保持不动，另一条腿以所踩支点为轴顺时针或逆时针旋转，使所踩脚点由正蹬变为侧蹬，同时身体变为侧向岩壁，靠一只手锁定身体，另一只手向上抓握支点。这个动作在斜面和屋檐地形使用非常广泛，尤其在屋檐地形配合扭身锁定动作更加完美。

⑦蛙步。蛙步动作是攀岩中比较难的一种技术，因为其对身体柔韧性和展髋能力要求较高。由于近年扭膝动作和动态动作的出现，现在已经很少使用，但还有人坚持采用蛙式攀爬。其动作要领是双手抓握两支点，双脚尽量抬高踩住胸前或腰部的一个或两个支点，使身体缩成一团，像青蛙一样，然后伸手去抓握下一支点。

⑧摆腿。摆腿动作是一个维持平衡的动作，通常配合同手同脚动作一起使用。当做同手同脚动作时，有时可能感觉不太平衡，这时将辅助腿摆向受力腿一侧，以维持身体的平衡，达到完成动作的目的。根据脚点位置的不同，有时可能会出现辅助腿与地面平行的情形。

⑨高抬脚动作。高抬脚动作是指脚点位置很高时所做的动作，遇到脚点很高的情况通常

有两种高抬脚方法：一种是双手抓握同一支点，将身体稍微向所要抬到的脚点转，身体向后倾，腰部向与所要到达脚点的相反方向扭曲，让出空间抬脚。当将脚抬到所要到达的脚点时，双手同时发力将身体拉起，同时抬起另一只脚，将身体重心压到所踩支点上。另一种方法是双手抓握同一手点，身体向后微倾，用将要踩踏下一脚点的脚踩现有的脚点，另一只脚蹬一下岩壁，同时身体借力向上，将所要抬的脚迅速抬到所要到达的脚点上，以完成高抬脚动作。

⑩动态动作。动态动作可以分为两种：完全动态动作和不完全动态动作。完全动态动作指动态抓握下一支点时，发力脚已经完全脱离原来的支点，身体上三点甚至四点全部脱离岩壁去抓握下一支点。完全动态又可分为两种：一种是三点脱离岩壁，即一只手动态抓握下一支点时，另一只手仍抓握原来的支点做辅助性的发力，但两脚均脱离岩壁的动作；另一种是四点脱离岩壁，即双手、双脚在做动态动作时全部脱离岩壁，靠一只手或双手同时抓握下一支点，控制住身体的平衡。不完全动态动作指动态抓握下一支点时，发力脚并未离开原来的脚点，通常是用一只手动态抓握下一支点，身体上至少有两点仍固定在岩壁上（将双手、双脚算作四点）。

3. 器械攀登

当一些岩面用正常的方法无法进行攀登时，可以考虑利用器械进行攀登。利用器械攀登的方法很多，本书着重介绍以下几种：

（1）上升器攀登。

将主绳一端在上方固定好，另一端扔到岩壁下方。将上升器扣入主绳，然后通过保护绳套、铁锁、下降与安全带连接。检查安全后，开始攀登。攀登时手和脚要协调配合。

（2）抓结攀登。

抓结是一种绳结，利用抓结攀登是在没有上升器的情况下采用。其连接的方法是用两根辅助绳在主绳上打成抓结（手握端），另一端打成双套结（连脚端），不断向上攀登。其攀登的方法及要领与用上升器攀登方法一样，都是抬腿提膝使拉紧了的辅助绳松弛，将上升器沿主绳向上推进到不能再推为止，脚随之下蹬，身体重心一侧上移，另一侧也如此动作，反复进行，直到要到达的地方。在操作过程中，注意保持身体平衡，始终保持面向岩壁的姿势，动作要协调、有节奏。

世界攀岩比赛

国际攀联主办的最高规格的赛事有两项，一项是两年一届的世界锦标赛，另一项是每年在世界各地进行的世界杯赛。世界杯攀岩赛是国际攀联的重要赛事，比赛分阶段在世界各地举行。运动员通过分站比赛，依据名次计算积分，进行年度总排名。